Das Credo. Eine Landkarte des Glaubens

DAS CREDO

EINE LANDKARTE DES GLAUBENS

Lebendiges Lernen und spirituelle Begleitung

iskopress

Umschlaggestaltung und Zeichnungen auf den
Seiten 139/140: Mathias Hütter, Schwäbisch Gmünd
Druck: Runge, Cloppenburg
1. Auflage 2003
ISBN 3-89403-118-2

Bibliographische Information der
Deutschen Bibliothek
Die Deutsche Bibliothek verzeichnet diese Publikation in
der Deutschen Nationalbibliographie;
detaillierte bibliographische Daten sind im Internet
über http://dnb.ddb.de abrufbar.

Inhalt

Vorwort

Über lange Jahre und Jahrzehnte hat mich das apostolische Glaubensbekenntnis – mit unterschiedlicher Dringlichkeit – beschäftigt. Meist war es mir zu groß, zu vollmundig, zu weit weg von dem, was mir am Herzen lag. Wenn wir es im Gottesdienst sprachen, wünschte ich, dass meine eigene Geschichte, meine eigenen Erfahrungen im Credo wenigstens berührt würden. In Seminaren habe ich mehr und mehr daran gearbeitet, das Credo nicht zuerst gedanklich, sondern vor allem kontemplativ, kreativ und symboldidaktisch zu erschließen.
Die theologischen und intellektuellen Bedenken, die ich allerseits hörte, konnte ich gut verstehen. Sie brachten mich aber nicht davon ab, mich der Würde und der umfassenden Vielfalt dieses alten Bekenntnisses zu nähern. Dies gelang mir jedoch nur in kleinen Schritten.
Nach meiner Entpflichtung als Schulreferent fand ich die Zeit und die Gelassenheit, das Gesammelte zusammenzutragen, neu zu ordnen und zugleich tiefer zu graben. Was ich in vielen Gruppen mit Konfirmanden, Pfarrern, Lehrern und Mitarbeitenden versucht hatte, konnte sich jetzt zu einem Ganzen runden. Zugleich wuchs mein «Mut zur Lücke».
Geholfen hat mir dabei vor allem die Schulung in Kontemplation durch Franz Xaver Jans. Er hat mich gelehrt, weniger zu bewerten und mehr wertzuschätzen.
Mir war klar, ein einigermaßen umfassendes Arbeitsbuch zum Credo nicht allein schreiben zu können. Hier war mir Klaus Vopel mit seinem aktiven Zuhören, seiner anregenden Phantasie und seinen sorgfältigen Fragen der notwendige Partner. Ohne ihn wäre dieses Buch nicht geworden.
Und ich brauchte kontinuierliche Begleitung und konstruktive Kritik. Beides fand ich bei meiner Frau Ursula, die mir mit großer Langmut zuhörte. Unsere zahllosen Gespräche haben mich immer wieder angeregt und entscheidend weitergebracht.
Jetzt liegt das Buch in den Händen seiner Leserinnen und Leser. Ich wünsche mir, Sie werden von unseren Angeboten angeregt, sich beflügeln zu lassen, Neues zu wagen und die Kraft Ihrer Wurzeln zu spüren.

Bernhard Otto Wilde
Bonn, im November 2003

...und noch ein Vorwort

«Das Credo» ist mein zweites Buchprojekt mit Bernhard O. Wilde. Vor 25 Jahren hatten wir uns schon einmal zusammengetan, um für das Vaterunser einen Kurs nach den Grundsätzen des lebendigen Lernens zu entwickeln. Damals hatte ich gerade die Themenzentrierte Interaktion kennengelernt und war begeistert von den Ideen zur «Confluent Education», die affektive und kognitive Elemente miteinander verbindet. Und so versuchten Bernhard und ich damals, kirchliches Lernen und humanistische Pädagogik zusammenzubringen. Unsere Kooperation war äußerst anregend. Bernhard übernahm die Rolle des theologischen Spezialisten, während ich selbst die des humanistischen Pädagogen vertrat. Im Rückblick kann ich sagen, dass unsere Anstrengungen von damals ein positives Echo gefunden haben. In vielen Kursen, in der Konfirmandenarbeit und im Religionsunterricht wurden unsere Übungen ausprobiert. Sie ermöglichten lebendiges Lernen und, wie man heute sagen würde, eine aktive Spiritualität. Bis heute hat unser Buch «49 Wege ins Vaterunser» fünf Auflagen erlebt, und es gehört auch weiterhin zum Programm von iskopress.

Im letzten Jahr erinnerte ich mich daran, dass Bernhard seit einiger Zeit noch ein weiteres Projekt im Auge hatte, nämlich einen Kurs zum Credo. Nun hatte ich das Gefühl, dass die Zeit dafür reif wäre. Uns war schnell klar, dass dieses Vorhaben schwierig sein und unsere theologische und didaktische Phantasie in besonderem Maße herausfordern würde. Diese Einschätzung hat sich bestätigt. In mehreren Arbeitstreffen und in ungezählten Telefonaten und E-Mails zwischen Bonn und Salzhausen ging es darum, für das apostolische Glaubensbekenntnis eine gemeinsame Linie zu finden. Unser Verständnis von Spiritualität hatte sich verändert, und wir hatten viele neue Methoden kennen gelernt, die spirituelles Lernen begünstigen. Auch diesmal konnten wir erfreut feststellen, dass unsere Zusammenarbeit fruchtbar war. Das alte Credo erwies sich als Quelle unerschöpflicher Inspiration, so dass wir Schwierigkeiten bekamen, unsere Phantasie zu zügeln und das Material zu begrenzen. Und von mir kann ich sagen, dass mir im Verlauf unserer Arbeit das Credo immer mehr ans Herz gewachsen ist. Es ist heute für mich ein einzigartiges Gebet, das uns alles gibt, was wir uns auch von guter Therapie wünschen: innere Ruhe, Klarheit, Hoffnung und Liebe. Ich wünsche allen, die mit diesem Buch arbeiten, ähnliche Erfahrungen.

Klaus W. Vopel
Salzhausen, im November 2003

Einleitung

Was wir vorfinden

«Mit der ganzen Christenheit auf Erden wollen wir gemeinsam unseren christlichen Glauben bekennen...» So oder so ähnlich wird die Gemeinde im Gottesdienst eingeladen, das apostolische Glaubensbekenntnis zu sprechen. Seine Worte gehören nach dem Vaterunser und den Zehn Geboten zu den bekanntesten Texten der abendländischen Kirchen.

Eine alte Legende erzählt, das Apostolikum sei von den zwölf Aposteln verfasst und habe daher seinen Namen. Jeder der Zwölf habe den für ihn zentralen Satz seines Glaubens beigesteuert.

Historisch gesehen ist diese Legende unhaltbar. Wir wissen heute, dass das Apostolikum im Laufe von etwa 400 Jahren aus verschiedenen Bekenntnissen zusammengewachsen ist – nicht ohne theologische und politische Auseinandersetzungen. Es ist über Jahrhunderte zu *dem* Taufbekenntnis geworden.

Martin Luther sah im Apostolikum die «Summa der Heiligen Schrift». Er nahm es auf in seinen Kleinen Katechismus zur Unterweisung der Jugend und erklärte es kongenial, großherzig und elementar, existentiell: Ich glaube, dass Gott mich geschaffen hat und noch erhält, dazu... .

Das Credo wurde zum festen Bestandteil des Sonntagsgottesdienstes zunächst in den liturgischen Reformen des 19. Jahrhunderts. Während der NS-Zeit wurde es nicht mehr nur stellvertretend vom Pfarrer, sondern von der ganzen Gemeinde gesprochen. Die Dreieinigkeit, in der Schöpfung, in der Versöhnung und in der Heiligung bekannt, wurde gegen die Irrlehre der Deutschen Christen gesetzt. Das Apostolikum gewann damit ein neues Gewicht, auch wenn es umstritten blieb und weiterhin grundlegend hinterfragt wurde.

Der Wortlaut dieses Glaubensbekenntnisses verbindet mich mit den Christen und Christinnen aus der weltweiten Ökumene in einer langen Geschichte. Es verbindet mich auch dann, wenn ich längst nicht alle seine Worte reflektiere oder verstehe.

Zu unterschiedlichen Zeiten gewannen die einzelnen Sätze ganz unterschiedliches Gewicht. Für viele von uns ist der Satz – um ein Beispiel zu nennen – «Hinabgestiegen in das Reich des Todes» (genauer: «Niedergefahren zur Hölle») schwer zu verstehen; er scheint ein antiquiertes Weltbild zu transportieren. Der gleiche Satz kann für Christen in Afrika oder Asien, die sich in der Reihe ihrer Ahnen sehen, elementar wichtig sein. Sie fragen sich: was wird aus meinen Eltern und Voreltern, wenn ich jetzt Christ werde? Für sie ist es ein lebenswichtiger Zusammenhang, dass Christus zu den Toten, zu ihren Toten hinabsteigt und sich ihrer annimmt. Und wir werden gefragt: Wie geht ihr mit euren Ahnen um? Welche Bedeutung haben sie für euer spirituelles Leben? Sind wir ganz auf uns gestellt in unserer Individualität? Oder stehen wir nicht auch auf den Schultern unserer Voreltern?

Was wir möchten

Heute ist das Credo eine der Grundlagen im Konfirmandenunterricht, gleichgültig wie der Unterricht gestaltet wird. Gewiss gibt es verständlichere Bekenntnisse oder Bekenntnisse, die uns persönlich näher sind. Aber das Apostolikum ist bis zum heutigen Tag – auch wenn viele sich das anders wünschen – nicht zu ersetzen. Es ist dauerhaft nicht zu ersetzen durch zeitgemäßere oder persönliche Bekenntnisse. Diese haben ihren eigenen Platz und ihr eigenes Recht.
Immer wieder wurde dem Apostolikum vorgehalten, es verlange, man müsse bestimmte Elemente wie die Jungfrauengeburt oder die Schöpfung für wahr halten, Dinge, die doch der menschlichen Vernunft widersprechen. Inzwischen wird wieder mehr und mehr deutlich, dass es im Apostolikum nicht um rational einsichtige Sätze geht, die man für «wahr» halten muss. Es werden tiefere Schichten in uns angesprochen als der Intellekt. Liebe und Eros, Tod und Vergänglichkeit, Atem und Geist lassen sich nur begrenzt rational erfassen, sie kommen am stärksten in der Sprache der Symbole zur Geltung. Symbole sehen wir als Wegbegleiter. Sie stiften innere Erfahrungen und innere Gewissheit. Symbole erklären zu wollen hieße, sich schnell in ihrer Unendlichkeit verlieren. Es erinnert an einen Chirurgen, der den Körper zerschneidet, um die Seele freizulegen. Wie wir's auch drehen und wenden: Symbole geben ihr Geheimnis niemals wirklich preis.
Deswegen wollen wir das Credo auch nicht nur intellektuell erklären. Wir wollen vielmehr, dass es erlebt, erahnt, erspürt, ertastet und dann auch nachgesprochen wird. Wir möchten, dass das Credo «von innen her» gelesen und verstanden wird: zuerst mit dem Empfinden und dann auch mit dem Verstand. Wir möchten, dass in den Gemeinden «spirituelle Teilhaber» am Credo heranwachsen. Wir möchten dazu anregen, dass sich Menschen in einzelnen Sätzen des Apostolikums wiederfinden. Wir möchten, dass sie dieses alte Bekenntnis als Orientierung für ihr eigenes Leben und als Hoffnung für ihr eigenes Sterben begreifen.
Je tiefer wir in die Arbeit am Credo einstiegen und je mehr wir abzutragen begannen, was sich im Lauf der Jahrhunderte darüber gelegt hatte, desto deutlicher wurde uns, welche Schätze der Weisheit dabei zum Vorschein kommen,

desto deutlicher wurde uns, in welche Traditionen wir eingebunden sind. Zugleich sahen wir ein, dass wir der Überfülle des Angebotenen nur begrenzt gerecht werden können. Wir müssen Lücken lassen und können oft nur Akzente setzen.

Wie wir arbeiten

Ausgehend vom Konfirmandenunterricht werden wesentliche Ziele christlichen Glaubens und christlicher Lebenshaltung so angesprochen, dass Jugendliche Orientierung finden für eigene Wege und zugleich weiter und tiefer suchen können. Dabei sind verbale und nonverbale Arbeitsformen so vertreten, dass sowohl Jugendliche in verschiedenen Entwicklungs- und Bildungsstufen als auch Erwachsene angesprochen werden. Dabei wird die emotionale Intelligenz gefordert und gefördert. Manche der Übungen können leicht so vereinfacht werden, dass sie auch in der Schule etwa ab der Orientierungsstufe lebendiges Lernen ermöglichen.

Viele der Übungen sind auf Vertiefung angelegt. Sie erfordern Zeit und Ruhe. Wer in der Gemeinde mit Gruppen von Erwachsenen inhaltlich arbeiten möchte, wird reichlich Angebote finden, die auch über den Rahmen des Credos hinausgehen.

Die Arbeitsanweisungen sind zumeist relativ ausführlich. Jeder und jede, die damit arbeiten, wird seinen/ihren eigenen Stil im Umgang mit dem Material entwickeln und manchmal vielleicht nur einen Abschnitt aus einer umfassenden Übung auswählen. Großen Wert legen wir auf das Geschehen, auch auf das spirituelle Geschehen in der Gruppe. Häufig bieten wir den Weg an: Einzelarbeit – Kleingruppe – Gesamtgruppe. Es geht um einen Prozess, der sich entwickelt. Bei jedem Schritt muss sich jeder und jede geschützt wissen. Wo gemeinsame Rituale erprobt werden, werden sich die Verantwortlichen der Zustimmung der Gruppe vergewissern. Bei anspruchsvolleren Übungen wird es hilfreich sein, darauf hinzuweisen, dass jeder für sich selbst verantwortlich ist und sich freiwillig auf eine Übung einlässt. Je mehr wir einen sicheren Rahmen und zugleich Freiwilligkeit anbieten, desto weniger Widerstand, desto mehr Zustimmung finden wir. Vielleicht braucht der eine oder die andere noch etwas Zeit, um sich öffnen zu können. Wo diese Zeit gewährt wird, kann eine lebendige Gemeinschaft entstehen. Wer (noch) nichts sagen möchte, hat das Recht zu schweigen.

Einige der Übungen sind stärker auf Darstellung ausgelegt. Sie eignen sich, um von der Arbeit mit dem Credo zu erzählen: im Gottesdienst, bei Elternabenden, im Gemeindebrief.

In welcher geschlechtsspezifischen Form ist heute ein solches Arbeitsbuch zu schreiben? Wir hatten begonnen, die Übungen zunächst in zwei Forman, also männlich und weiblich, abzufassen: «Jede/jeder wählt sich eine Partnerin/einen Partner, mit der sie/er… Davon wurde uns schwindelig… Und wir vermuten, dass es der Leserin/dem Leser ähnlich ergangen wäre. Nur die weibliche Form zu wählen, kam uns beiden Männern gekünstelt und fremd vor. So haben wir uns entschlossen – bis auf wenige Ausnahmen – in der männlichen Form zu schreiben. Wir hoffen, dafür vor allem bei den Leserinnen, aber auch bei den Lesern Verständnis zu finden.

Das Credo – eine Landkarte des Glaubens

Wir vergleichen das Credo mit einer Landkarte des Glaubens. Die Landkarte ist nicht die Landschaft, nur ein Hinweis darauf. Das Credo ist noch nicht die Wirklichkeit, nur ein Hinweis.

Eine Landkarte muss ich lesen können, um mich zu orientieren, um mich zurecht zu finden. Als Erstes achte ich auf den Maßstab. Eine Reisekarte ist in einem anderen Maßstab gezeichnet als eine Wanderkarte. Symbole zeigen mir an, was in der Wirklichkeit zu finden ist: breite Straßen, schmale Wege, Flussläufe.

Bin ich zu Fuß oder mit dem Rad unterwegs, will ich sehen, wo mich Steigungen erwarten, Anstrengungen. Symbole zeigen mir, wie weit es von hier nach da ist, wo ein Aussichtsturm oder ein Wirtshaus steht, in dem ich Leib und Seele erfrischen kann. In einer Zeichensprache wird mir gezeigt, wo eine Siedlung ist, wo Wald, wo Weinberge. Ich kann meinen Weg danach einrichten. Und: die Karte zeigt mir, dass alles mit allem verbunden ist. Ich kann nicht einfach ein Stück herausnehmen.

Mit der Landkarte des Glaubens, dem Credo, ist es nicht anders. Symbole und Zeichen zeigen mir, was ich in der Wirklichkeit finden kann. Aber ich muss mich selbst auf den Weg machen, muss mich selbst mühen, selbst ausruhen. Ich muss diese Credo-Landkarte lesen können, mit meinen Augen, mit meinen Ohren, mit meinen Füßen, mit meinem Verstand, mit meiner Seele. Ich werde Symbole finden, die mir jetzt vielleicht noch fremd sind. Andere sind mir schon vertraut oder locken mich zum Entdecken. Jeder und jede kann darin Anregungen für sich selbst finden.

Eine ganz wesentliche Gemeinsamkeit zwischen einer gewöhnlichen Landkarte und einer «Landkarte des Glaubens» möchten wir noch hervorheben: Die üblichen Karten sind stets «genordet», d. h. oben ist immer Norden. Weit außerhalb meiner Karte gibt es einen Angelpunkt: den Nordpol. Er ist immer vorausgesetzt, ohne dass es noch einmal gesagt werden muss. Und die alten Karten waren «geostet». Sie waren dorthin ausgerichtet, wo die Sonne aufgeht, wo das Licht herkommt.

Wenn ich die Landkarte des Glaubens «von innen her» lese und die einzelnen Symbole entschlüssele, kann ich wissen, dass auch diese Karte einen Fix- und Angelpunkt hat, der außerhalb liegt. Dieser Fixpunkt liegt wohl da, wo das Licht beginnt, wo etwas in mir aufleuchtet.

Wir möchten die alten Zeichen und Symbole verständlich und erlebbar werden lassen. Manche Wege eignen sich für Konfirmanden oder auch für Kinder. Manche Pfade sind weitaus anspruchsvoller. Um sie begehen zu können, benötigen wir einen erfahrenen Gruppenleiter, eine erfahrene Führerin. Vor allem muss die Gruppe die Voraussetzungen mitbringen, tiefer zu den Quellen des Glaubens hinabsteigen zu wollen und zu können. Ich werde mich als Gruppenleiter vergewissern, ob die Gruppe mitgehen kann und ob sie dem vorgeschlagenen Weg auch zustimmt.

Kapitel 1
DAS APOSTOLIKUM ALS EINHEIT

Glaube kann die Form annehmen,
einen tragfähig zu machen für die Zweifel.
(John Henry Newman)

1.1 «Wenn ihr Glauben habt wie ein Senfkorn...»

In seiner «Anleitung zum Unglücklichsein» beschreibt Paul Watzlawick, wie ein Mensch von dem geleitet wird, was er glaubt. Er beschreibt es anschaulich und paradox:

Ein Mann will ein Bild aufhängen. Den Nagel hat er, nicht aber den Hammer. Der Nachbar hat einen. Also beschließt unser Mann, hinüberzugehen und ihn auszuborgen. Doch da kommt ihm ein Zweifel: Was, wenn der Nachbar mir den Hammer nicht leihen will? Gestern schon grüßte er mich nur so flüchtig. Vielleicht war er in Eile. Aber vielleicht war die Eile nur vorgeschützt, und er hat etwas gegen mich. Und was? Ich habe ihm nichts angetan; er bildet sich da etwas ein. Wenn jemand von mir ein Werkzeug borgen wollte, ich gäbe es ihm sofort. Und warum er nicht? Wie kann man einem Mitmenschen einen so einfachen Gefallen abschlagen? Leute wie dieser Kerl vergiften einem das Leben. Und dann bildet er sich noch ein, ich sei auf ihn angewiesen. Bloß weil er einen Hammer hat. Jetzt reicht's wirklich! – Und so stürmt er hinüber, läutet, der Nachbar öffnet, doch bevor er «Guten Tag» sagen kann, schreit ihn unser Mann an: «Behalten Sie Ihren Hammer, Sie Rüpel!»

Wahrscheinlich kann jeder und jede etwas von sich selbst in dieser kleinen Geschichte wiederfinden. Es beginnt klein und unscheinbar: «Doch da kommt ihm ein Zweifel...» Aus diesem Zweifel, der «Rückseite» des Glaubens, entfaltet er sein weiteres Verhalten, Schritt für Schritt. «Behalten Sie Ihren Hammer, Sie Rüpel!» schreit er am Ende. Der Mann in der Geschichte sieht die Wirklichkeit so, wie er sie sehen will. Er nährt seinen zunächst harmlosen Zweifel, bis dieser sich richtig ausgewachsen hat. Wir können über diesen Mann und darüber, wie er sich die Wirklichkeit zurechtlegt, schmunzeln. An diesem paradoxen Beispiel können wir aber auch sehen, welche Kraft der Glaube – in unserem Fall der fehlgeleitete Glaube – entwickeln kann.

Glauben ist ja nicht nur – wie viele meinen – auf den Bereich der Kirche oder der Religion begrenzt. Die Art, wie jemand glaubt, bestimmt sein Handeln. Was jemand für richtig und wichtig hält, leitet ihn auch.

An etwas glauben ist unendlich viel mehr als «etwas nicht so ganz genau wissen». Was ich glaube, leitet meine Wahrnehmung, richtet mein Denken aus, bestimmt mein Handeln. Von Jesus wird uns der paradoxe Satz überliefert: «Wenn ihr Glauben habt wie ein Senfkorn… wird euch nichts unmöglich sein.» (Mt. 17, 20)

Am Anfang kann ein klitzekleiner, senfkorngroßer Glaube stehen. Dieser Glaube kann stark werden und wachsen. Er wird genährt oder er verkümmert, je nachdem, ob ich Vertrauen oder Misstrauen empfinde.
Der katholische Theologe Karl Rahner sagt: «Dogmen sind wie Laternen, sie geben mir Orientierung, in welche Richtung ich mich bewege – nur Betrunkene halten sich an Laternen fest.» Wenn dies stimmt, so beginnt unser Credo mit zwei großen Laternen, die den Raum für meine Schritte weit ausleuchten:

- Ich glaube an Gott, den Schöpfer des Himmels und der Erde. Ich bin Teil der Schöpfung und verdanke mich nicht mir selbst.
- Ich glaube an Gott, den Allmächtigen… Alle menschliche Macht, der ich unterworfen bin, ist begrenzt.

Diese beiden «Lichter» zeigen mir die Schritte für meinen Weg, zeigen die Richtung, in die ich wachsen kann.

- Ich gehe mit der Schöpfung – auch mit mir selbst – achtsam um. Ich nehme die Schöpfung mit Respekt und Liebe wahr.
- «Ich glaube», so betet Dietrich Bonhoeffer, «dass Gott uns in jeder Notlage so viel Widerstandskraft geben will, wie wir brauchen. Aber er gibt sie nicht im Voraus… In solchem Glauben müsste alle Angst vor der Zukunft überwunden sein.»

«Wenn ihr Glauben habt wie ein Senfkorn…», sagt Jesus. Und dieser Glaube kann wachsen.

1.2 Vier kleine Andachten zum Credo

Ziele

Wenn Sie einen mehrtägigen Kurs zum Credo halten, können Sie die Tage mit kurzen Morgenandachten beginnen und jedes Mal den Kernsatz eines Artikels in den Mittelpunkt stellen. In Anlehnung an die Erklärungen Martin Luthers bieten sich als Kernsätze an:

- Ich bin geschaffen,
- ich bin erlöst,
- ich bin geheiligt.

Jede dieser drei zentralen Aussagen kann dann acht bis zehn Minuten «angedacht» werden. Sie können die drei Sätze auf Papierbahnen schreiben und sie an den Wänden des Gruppenraums aufhängen. Dann können Sie zu folgenden Aktivitäten anregen:

Am ersten Tag

Der Satz «Ich bin geschaffen» wird im Mittelpunkt stehen und mit persönlichen Assoziationen verbunden. Die Teilnehmer bilden Paare und setzen sich einander gegenüber hin. Jetzt führen sie einen ritualisierten Dialog. Einer beginnt und sagt die drei Worte aus dem Credo: «Ich bin geschaffen.» Die Worte werden langsam gesprochen, so dass der Sprecher bemerken kann, welche Assoziationen sich bei ihm einstellen. Diese Assoziationen werden laut ausgesprochen: «Ich bin geschaffen... und jetzt bin ich... ich bin hier und ich lebe... ich lebe gern...» Wenn der Sprecher den Eindruck hat, dass er fürs Erste genug gesagt hat, dann gibt er dem Partner ein Signal, dass dieser übernehmen soll. Er kann ihm z. B. zunicken oder ihn berühren. Dann beginnt der Partner wiederum mit den drei Worten aus dem Credo, spricht sie langsam und lässt sich ebenfalls überraschen, welche Assoziationen sich bei ihm einstellen. Wenn er fertig gesprochen hat, gibt er seinerseits ein Signal. So wechseln sich beide Sprecher in diesem ruhigen Dialog ab. Dabei können auch Pausen entstehen. Bei diesem Dialog geht es weniger um eine intellektuelle Aneignung dieses Glaubenssatzes, als vielmehr um eine emotionale Verbindung mit der eigenen Lebenserfahrung.

Am zweiten Tag

Die Teilnehmer kommen in Fünfergruppen zusammen. Sie schreiben die drei Kernsätze auf und wandeln dann die Passivsätze in Aktivsätze um:

- Ich bin geschaffen – ich schaffe,
- ich bin erlöst – ich erlöse,
- ich bin geheiligt – ich heilige.

Anschließend tauschen sie sich darüber aus, wie sich die drei Sätze jetzt anhören und welche Gedanken ihnen dazu durch den Kopf gehen. Einige Leitfragen können das Gespräch anregen:

- Wann habe ich das Gefühl, dass ich etwas «schaffe»?
- Wann habe ich zuletzt jemanden aus einer misslichen Lage «erlöst»?
- Was ist mir in meinem Leben heilig?
- Was tue ich für Dinge, die mir heilig sind?

Am dritten Tag

Ins Zentrum der dritten Andacht stellen wir den Glaubenssatz: «Ich bin erlöst.» Die Gruppenmitglieder kommen in Trios zusammen und erzählen sich abwechselnd «Erlösungsgeschichten». Sie berichten von Situationen und Ereignissen aus ihrem Leben, wo sie sich durch Glück, durch Gottes Hilfe, durch einen anderen Menschen aus einer misslichen, bedrohlichen, gefährlichen oder schrecklichen Lage erlöst fühlen konnten.

Folgende Leitfragen können diese Aktivität bereichern:

- Worauf führte ich meine Erlösung (Rettung, Heilung, Befreiung) zurück?
- Habe ich in diesen Situationen Dankbarkeit empfunden?
- Hat das Erlebnis meine Bereitschaft gesteigert, anderen Menschen ebenfalls beizustehen?
- Gibt es zur Zeit etwas in meinem Leben, von dem ich erlöst werden möchte?

Am vierten Tag

Der schwierige Satz «Ich bin geheiligt» soll am vierten Tag im Mittelpunkt stehen. Für viele Menschen ist das eher eine intellektuelle Aussage, kaum mit ihrem Seelenleben verbunden. Wir schlagen der Gruppe jetzt eine symbolische Arbeitsweise mit Bewegung vor, bei der ein Aspekt des Geheiligt-Werdens erlebt werden kann.

Dazu kommen die Gruppenmitglieder in Trios zusammen. Die Trios verteilen sich gleichmäßig im Raum. Immer ein Mitglied des Trios soll «geheiligt» werden. Dazu stellt sich der Betreffende bequem hin und schließt die Augen. Er atmet dreimal tief aus, um ganz aufmerksam, wach und sensibel zu sein für das, was seine beiden Partner vorhaben. Ohne zu sprechen, werden die beiden eine kleine Zeremonie schaffen. Sie reiben ihre Hände ein paar Mal kräftig aneinander und beginnen dann, die blinde Person von Kopf bis Fuß mit Liebe anzumalen. Sie führen dazu beide Hände im Abstand von ca. zwei Zentimetern über alle Stellen, die sie mit Liebe anmalen wollen. Dabei sollte nicht gesprochen werden.

Die beiden Malenden können sich vorstellen, dass sie der zu «heiligenden» Person wirklich etwas Gutes tun wollen. Sie können sich dabei auch vorstellen, dass sie einen ganz spezifischen Wunsch für sie beim Malen zum Ausdruck bringen, also z. B.: Ich wünsche dir Frieden; ich wünsche dir Gesundheit; ich wünsche dir Zuversicht... Für jedes Anmalen stehen drei Minuten zur Verfügung. Zum Abschluss treten die beiden «Maler» vor den «Blinden», schauen ihm ins Gesicht, und jeder von ihnen legt eine Hand auf eine seiner Schultern. Jetzt erst öffnet der «Blinde» die Augen und schaut seine beiden Wohltäter an.

Ohne zu sprechen, wird – nach einer kurzen Pause zum Nachspüren – die Zeremonie auch für die beiden anderen wiederholt.
Anschließend setzen sich die Trios zusammen und sprechen darüber, was sie in der aktiven und in der passiven Rolle erlebt haben. Einige Fragen können den Prozess vertiefen:

- Konnte ich diese Übung genießen?
- Was war das Besondere daran?
- Was benötige ich, damit ich etwas «heiligen» kann?
- Was brauche ich selbst, um mich «geheiligt» fühlen zu können?
- Wie sehe ich jetzt den Zusammenhang von «heiligen» und «segnen»?

1.3 Fremdes und Vertrautes im Credo

Ziele

Zur persönlichen Einstimmung lesen die Gruppenmitglieder das apostolische Glaubensbekenntnis gemeinsam. Jeder soll entscheiden, bei welchen Worten er mitsprechen kann und wo er lieber schweigen möchte, weil ihm die betreffenden Worte fremd erscheinen.
Für diese Übung benötigt jedes Gruppenmitglied eine Kopie des Apostolikums, das wir in diesem Buch absichtlich typographisch hervorgehoben haben (siehe Seite 22). Die ungewohnte Typographie ist eine Einladung, den Text ganz bewusst und achtsam zu lesen.

Anleitung

Wir werden uns in der nächsten Zeit mit dem apostolischen Glaubensbekenntnis beschäftigen. Es ist vor langer Zeit entstanden, wird aber heute noch in nahezu allen Gemeinden im Gottesdienst gesprochen.

1. Ich gebe euch gleich den Wortlaut des apostolischen Glaubensbekenntnisses. Ich werde den Text einmal ganz langsam für alle vorlesen. Bitte lest im Stillen mit und unterstreicht die Stellen, von denen ihr sagen könnt: «Das kann ich ohne Probleme mitsprechen – weil mir die Worte vertraut sind, weil ich daran glaube, weil es meiner Einstellung entspricht.»
(Lesen Sie jetzt bitte den Text langsam vor.)

2. Nun lest euch den Text noch einmal still durch. Prüft nach, ob ihr all das markiert habt, was euch vertraut ist und was ihr aus innerer Überzeugung mitsprechen könnt. (2–3 Minuten)

3. Nun werde ich das Glaubensbekenntnis noch einmal laut vorlesen, doch diesmal werden wir im Chor sprechen. Lest bitte die Stellen laut mit, die ihr angestrichen habt. Schweigt bei den Stellen, die euch fremd und unklar erscheinen. Ich bin neugierig, wie sich das anhören wird.

4. Laden Sie die Gruppe ein zu einem Austausch der Wahrnehmungen:
   - An welchen Stellen wurde vielstimmig gesprochen bzw. wo war der Chor besonders leise?
   - Was empfinde ich, wenn wenige bzw. wenn viele sprechen?
   - Habe ich mit diesem Ergebnis gerechnet?
   - Welche Stelle im Glaubensbekenntnis ist für mich besonders ansprechend?
   - Welche Stelle im Glaubensbekenntnis ist für mich besonders fremd?

DAS CREDO

ICH GLAUBE AN GOTT:
DEN VATER, DEN ALLMÄCHTIGEN,
DEN SCHÖPFER DES HIMMELS UND DER ERDE,

UND AN JESUS CHRISTUS:
SEINEN EINGEBORENEN SOHN, UNSERN HERRN,
EMPFANGEN DURCH DEN HEILIGEN GEIST,
GEBOREN VON DER JUNGFRAU MARIA,
GELITTEN UNTER PONTIUS PILATUS,
GEKREUZIGT, GESTORBEN UND BEGRABEN,
HINABGESTIEGEN IN DAS REICH DES TODES,
AM DRITTEN TAGE AUFERSTANDEN
VON DEN TOTEN,
AUFGEFAHREN IN DEN HIMMEL;
ER SITZT ZUR RECHTEN GOTTES,
DES ALLMÄCHTIGEN VATERS;
VON DORT WIRD ER KOMMEN,
ZU RICHTEN DIE LEBENDEN UND DIE TOTEN.

ICH GLAUBE AN DEN HEILIGEN GEIST:
DIE HEILIGE CHRISTLICHE KIRCHE,
GEMEINSCHAFT DER HEILIGEN,
VERGEBUNG DER SÜNDEN,
AUFERSTEHUNG DER TOTEN
UND DAS EWIGE LEBEN.
AMEN

1.4 Das Credo-Puzzle

Ziele

Auch diese Übung dient dazu, dass die Gruppenmitglieder mit dem Credo vertraut werden. Wir geben der Gruppe Gelegenheit, das in Einzelteile zerlegte Credo (der Text wird in 32 Teile zerteilt) wieder zusammenzufügen. Jeder Teilnehmer bekommt ein oder zwei Teilstücke in die Hand, die er zu Beginn kurz kommentieren kann. Dann folgt die wesentliche Arbeit, den Text zu einem Ganzen zusammenzusetzen. Dabei können die Vorschläge begründet werden. Am Ende wird das Credo gemeinsam gesprochen.
Sie benötigen 32 Textteile. Dazu können Sie das Arbeitsmaterial «Das Credo-Puzzle» (Seite 25) vergrößert kopieren und das Blatt den Linien folgend zerschneiden.

Anleitung

Wir werden uns in der nächsten Zeit mit dem apostolischen Glaubensbekenntnis beschäftigen. Die meisten von euch haben dieses alte Gebet sicherlich schon gehört. Es wird in vielen Kirchen sonntags im Gottesdienst gesprochen.

1. Das Credo ist ein langes Gebet. Ich habe es in 32 einzelne Abschnitte unterteilt, die ich auf Kärtchen geschrieben habe. Ich werde diese jetzt in der Mitte auf den Boden legen, so dass der Text verdeckt ist. Jeder von euch kann sich ein oder zwei Kärtchen nehmen. Achtet bitte darauf, dass jeder wenigstens ein Kärtchen bekommt. Lasst euch überraschen, welche Teile des Gebetes euch zufallen…

2. Lass dir jetzt ein paar Minuten Zeit, um zu überlegen, was deine erste Reaktion zu dem Text ist, den du bekommen hast:
   - Was kann ich mit diesen Worten anfangen?
   - Habe ich etwas bekommen, womit ich mich schon einmal beschäftigt habe?
   - Kann ich in diesen Worten einen Hinweis, eine Herausforderung oder eine Bestätigung entdecken? (2 Minuten)

   Jetzt kann uns jeder erzählen, welche Worte er bekommen hat und was ihm dazu durch den Sinn gegangen ist. (10–15 Minuten)

3. Jetzt möchte ich vorschlagen, dass wir gemeinsam ein Glaubensbekenntnis zusammenlegen. Dafür gibt es verschiedene Möglichkeiten. Wir können versuchen, die Originalversion wieder herzustellen. Vielleicht möchtet ihr auch experimentieren und dem Text eine andere Abfolge geben.
   Einer von euch beginnt und legt ein Kärtchen auf den Boden. Wer glaubt,

dass sein Kärtchen dazu passt, legt es dazu. Der Nächste schließt sich dann an... Bitte gib eine Begründung, weshalb du dein Kärtchen an diese Stelle legst.

Dabei gilt die Regel: Jeder hat das Recht, wenn er sein Kärtchen ablegt, die Reihenfolge der schon auf dem Boden liegenden Kärtchen zu verändern. In diesem Falle muss er jedoch begründen, warum er diese Umstellung vornimmt.

So entsteht langsam ein Glaubensbekenntnis. Wenn das letzte Kärtchen abgelegt ist, werden wir den Text gemeinsam lesen.

Bitte achtet darauf, dass ihr immer nur ein Kärtchen zur gleichen Zeit ablegt.

4. Bitte überlegt nun, ob ihr mit der Reihenfolge, die entstanden ist, zufrieden seid: Möchte jemand noch etwas verändern? (Es kommt sehr selten vor, dass eine Gruppe keine Umstellung mehr vornimmt.)

Hinweise für den Gruppenleiter

Achten Sie darauf, dass sich Fragen und Glaubensprobleme Einzelner nicht in den Vordergrund drängen. In dieser Runde geht es vor allem darum, ein breites Spektrum von persönlichen Einstellungen erkennbar zu machen und gleichwohl eine Gestalt des Credos herzustellen.

Sie können jetzt mit der Gruppe klären, an welchen Stellen des Credos in der nächsten Zeit weitergearbeitet werden soll. Dabei wird genug Gelegenheit sein, individuelle Anfragen zu vertiefen.

Das Credo-Puzzle

Ich glaube an	Gott	den Vater	den Allmächtigen
den Schöpfer	des Himmels und der Erde	und an Jesus Christus	seinen eingeborenen Sohn
unsern Herrn	empfangen durch den Heiligen Geist	geboren von der Jungfrau Maria	gelitten
unter Pontius Pilatus gekreuzigt	gestorben und begraben	hinab-gestiegen	in das Reich des Todes
am dritten Tage	auferstanden von den Toten	aufgefahren in den Himmel	er sitzt zur Rechten Gottes
des allmächtigen Vaters	von dort wird er kommen	zu richten	die Lebenden und die Toten
Ich glaube an	den Heiligen Geist	die heilige christliche Kirche	Gemeinschaft der Heiligen
Vergebung der Sünden	Auferstehung der Toten	und ein ewiges Leben	Amen

1.5 Die Mitte des Credos

Ziele

Diese Übung gibt den Gruppenmitgliedern Gelegenheit, ihre Einstellung zum Credo zu klären. Sie können herausfinden, was für sie die Mitte des Apostolikums ist und welche Bestandteile für sie eher an den Rand gehören. Diese unterschiedlichen Akzente regen an zu vertiefenden und weiterführenden Gesprächen. Sie benötigen für jedes Gruppenmitglied ein Textblatt mit dem Apostolikum, sowie ein Blatt Papier im Format DIN-A2 oder DIN-A3 und farbige Filzschreiber oder Wachsmalkreiden.

Anleitung

Wir haben den Wortlaut des Glaubensbekenntnisses, wie er regelmäßig im Gottesdienst gesprochen wird, schon kennen gelernt. Wir haben gesehen, wie lang der Text ist und wie uns manches nah und manches fremd ist.
Wenn wir uns den Text genauer ansehen, finden wir Glaubenssätze, die wir auch als unser eigenes Bekenntnis mitsprechen können. Andere Sätze berühren uns weniger, vielleicht können wir auch gar nichts damit anfangen.

1. Heute können wir uns Zeit nehmen, die verschiedenen Aussagen des Credos für uns selbst zu gewichten.
   Ich gebe dir jetzt gleich ein Blatt mit dem Text des ganzen Credos… Lies dir in Ruhe das ganze Gebet durch. Unterstreiche die Worte, die für dich am wichtigsten sind. (3 Minuten)

2. Nun nimm dir bitte ein Blatt Papier und einige farbige Stifte…
   Schreibe die wichtigsten Worte in die Mitte des Blattes und geh dann weiter von innen nach außen. Je unwichtiger ein Satz für dich ist, desto weiter rückt er von der Mitte weg. Vielleicht gibt es Sätze, die du nicht mehr auf das Papier schreiben willst; vielleicht gibt es Worte oder Sätze, die du mehrfach aufschreiben willst.
   Achte bitte darauf, wie sich die einzelnen Sätze und Worte für dich anfühlen. Schreibe in den Farben, die zu den Aussagen passen. Vielleicht möchtest du auch ein richtiges Textbild anfertigen und die Schrift so verteilen, dass du am Ende sagen kannst: Dieses Bild gefällt mir, es zeigt das Credo, wie ich es heute, an diesem Tag empfinde: Es ist mein Credo. (15 Minuten)

3. Kommt nun in Vierergruppen zusammen und zeigt einander eure Textbilder. Erklärt den anderen Gruppenmitgliedern, was euch dazu gebracht hat, euch für diese persönliche Darstellung zu entscheiden. (10 Minuten)

(Lassen Sie die Gruppe dann wieder im Plenum zusammenkommen zu einem gemeinsamen Gespräch. Zunächst können die Gruppenmitglieder herumgehen und einen Blick auf die verschiedenen Textgestaltungen werfen.)

Vorschläge für das Schlussgespräch

- Was ist mir leicht gefallen? Was war schwierig?
- Wie habe ich meine Mitte des Credos gefunden?
- Welche Worte habe ich in die Mitte geschrieben?
- Welche Worte sind am häufigsten in die Mitte geschrieben worden?
- Welche Textgestaltung berührt mich am meisten.

Hinweise für den Gruppenleiter

Der Verlauf des Schlussgesprächs wird Ihnen zeigen, ob Sie anschließend eher die zentralen Sätze vertiefen oder die peripheren Sätze hereinholen wollen. Sie können die Textbilder an den Wänden des Gruppenraums aufhängen als Inspiration für die kommenden Aktivitäten. Wenn die Bilder nach längerer Zeit noch einmal betrachtet werden, können die Gruppenmitglieder überprüfen, ob sich für sie die Mitte des Credos verschoben hat, ob das Bild ihres Glaubens weiter gewachsen ist.

Variation «Credo-Plakat»

Vielleicht wollen Sie auch diese Übung erproben: Hier bekommt jeder Teilnehmer Papier im Format DIN-A2 oder -A3 und eine Schachtel mit Ölkreiden. Die Aufgabe besteht darin, ein dekoratives Textbild zu malen mit einem komprimierten, persönlichen Credo. Aus dem Volltext werden nur sieben bis zehn Wörter verwendet. Das Blatt soll so gestaltet werden, dass die eigenen Gefühle beim Sprechen dieses knappen Gebetes symbolisch ausgedrückt werden.

1.6 Mein Glaube hat eine Geschichte

Ziele

Mit dieser Übung wollen wir zwei Themen ansprechen:

- Mein Glaube hat eine Geschichte, die mit der religiösen Tradition meiner Kindheitsfamilie verbunden ist.
- Ich selbst kann eigene Akzente setzen – auf der Grundlage meiner Tradition.

Im Hauptteil der Übung praktiziert die Gruppe ein kleines Ritual: Jeder hat sich einen für ihn wichtigen Satz aus dem Credo ausgewählt. Mit diesem Satz geht er zu einem anderen Gruppenmitglied im Kreis und teilt ihm dann diese Glaubensaussage mit. Auf diese Weise unterstreichen wir die Tatsache, dass mein persönlicher Glaube immer auch eine zwischenmenschliche Komponente hat. Jeder braucht für diese Übung Papier und Bleistift und eine Kopie des Credo-Textes (siehe Seite 22).

Anleitung

Oft sind wir uns wenig bewusst, wie eng unser persönlicher Glaube mit den religiösen Traditionen der Familie verbunden ist, aus der wir stammen. Wir knüpfen jedoch immer an den Glauben der Generationen an, die vor uns gelebt haben. Wir versuchen in unserem persönlichen Glaubensleben dort weiter zu machen, wo unsere Eltern aufgehört haben. Das Credo bietet uns eine gute Möglichkeit, mehr über den Glauben unserer Vorfahren herauszufinden.

1. Nimm dir ein Blatt Papier und zeichne einen Stammbaum deiner Familie: Dich selbst, deine Eltern und deine Großeltern, und wenn du willst, auch die Eltern deiner Großeltern und deine Geschwister. (3 Minuten)

2. Stell dir vor, dass du deinen Vorfahren die Frage stellen kannst: «Welcher Satz aus dem Credo war für dein eigenes Leben am wichtigsten?» Lass dir Zeit, die Antwort zu hören. Du kannst dir auch vorstellen, dass der eine oder andere deiner Vorfahren mit dem Finger auf einen Satz aus dem Credo deutet. Es kann sein, dass es lange dauert, bis du eine Antwort erhältst – oder dass du keine Antwort bekommst. Wenn du eine Antwort empfangen hast, schreibe diesen Satz zu dem Namen der betreffenden Person in den Stammbaum… wenn du keine Antwort bekommst, versuche selbst herauszufinden, welcher Satz wohl zu der einen oder anderen Person in deinem Stammbaum passen würde… (10 Minuten)

3. Komm mit einem Partner zusammen und berichte ihm, was du bei deiner Forschung herausgefunden hast… (5–10 Minuten)

4. Nimm ein neues Blatt und notiere den Satz aus dem Credo, der für dich selbst in der jetzigen Phase deines Lebens am wichtigsten ist… (2 Minuten)

5. Und schließlich möchte ich euch alle zu einem einfachen Ritual einladen. (Die Gruppe kommt dazu wieder im Kreis zusammen.) Unser Leben ist zu kurz, als dass wir in der Lage wären, uns eine eigene Religion zu erfinden, die all unseren persönlichen Bedürfnissen und Empfindlichkeiten gerecht wird. Wir können uns darüber freuen, dass wir an eine Tradition anknüpfen können, an den Glauben unserer Vorfahren und auch an dieses alte Dokument des Glaubens, das Credo.

Jeder von uns hat sich für einen Satz aus dem Credo entschieden, der ihm heute besonders wichtig ist. Diesen einen Satz oder einen Gedanken wollen wir in unserem Ritual benutzen, und zwar so: Mein linker Nachbar beginnt und geht zu irgendeinem anderen Gruppenmitglied im Kreis, dem er seinen Glaubenssatz sagt. Beginnt euren Satz immer mit der Anrede des gewählten Partners und formuliert dann eure Glaubensaussage, also etwa so: «Johannes, ich glaube, dass mich Gott geschaffen hat...» Derjenige, der diesen Satz hört, schaut dem Sprecher ins Gesicht und antwortet dann mit einem schlichten «Amen». Dann kehrt der Sprecher wieder an seinen Platz im Kreis zurück. Sein linker Nachbar setzt das Ritual fort.
Ich selbst komme als Letzter an die Reihe. Wir werden dann eine kurze Pause machen und anschließend über das Ritual sprechen.

Vorschläge für das Schlussgespräch

- Was weißt – und was vermutest du über den Glauben deiner Eltern und Großeltern?
- Was kannst du daran wertschätzen?
- Wie fand ich meinen eigenen Satz?
- Wie anspruchsvoll war es für mich, einen Glaubenssatz in der Runde allein zu sprechen?
- Konnte ich «Amen» sagen zu dem, was mir gesagt wurde?

1.7 Göttliches Licht

Ziele

Im Credo werden verschiedene elementare Geschichten des Glaubens mit Worten angedeutet. Die Geschichten dazu werden vorausgesetzt. Manchmal wünscht sich unser Herz aber auch eine sinnliche Anregung für unseren Glauben. Dazu haben wir diese Übung ausgewählt. Im ersten Teil laden wir die Teilnehmer zu einer Lichtmeditation ein, die sich fast immer erfrischend und stärkend auswirkt. Im zweiten Teil schließen wir eine einfache Übung mit meditativem Malen an, wobei die Teilnehmer eine Schablone mit einem dreiteiligen Kirchenfenster ausmalen können.
Sie benötigen für jeden Teilnehmer eine Kopie des Kirchenfensters auf Seite 32 und eine Schachtel mit Ölkreiden.

Anleitung

Unser Glaube will auch unsere Sinne mit einbeziehen und sich nicht nur an unseren Verstand wenden. Darum werden wir in dieser Sitzung etwas tun, das unsere Sinne, unsere Phantasie und unsere Kreativität einbezieht.

1. Mach es dir auf deinem Stuhl bequem und schließ die Augen. Beginne ruhig und gleichmäßig zu atmen... Nimm die Gedanken und Gefühle wahr, die dich jetzt noch beschäftigen. Lass sie los! Lass sie wie Wolken, die am Himmel kommen und gehen, durch dein Bewusstsein schweben... Schenk deinen Gedanken ein Lächeln und lass sie weiterziehen.
   Stell dir vor, du bemerkst schräg vor dir ein helles Licht. Allmählich erkennst du, dass dieses Licht eine Gestalt hat. Und du spürst die Gegenwart eines weisen und liebevollen Wesens. Wenn die Gestalt näher kommt, kannst du sie erkennen. Lass dir Zeit, die Gestalt auf dich zukommen zu lassen. Du kannst sie begrüßen. Und du spürst ihre wohltuende Wirkung auf dich.
   Je näher die Gestalt kommt, desto deutlicher siehst du, wie Lichtstrahlen vom Herzen dieses Wesens ausgehen. Es ist durch Zeit und Raum mit anderen erleuchteten Wesen verbunden. Du kannst sehen, wie diese Lichtstrahlen all die Weisheit, all die Kraft, all die Liebe und allen Segen dieser heiligen Wesen zurückbringen. Das Licht, das du vor dir siehst, bekommt auf diese Weise eine neue Qualität. Vielleicht wird es intensiver, oder du siehst neue Farbnuancen wie Gold oder eine Spur von Orange... Achte darauf, wie das leuchtende Wesen dich anschaut, voll Zuwendung und Liebe... Lass dir Zeit dabei.
   Du fühlst dich von diesem Licht beschenkt. Du musst nichts tun, als dich ein wenig öffnen, damit es in dich hereinströmen kann. Du beginnst zu spüren, wie es den Schatten der Unwissenheit vertreibt und dir das Gefühl von Klarheit und Hoffnung gibt...
   Sieh, wie vom Scheitel dieses liebevollen Wesens ein Strom weißen Lichtes ausgeht, der oben durch deinen Kopf hereinfließt und deinen ganzen Körper anfüllt. Dieses heilsame, weiße Licht kann dich reinigen und alte Gewohnheiten auflösen, die dich behindern... Es stärkt dich... Du fühlst seine heilende Kraft... Es belebt dich...
   Und nun siehst du, wie von den Lippen dieses leuchtenden Wesens strahlend rotes Licht ausgeht und wie dieses rote Licht deine Lippen berührt. Es reinigt deine Gedanken und Worte, es befreit dich von schlechten Angewohnheiten: andere zu verurteilen, zu übertreiben oder gedankenlos zu plappern. Das strahlende rote Licht gibt deiner Stimme Kraft, die Wahrheit zu sprechen.

Nun kannst du sehen, wie vom Herzen dieses leuchtenden Wesens ein Strom blauen Lichtes ausgeht, der in dein eigenes Herz fließt und deine Unwissenheit und Verwirrung in Weisheit und Achtsamkeit verwandelt. Du spürst, wie dein Herz weiter wird und wie die Grenzen von Gier, Hass, Neid und Stolz aufgelöst werden und wie Raum entsteht für Weisheit und Liebe. Und du spürst, dass in deinem Herzen etwas aufsteigt, nach dem du dich lange gesehnt hast: die Blüte einer weißen Rose. Das Licht wird kleiner und heller und lässt sich dann in dieser Blüte nieder. Es füllt dein ganzes Herz mit strahlendem Licht aus. Du kannst dieses göttliche Licht genießen und dich davon anregen lassen. Wo du gehst und stehst, kannst du etwas von dieser strahlenden Liebe verschenken, wie ein Leuchtfeuer, das mit seinem Licht die Dunkelheit erhellt...

Du kannst hoffen, dass dein eigenes Licht anregend wirkt. Es kann in den Menschen, deren Leben du berührst, ihr eigenes Licht entzünden...

Nimm das Geschenk, das du selbst bekommen hast, an und gib es großzügig weiter...

Komm jetzt mit deiner Aufmerksamkeit wieder hierher zurück. Reck und streck dich, atme tief aus, öffne deine Augen und sei wieder hier, erfrischt und wach...

2. Und nun nimm dir bitte eine Kopie «Göttliches Licht» und male das Kirchenfenster aus. Wähle solche Farben, die dir wohl tun, so dass du gern auf dieses Kirchenfenster schaust. (10–15 Minuten)

3. Kommt nun bitte in Quartetten zusammen und zeigt einander eure Bilder. Folgende Fragen können die Besprechung anregen:
   - Was bringt mein Kirchenfenster zum Ausdruck?
   - Mit welchem Teil des Credos kann ich mein Bild in Verbindung bringen?
   - Was ist meine Lieblingsfarbe?
   - Welche Rolle spielen Farben in meinem Leben?
   - Welche Art Musik würde zu meinem Fenster passen? (15 Minuten)

Vorschläge für das Schlussgespräch

Hier sollte noch einmal über die Farbmeditation gesprochen werden:

- Wer ist für mich ein Licht?
- Für wen kann ich ein Licht sein?
- Welche spirituellen Stärken habe ich?
- Welche spirituellen Stärken wünsche ich mir?

Kapitel 2
ZUR TRINITÄT

Liebe, menschlich zu beglücken,
nähert sie ein edles Zwei:
doch zu göttlichem Entzücken
bildet sie die köstlich Drei.
(Johann Wolfgang Goethe)

2.1 Die Drei als Zeichen des Lebens

Warum glauben Christen nicht nur an Gott, sondern auch noch an Jesus Christus und außerdem noch an den heiligen Geist? Warum sind es drei? – Lange habe ich diese Fragen nicht richtig wahrgenommen. Und alle dogmatischen Antworten konnten mich nicht zufrieden stellen. Ich muss ein ganzes Stück tiefer graben bei der Symbolik dieses Credos und seiner vielschichtigen Wahrheit.
Ich weiß inzwischen: Das Credo ist im Laufe von etwa 400 Jahren zusammengewachsen, über viele Verwerfungen und Brüche hinweg. Im Laufe dieser Zeit haben die Kirchenväter eine eigene Lehre von der Trinität entwickelt. Damit war die christliche Religion endgültig gefestigt.
Die drei unterschiedlichen Entfaltungen Gottes als Vater, als Sohn und als heiliger Geist korrespondieren mit dem, was der Mensch – als Ebenbild Gottes – in Raum und Zeit wahrnehmen kann: Unseren Raum können wir nur in drei Dimensionen, in der Länge, der Breite und der Tiefe erfassen. Unsere Zeit ist ebenfalls dreifältig gegliedert: Werden, Sein, Vergehen. Die Drei ist die ordnende Struktur, mit der wir die Wirklichkeit begreifen können.
Und mehr noch: Den Atem, mit dem und durch den wir leben, erleben wir in drei Phasen: Einatmen – Ausatmen – Pause. Von den östlichen Meditationslehrern erfahren wir, wie sehr dieser Dreier-Rhythmus mit unserer Ganzheit, dem Göttlichen und dem Kosmos zusammenhängt.
Und weiter: Der Fortbestand der Menschheit wird nur durch die Urdreiheit: «Vater – Mutter – Kind» garantiert. Die Drei wird zum Zeichen des Lebens. Sie entfaltet eine eigene Dynamik, obwohl sie in sich selbst ruht.
Dass die Gottheit dreifältig (oder in Triaden) gesehen wird, finden wir in vielen anderen Religionen wieder: In China, in Indien und im alten Ägypten, im antiken Griechenland, im Hellenismus und bei den Germanen.
Die christliche Lehre von der Dreifaltigkeit ist also keineswegs einmalig. Im Gegenteil: Seit ältester Zeit haben die Denker die Entfaltung des Einen in der Vielheit, mit besonderer Betonung der Drei, zu erkennen versucht.

Einige Jahrhunderte vor den Kirchenvätern sagt Laotse:

> Das Tao erzeugt die Einheit,
> Die Einheit erzeugt die Zweiheit,
> Die Zweiheit erzeugt die Dreiheit,
> Die Dreiheit erzeugt alle Dinge.

Die Dreiheit weist auf das Vollkommene. Die Drei symbolisiert das Ganze der Welt: Anfang, Mitte und Ende. Die Zahl Drei im Credo ist also nicht einfach eine rechnerische Zahl, sie weist über sich selbst hinaus. Darin korrespondiert der Mensch mit dem göttlichen Ebenbild.

Der alte Kirchenvater Eusebios sagt: «Die Zahl Drei kommt an Vollkommenheit der Eins nahe… Sie ist das Bild… der geheimnisvollen, hochheiligen und herrschenden Dreieinigkeit, die ohne Anfang und Ursprung existiert und alles Gewordenen Ursprung, Wurzel und Ursache in sich enthält.»

Und manches Kind weiß schon, dass in den Märchen der dritte Versuch gelingt und dass wir immer drei Wünsche haben und drei Aufgaben, die es zu lösen gilt. Und wir wissen auch, dass die Maler die grenzenlose, unendliche Vielfalt der Farben aus drei Grundfarben zusammenkomponieren.

2.2 Das Gebet der Fischer

Ziele

Wir lassen uns von einer wunderschönen Geschichte anregen, um unsere eigene theologische Kreativität zu entfalten. Die Teilnehmer bekommen die Aufgabe, ein kleines sprachliches Kunstwerk zu schaffen: ein Gebet, das sich an die Trinität wendet. Dabei verwenden wir spielerisch die Zahl Drei: Die Teilnehmer arbeiten in Trios, und jede Zeile des Gebetes soll aus drei Wörtern bestehen, nicht mehr und nicht weniger. Dann entspricht das Gebet dem Bauplan des elementaren Gebetes, das der Bischof in unserer Geschichte von den drei Fischern hört.

Diese Übung gibt Gelegenheit, den eigenen Glauben zu artikulieren, theologische Überlegungen auszutauschen und etwas Gemeinsames, Lebendiges zu schaffen. Die Aufgabe hält eine gute Balance zwischen Intellekt und Gefühl. Sie ist anspruchsvoll und elementar zugleich. Am Ende können die Trios ihre Gebete vorstellen.

Jedes Trio benötigt ein paar Blatt Papier und Schreibzeug.

Anleitung

Ich möchte euch eine Geschichte erzählen, die der amerikanische Jesuit Anthony de Mello aufgezeichnet hat:

Das Gebet der Fischer

Ein Bischof betreute die katholischen Gläubigen, die auf den vielen kleinen Inseln im südlichen Pazifik lebten. Als sein Schiff für einen Tag an einer einsamen Insel anlegte, beschloss er, diesen Tag so gut wie möglich zu nutzen. Er machte sich auf zu den Menschen, die auf dieser Insel lebten. Am Strand traf er drei Fischer, die damit beschäftigt waren, ihre Netze zu flicken. In Pidgin-Englisch erklärten sie ihm, dass schon vor vielen hundert Jahren Missionare zu ihnen gekommen seien, die ihnen den christlichen Glauben gebracht hätten. «Wir Christen!», sagten sie und zeigten stolz auf sich. Der Bischof war hoch erfreut. Sogleich wollte er herausfinden, ob diese Männer die wichtigsten Dinge des Glaubens beherrschten. Kannten sie z. B. das Vaterunser? Betrübt musste der Bischof feststellen, dass die Fischer davon noch nie etwas gehört hatten. Wie konnten diese Männer nur behaupten, Christen zu sein, wenn sie dieses wichtigste aller Gebete nicht kannten?

«Was sagt ihr also, wenn ihr betet?» Die Fischer antworteten: «Wir heben Augen zu Himmel, wir beten: ‹Wir sind drei, du bist drei, sei uns gnädig.› Der Bischof war erschrocken über dieses ungewöhnliche Gebet, das den theologischen Reichtum des Vaterunsers zu verstümmeln schien. So verbrachte er den ganzen Tag damit, die Fischer das Gebet des Herrn zu lehren. Die Fischer lernten schwer, aber sie strengten sich an. Am Ende des Tages hörte der Bischof glücklich, wie sie das ganze Gebet fehlerfrei aufsagten.

Ein paar Monate später fuhr das Schiff des Bischofs wieder an der Insel vorbei. Während der Bischof auf dem Deck betend hin und her ging, erinnerte er sich daran, dass es auf dieser fernen Insel drei Männer gab, die dank seiner geduldigen Anstrengung nun korrekt beten konnten. Als der Bischof dankbar zum Himmel aufblickte, sah er im Osten ein helles Licht. Das Licht bewegte sich auf das Schiff zu, und als der Bischof neugierig hinsah, erkannte er auf einem kleinen Boot drei Gestalten, die ihm zuwinkten. Der Kapitän hielt die Maschine an, und alle Matrosen beugten sich über die Reling, um zu erfahren, was die drei Fremden zu ihnen führte.

Als sie auf Rufweite herangekommen waren, erkannte der Bischof seine drei Freunde, die Fischer.

«Bischof», riefen sie, «wir so froh, dich zu sehen. Wir hören dein Boot an Insel vorbeifahren, wir schnell, schnell kommen, dich zu treffen.»

«Was wollt ihr?», fragte der Bischof hilfsbereit.

«Bischof», sagten sie, «wir ganz traurig. Wir vergessen schönes Gebet. Wir sagen: ‹Vater im Himmel, geheiligt dein Name, dein Reich komme…› Dann wir vergessen. Bitte sage uns ganzes Gebet noch einmal.»
Demütig antwortete der Bischof: «Geht nach Hause, meine Freunde, und sagt, wenn ihr betet: ‹Wir sind drei, du bist drei, sei uns gnädig.›»
(Aus: Anthony de Mello «Warum der Vogel singt», © Verlag Herder, Freiburg, 16. Auflage 2003)

1. Wie findet ihr diese Geschichte?

2. Nun kommt bitte in Trios zusammen. Ich möchte, dass ihr euch, wie die Fischer in der Geschichte, gemeinsam ein Gebet ausdenkt. Ich weiß nicht, ob euch aufgefallen ist, dass das Gebet der Fischer aus drei Zeilen bestand. Jede Zeile war genau drei Wörter lang. Euer Gebet kann länger sein, aber jede Zeile soll, wie das Gebet der Fischer, genau drei Wörter lang sein. Versucht, diese Aufgabe gemeinsam zu lösen. Gestaltet dieses Gebet so, dass es später eine Freude ist, dieses Gebet zu sprechen. Vergesst bitte nicht, ganz am Schluss eurem Gebet einen Namen zu geben. Ihr habt für diese Aufgabe eine halbe Stunde Zeit.

3. Jetzt können die Trios ihre Gebete im Plenum vortragen.

Vorschläge für das Schlussgespräch

- Wie hat mir diese Übung gefallen?
- Was war am wichtigsten für mich?
- An welche Person der Trinität wende ich mich, wenn ich bete?

2.3 Dreiecke des Glaubens

Ziele

Zahlen helfen uns, eine abstrakte Ordnung in unserem Leben zu entdecken. So gliedern wir unser Zeiterleben durch die Dreiheit von Gegenwart, Vergangenheit und Zukunft. Zahlen können auch die Repräsentation des Mythischen bzw. des Göttlichen sein. Schon als Kinder lernen wir im Märchen, dass die Helden auf ihrem Weg zum Erwachsenwerden drei Prüfungen bewältigen müssen und dass die gute Fee ihren Schützlingen drei Wünsche freistellt. Und im Leben werden auch unsere Beziehungen durch Zahlen geprägt. Wenn wir uns verlieben, genießen wir die Verzauberung in der Dyade; wenn dann ein Kind dazukommt und ein Trio entsteht, muss sich unsere Liebe verändern und darin bewähren. Die beiden Erwachsenen werden auf eine harte Probe gestellt. Sind sie in der Lage, Liebe mit Hilfsbereitschaft und Fürsorge zu verbinden? In der christlichen Religion begegnen wir ebenfalls einem Dreieck, dem Dreieck der «heiligen Trinität». Dieses theologische Dreieck bietet den praktischen Vorteil, dass wir wählen können, an welche der drei göttlichen Personen wir uns wenden wollen, wenn wir beten.

Für manchen bedeutet die Trinität eine gewisse Fremdheit. Darum versuchen wir in dieser Übung, eine neue Vertrautheit herzustellen, indem wir mit verschiedenen «Dreiheiten» experimentieren. Im ersten Teil der Übung gibt es ein Potpourri von kurzen Aktivitäten, bei denen die Teilnehmer im Raum herumgehen. Im zweiten Teil wählen wir eine ruhige Arbeitsform: kreatives Malen mit farbigen Dreiecken. Diese Aktivitäten haben die Aufgabe, persönliche Bezüge herzustellen. Die «geheimnisvolle Drei» wird von verschiedenen Seiten erlebt.
Für das Malen brauchen Sie verschiedene Schachteln mit Ölkreiden und für jeden Teilnehmer eine Kopie des Mandalas (siehe Seite 40) sowie ein Blatt Zeichenpapier im Format DIN-A4 oder DIN-A3.

Anleitung

Heute wollen wir mit verschiedenen kurzen Übungen beginnen, die durch eine Gemeinsamkeit verbunden sind. In irgendeiner Weise geht es dabei immer um die heilige Zahl Drei.

1. Bitte geht schweigend im Raum herum und gebt drei anderen Gruppenmitgliedern die Hand. Wenn ihr einander die Hand reicht, bleibt vor dem anderen stehen, schaut ihm in die Augen und schenkt ihm ein Lächeln... (2 Minuten)

2. Kommt nun bitte in Trios zusammen und stellt euch so hin, dass ihr ein Dreieck bildet. Nacheinander soll jeder drei Dinge sagen, für die er dankbar ist. Jeder hat eine Minute Zeit für seinen Beitrag. (3 Minuten)

3. Geht jetzt wieder herum und macht drei anderen Gruppenmitgliedern ein kleines Kompliment. Sagt dem Betreffenden, was ihr an ihm schätzt... Wenn ihr ein Kompliment bekommen habt, sagt einfach «danke» und geht weiter. (2–3 Minuten)

4. Kommt noch einmal in Trios zusammen und stellt euch wieder so hin, dass ihr ein Dreieck bildet. Jeder hat eine Minute Zeit, um den anderen drei persönliche Stärken zu nennen, die ihn auszeichnen, z. B. Hilfsbereitschaft, Führungsstärke etc. (3 Minuten)

5. Wandert jetzt wieder herum und geht nacheinander zu drei Gruppenmitgliedern, denen ihr einen freundlichen Wunsch ins Ohr flüstern möchtet. Leitet euren Wunsch immer mit den Worten ein: «Ich wünsche dir...» (3 Minuten)

6. Kommt nun bitte alle in der Mitte des Raumes zusammen. Für diese Übung brauche ich einen Freiwilligen... Bitte stelle alle Mitglieder unserer Gruppe so hin, dass ein Bild bzw. ein Symbol der «Heiligen Dreifaltigkeit» entsteht. Wenn du willst, kannst du deine Überlegungen dabei mitteilen. Die anderen werden schweigen, bis du dein lebendiges Bild beendet hast. Anschließend kann ein anderes Gruppenmitglied seine Vorstellungen ausdrücken.
(Es kann reizvoll sein, wenn je ein männliches und ein weibliches Gruppenmitglied diese Aufgabe übernimmt. – Anschließend soll eine kurze Besprechung der vorbereitenden Aktivitäten stattfinden.)

7. Nun möchte ich dich zu einer künstlerischen Aktivität einladen. Nimm dir eine Kopie des Mandalas und drei Farben, die dir gut gefallen. Male die Dreiecke in dem Mandala aus, so dass ein schönes Bild entsteht, mit dem du Liebe und Respekt für die «Heilige Dreifaltigkeit» ausdrückst.

Du kannst auch eine freie Arbeitsform wählen. Nimm dazu ein weißes Blatt und gib den Dreiecken, die du darauf zeichnest, ganz verschiedene Formen und Farben. Wähle auch hier wieder die Farben aus, die dir gut gefallen und lass beim Malen langsam eine Geschichte entstehen; dabei musst du noch nicht wissen, was für eine Geschichte du erzählen willst. Schau, wenn du mit dem Malen fertig bist, dein fertiges Bild an und finde heraus, was das für eine Geschichte sein kann, die in deinem Bild steckt. Das kann eine beliebige Geschichte sein. Lass dich davon überraschen, ob auch Gott in irgendeiner Weise darin vorkommt. Du hast für dein Bild fünfzehn Minuten Zeit.

(Für das Anschauen und Besprechen der Bilder sollten Sie ungefähr eine halbe Stunde einplanen. Die Bilder können dann im Gruppenraum aufgehängt werden und dem Raum eine persönliche Note geben.)

2.4. Erlebte Nähe

Ziele

Hier laden wir die Gruppenmitglieder zu einem Gesprächsritual ein, indem es um persönliche Erfahrungen mit der Trinität geht. Dabei werden Geschichten aus der eigenen spirituellen Biographie erzählt: Bei welcher Gelegenheit habe ich die Nähe Gottes erlebt?
Das Ritual bietet einen schützenden Rahmen, der es leichter macht, auch intime religiöse Erfahrungen zu berichten. Manchmal fallen uns dabei Erlebnisse wieder ein, die für unser Bewusstsein verschollen waren. Unser Alltagsleben bietet oft wenig Möglichkeiten, persönliche spirituelle Erfahrungen auszusprechen. Diese Übung ist eine gute Gelegenheit, einer solchen Verarmung entgegenzuwirken. Derartige Bekenntnisse haben eine heilsame Wirkung. Sie können Ängste reduzieren und Optimismus verstärken.
Sie benötigen für dieses Ritual eine brennende Kerze auf einem schönen Leuchter.

Anleitung

Ich möchte euch zu einem Ritual einladen, das unserem Zusammensein einen spirituellen und meditativen Akzent gibt. Wir wollen uns eine besondere Zeit schenken, wo wir von unserem Herzen her sprechen und wo wir mit dem Herzen zuhören. Im Alltag erleben wir selten Situationen, in denen wir mit anderen auf diese Weise verbunden sind. Hier haben wir Gelegenheit, eine besondere Art der Nähe zu spüren, aus der wir Kraft schöpfen können.
Ich werde gleich diese Kerze anzünden. Das Licht der Flamme soll ein Symbol sein für die Helligkeit und die Wärme, die wir empfinden können, wenn wir Gott, den Vater, den Heiligen Geist oder Christus in unserem Leben spüren. Jeder von uns wird dieses symbolische Licht erhalten und sich für dieses Licht öffnen. Wir können es nicht nur mit unseren Augen sehen, sondern auch mit unserem Herzen und mit unserer Seele. Und wir können uns überraschen lassen, welche Situation in unserem Leben uns einfällt, wenn die brennende Kerze vor uns auf dem Boden steht. Dann kann uns eine Gelegenheit einfallen, wo wir eine besondere emotionale Nähe zu einer der göttlichen Personen empfunden haben. Vielleicht handelt es sich um eine Situation, wo wir Gott besonders brauchten, weil wir uns unsicher fühlten, weil wir Angst hatten, weil wir uns Sorgen machten. Es kann aber auch eine Situation sein, wo wir so viel Freude und Glück erlebten. Wir waren von Dankbarkeit erfüllt und wollten diesen Dank im Gebet ausdrücken.

Das Licht wird im Kreise herumwandern. Jeder, der das Licht erhält, beginnt mit einer meditativen Pause. Wenn du spürst, dass du über deine Erinnerung sprechen möchtest, schöpfe bitte dreimal Atem, lege die Hände vor der Brust zusammen und verbeuge dich dreimal vor dem Licht der Flamme, in der du das Symbol der heiligen Dreifaltigkeit erblicken kannst. Erzähle von einer Situation, in der du die Präsenz einer der göttlichen Personen deutlich empfunden hast. Nimm dir so viel Zeit zum Sprechen, wie du brauchst. Wir werden dir aufmerksam zuhören, ohne deine Worte durch Fragen oder Kommentare zu unterbrechen. Wir sind sicher, dass deine Worte uns helfen können, in der Erinnerung eigene spirituelle Erfahrungen neu zu entdecken. Es spielt keine Rolle, ob dein Erlebnis schon weit zurückliegt oder vielleicht nur wenige Tage alt ist. Es ist auch unwichtig, in welchem Zusammenhang deine Erfahrung steht. Ich glaube, es ist jedes Mal ein kleines Wunder, wenn wir die Gegenwart Gottes lebendig spüren. Oft bemerken wir es erst im Nachhinein.
Ich werde jetzt die brennende Kerze meinem linken Nachbarn übergeben. Im Laufe des Rituals soll sie im Uhrzeigersinn im Kreis herumwandern. Jeder hat die Freiheit, von dieser Gelegenheit Gebrauch zu machen und über sein Leben zu sprechen. Wer aus irgendeinem Grunde empfindet, dass er jetzt nicht sprechen möchte, kann sich gestatten, eine Weile das wärmende Licht zu genießen. Er atmet dreimal, verneigt sich und gibt die Kerze seinem linken Nachbarn mit den Worten weiter: «Ich möchte jetzt noch nichts sagen (vielleicht später).»
Ganz am Ende der Runde möchte ich als Letzter auch das Wort ergreifen. Danach machen wir eine kurze Pause. Wir werden anschließend Gelegenheit haben, miteinander über unsere Erfahrungen aus dem Ritual zu sprechen. Wir können uns für dieses Ritual ungefähr eine Dreiviertelstunde Zeit nehmen.

Alternative

Bei einer Gruppe von bis zu zwölf Personen können Sie die Kerze auch in die Mitte des Kreises stellen. Wer möchte, nimmt sich die Kerze. Wenn er gesprochen hat, stellt er sie wieder zurück. Zwischen den einzelnen Äußerungen kann es so zu längeren Pausen kommen. Diese Pausen sind zunächst ungewohnt und anstrengend, werden aber bald als entlastend und wohltuend empfunden. Einerseits muss ich nicht reden, andererseits kann ich auch zwei- oder dreimal die Kerze holen, um etwas zu sagen, was mir vielleicht erst später eingefallen ist.

Kapitel 3
DER VATER

Ich glaube an Gott, den Vater…

Nicht begrenzt sein vom Größten
und dennoch eingeschlossen sein vom Geringsten,
das ist göttlich.
(Ignatius von Loyola)

3.1 Gott in unserem Herzen – wir in Gottes Herz

«Sag Mama, wo ist eigentlich der liebe Gott? Ist der hinter den Wolken?», fragt der Vierjährige seine Mutter.
«Nein, der liebe Gott lebt in deinem Herzen.»
«Ah, ich verstehe, deswegen klopft das immer so.»
Dieses kurze Gespräch zeigt: Der Vierjährige weiß, wo Gott bei ihm wohnt. Er spürt Gott leibhaftig, leibhaftiger als ihn unsere Gedanken je spüren können. Wenn Jesus sagt: «Wenn ihr nicht werdet wie die Kinder…», meint er gewiss diese ungebrochene Kraft der Kinder. Ich wollte, ich könnte glauben wie dieser Vierjährige. Ich wollte, ich könnte meinen Gott auch so spüren, von meinem Glauben auch so reden, so ungebrochen. Ich möchte Gott auch in meinem Herzklopfen spüren…

Dabei möchte ich einen Augenblick verweilen, verweilen und wahrnehmen, wie mein Herz schlägt. Nichts muss gesagt werden, nichts muss getan werden. Alles ist, wie es ist. Alles ist, wie es sein soll. Ein Augenblick in der Ewigkeit.
Und ich wollte, ich hätte Glauben wie jene alte Frau, die mir sagte: «Wissen Sie, Herr Pfarrer, das stimmt nicht, was die Leute sagen, dass Gott im Herzen der Menschen wohnt. Also jedenfalls in meinem Herzen nicht. Wie sollte Gott in einer solchen Ruine wohnen. Da ist es viel zu eng und zu schmutzig für ihn. Wissen Sie, das ist genau umgekehrt: Nicht Gott wohnt in unserem Herzen, wir wohnen in Gottes Herz.»
Auch diese Frau hat recht. Sie kann nicht mehr unschuldig sprechen wie ein Vierjähriger. Sie spürt das, was in ihrem Leben zerrissen und zerbrochen ist. Sie ist aus dem Paradies der Unschuld vertrieben, aber sie ist nicht vertrieben aus der Nähe Gottes. Sie lebt in seinem Herzen.
Ich möchte beide Bilder bewahren, das des Vierjährigen und das der alten Frau. Ich möchte mir beide Bilder bewahren: Das eine, wo Gott innen ist und ich außen, und das andere, wo ich innen bin und Gott außen. Beides gehört zusammen. Ich brauche solche Bilder, um mir zu vergegenwärtigen, wer Gott für mich ist.

Mit diesen beiden Bildern lerne ich mehr und mehr zu verstehen: Es geht um mich, um das Klopfen meines Herzens, um das Strömen meines Blutes, um das Kommen und Gehen meines Atems. Und: Ich bin nicht allein, in Gottes Herz sind viele Wohnungen. In Gottes großem Herzen müsste ich verloren gehen, wenn ich allein wäre. Mein Ich braucht ein Du.

Einprägsam und paradox spricht das die alte Formel aus: Gott – du unser Ich. Oder die Worte Rainer Maria Rilkes: «Mein lahmer Freund hob seine Blicke und duldete, dass die Abendwolken sie mitzogen über den Himmel: ‹Ist Gott denn dort?›, fragte er. Ich schwieg. Dann neigte ich mich zu ihm: ‹Sind wir denn hier?› Und wir hielten uns herzlich die Hände.»

3.2 Gott ist Vater und Mutter für mich

Ziele

In der christlichen Tradition wird Gott vor allem als Vater gesehen. Viele Menschen haben aber den Wunsch, auch die weibliche Seite Gottes zu erleben. Wir erinnern uns daran, dass die Bibel stark geprägt ist von zeitbedingtem, patriarchalischem Denken. Es spricht vieles dafür, dass wir heute über diese Tradition hinausgehen und das weibliche Antlitz Gottes wieder entdecken. Beides gehört zusammen: Gott als mein Vater und Gott als meine Mutter.

Wenn wir von Gott sprechen, verbinden wir gefühlsmäßig damit unsere Erfahrungen, die wir mit beiden Eltern gemacht haben. Das Gottesbild, das unseren Glauben prägt, enthält Züge von beiden Elternteilen.

Diese Übung gibt den Gruppenmitgliedern Gelegenheit, sich auf die eigene Biographie zu besinnen und die wichtigsten Aspekte der *biologischen Eltern* zu bedenken. Davon ausgehend können die Gruppenmitglieder versuchen, dem eigenen Gottesbild mehr weibliche Züge zu verleihen.

Jeder Teilnehmer benötigt ein Blatt Papier im Format DIN-A4 oder -A3 sowie Wachsmalkreiden oder farbige Filzstifte.

Anleitung

Im Glaubensbekenntnis wird Gott als Vater angesprochen. Damit wird ein Bild von Gott gebraucht, das in der Bibel häufig vorkommt. In seinem Wesen und seiner Art ist Gott aber auch mütterlich. Er fordert nicht nur Gerechtigkeit und die Einhaltung von moralischen Regeln. Er ist an einer persönlichen Beziehung zu uns interessiert; Gott ist liebevoll und bergend. Gott ist eine zeugende und gebärende Kraft.

Wir nehmen uns in dieser Übung Zeit, uns an unsere Eltern zu erinnern und uns bewusst zu machen, wie sie zu uns als Vater und Mutter sind oder waren. Die meisten Kinder sind sehr zufrieden, wenn sie Mutter und Vater haben, die für sie da sind. Sie spüren, dass beide zusammen Sicherheit verheißen sowie Schutz, Anleitung und Vorbild.
Außerdem können wir darüber nachdenken, welche Beziehung wir zu Gott haben, wenn er uns als Vater begegnet; und welche Beziehung wir zu Gott haben, wenn sie uns als Mutter begegnet.

1. Nimm dir ein Blatt Papier und Wachsmalkreiden oder Filzstifte. Male genau in die Mitte deines Bogens einen Kreis, so groß, dass du deinen Namen (oder dein Monogramm) gut lesbar mit großen Buchstaben dort hineinschreiben kannst. Dann zieh von dem Kreis aus Linien zu den Ecken des Blattes, so dass vier Dreiecke um den Kreis entstehen, denen die Spitzen fehlen…

Muster:

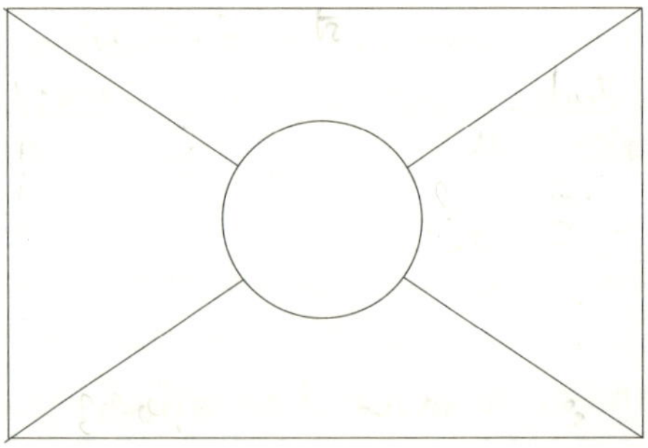

2. Benutze zunächst die beiden Dreiecke rechts und links. Hier geht es um deine Erinnerung an deinen Vater und an deine Mutter. Was hat jeder von ihnen für dich bedeutet? Was hast du von ihnen bekommen? Wie haben sie dich auf das Leben vorbereitet? Was haben sie dir ermöglicht bzw. welche Aufträge haben sie dir gegeben? Lass dir für jeden Elternteil ein Bild oder ein Symbol einfallen und male es in eines der beiden Dreiecke. Wenn du dir darüber klar geworden bist, welches Bild Vater und Mutter gerecht wird, male es auf. Entscheide, welche Farben du dafür benutzen möchtest. Schreibe auch die Vornamen deiner Eltern dazu. Wenn du willst, kannst du eine kurze schriftliche Bemerkung hinzufügen… (5 Minuten)

3. Und nun geht es um die beiden Dreiecke oben und unten. Sie sind für Gott bestimmt, für seine männliche und für seine weibliche Seite. Mache es hier genauso. Finde für jede Seite Gottes ein Bild oder ein Symbol, das ausdrückt, was Gott dir schenkt, was er von dir möchte, wie er dich behütet und mit dir umgeht. Überlege auch hier, welche Farben du benutzen möchtest. Schreibe auch die Namen dazu, mit denen du Gott anreden möchtest. Lass dir dafür zehn Minuten Zeit…

4. Kommt nun bitte in Quartetten zusammen und zeigt einander eure Bilder… Folgende Fragen können eure Gespräche anregen:
   - Steht oder stand mir mein Vater oder meine Mutter näher?
   - Mit welcher Seite Gottes kann ich diese Erfahrung am besten verbinden? Mit Gott dem Vater oder mit Gott der Mutter?
   - Wie leicht fällt es mir, die weibliche Seite Gottes zu erleben und zu benennen?
   - Ist Gott für mich genauso gebend wie fordernd?
   - Welche Fragen, welche Gefühle hat diese Übung bei mir ausgelöst? (10 Minuten)
5. Und nun kommt bitte noch einmal alle zusammen. Sprecht probeweise mit mir zusammen folgendes ungewohnte Bekenntnis: «Gott mein Vater und meine Mutter. Habe Dank.»

Wie fühlt sich dieses Bekenntnis für dich an? Vielleicht magst du mit diesem abgewandelten Bekenntnis etwas experimentieren. Es kann mit der Zeit ein Bestandteil deines Lebens werden, wenn du betest oder Zwiesprache hältst mit Gott, oder auch wenn du das Glaubensbekenntnis im Gottesdienst sprichst.

Wir können uns jetzt etwas Zeit nehmen, um darüber zu sprechen, was euch noch am Herzen liegt.

3.3 Das Meditationsrad von Bruder Klaus

Ziele

Wir benutzen ein altes europäisches Mandala, um unsere Beziehung zu Gott zu klären. Zwei Fragen werden uns dabei leiten:

1. Wofür bin ich Gott dankbar?
2. Welche Wünsche hat Gott an mich?

Als Mandala wählen wir das «Meditationsrad von Bruder Klaus» (Seite 51). Wir interpretieren das Mandala wie folgt: Gott gibt unserem Leben einen sicheren Rahmen. Für diesen Rahmen kann ich dankbar sein. Er markiert meinen Platz in der Welt, und er schützt mich vor destruktiven Gefühlen wie Einsam-

keit, Angst und Sinnlosigkeit. Sowohl das äußere Quadrat als auch der Radreifen symbolisieren Gottes ordnende Hand. In der Nabe des Rades können wir das Herz Gottes erkennen. In der Liebe Gottes sind wir geborgen. Gott hat aber auch Wünsche an uns.
Die Speichen des Rades, von denen drei nach innen weisen und drei nach außen, regen uns an, drei Antworten zu finden auf jede der oben genannten Fragen.
Es gibt viele andere Möglichkeiten, das Meditationsrad von Bruder Klaus zur Klärung spiritueller Fragen heranzuziehen. Ursprünglich gebrauchte Bruder Klaus sein Meditationsrad, um das Werk Gottes zu betrachten. Für ihn war die Mitte des Bildes ein Symbol der ungeteilten Gottheit, von der alles ausgeht und zu der alles wieder zurückkehrt.

Sie benötigen für jeden Teilnehmer eine Kopie des «Meditationsrades von Bruder Klaus» (Seite 51) sowie eine Schachtel Ölkreiden und Schreibzeug.

Anleitung

In dieser Übung wollen wir mit einem alten Meditationsbild aus dem 15. Jahrhundert arbeiten, das von einem Schweizer Bauern entworfen wurde. Er bestellte den größten Teil seines Lebens seine Felder gemeinsam mit seiner Frau und war ein guter Vater für seine zehn Kinder. Außerdem war er Ratsherr in dem Dorf Flüeli, in dem er lebte. Eines Tages aber fühlte er sich von Gott dazu berufen, als Einsiedler zu leben, um eine besonders enge Beziehung zu Gott zu leben.

1. Bitte setz dich bequem hin und schließ deine Augen. Gib deinem Körper die Erlaubnis, sich zu entspannen. Richte zunächst deine Aufmerksamkeit auf deinen Atem. Spüre, wie du atmest… Ändert sich dein Atemrhythmus, wenn du ihn wahrnimmst – ohne ihn willentlich zu beeinflussen?
   Lass dir Zeit. Schenke deinem Leib Aufmerksamkeit, bis du eine Stelle findest, die angespannt ist. Schenke dieser Stelle deines Körpers Entspannung, indem du dir vorstellst, dass du deinen warmen Atem dorthin schickst… Lass beim Ausatmen die Anspannung aus deinem Körper hinausfließen, so dass du dich immer ruhiger und gelöster fühlen kannst…
   Öffne nun langsam deine Augen und halte das Bild des Meditationsrades so vor dich hin, dass du es entspannt betrachten kannst. Wende deine Aufmerksamkeit zunächst dem äußeren Rahmen mit seinen vier Seiten zu. Die vier Seiten können dich daran erinnern, dass du ein Teil der Schöpfung bist. Jedes Jahr gehst du aufs Neue durch die vier Jahreszeiten. Du kannst dich fragen, was du mit jeder Jahreszeit verbindest… Und du kannst dir auch da-

rüber klar werden, in welcher Jahreszeit deines Lebens du heute stehst…
Die vier Seiten des Quadrates können auch andere Gedanken bei dir auslösen. Du kannst an die vier Elemente denken, die dein Leben unterstützen. Wenn du an die Luft denkst, dann kannst du spüren, wie befreiend es für dich ist, wenn du tief atmest. Wenn du an die Erde denkst, kannst du dich vergewissern, ob du in diesem Augenblick in gutem Kontakt mit der Erde bist. Wenn du an das Feuer denkst, kannst du an das Licht der Sonne denken, deren Licht dich sehen lässt, und an deinen eigenen Körper und an deinen Stoffwechsel, der dir Kraft und Energie schenkt. Wenn du an das Wasser denkst, kannst du dankbar dafür sein, dass es deinen Durst löscht und dass es der größte Bestandteil deines eigenen Körpers ist…
Lass deine Aufmerksamkeit nun zu den konzentrischen Kreisen des Rades wandern… zum Kreis als Symbol der Ganzheit.
Ein indischer Schöpfungsmythus erzählt, wie der Gott Brahma inmitten eines runden tausendblättrigen Lotus stand und seinen Blick in die vier Richtungen des Raumes schickte. Erst dann konnte er das Werk seiner Schöpfung beginnen… Du kannst bei diesen runden Formen auch an den Zen-Buddhismus denken… Für Zen bedeutet der Kreis Erleuchtung… Er symbolisiert die menschliche Vollkommenheit… Und in der christlichen Kunst sind dir sicher Abbildungen begegnet, in denen der Kopf Christi, seiner Jünger und der Heiligen mit einem Kranz von Licht umgeben sind…
Geh nun mit deinem Bewusstsein einen Augenblick in das Zentrum des Bildes, zur Nabe des Rades. Hier fand Bruder Klaus Gottes eigentliches Wesen, ein Symbol der Dreifaltigkeit…
Jetzt geh mit deiner Aufmerksamkeit zu den Speichen des Rades, die zusammen einen Stern bilden. Die Speichen verbinden die Nabe des Rades mit dem Reifen. Sie stellen die Beziehung her zwischen Innen und Außen. Betrachte zunächst die drei Speichen, die nach außen deuten. Sie erinnern dich daran, wofür du Gott dankbar sein kannst… (2 Minuten)
Konzentriere dich zum Schluss auf die nach innen weisenden Speichen. Sie können dich daran erinnern, was Gott für dich tut und was Gott von dir erwartet. (2 Minuten)

2. Und nun bist du so weit vorbereitet, dass du eine Antwort geben kannst auf die erste Frage. Sie lautet: «Wofür bin ich Gott dankbar?» Schreibe oder male deine Antwort in drei der freien Felder im Inneren des Rades zwischen den Speichen… (3 Minuten)

3. Denke jetzt über die zweite Frage nach. Sie lautet: «Welche drei Wünsche hat Gott an mich?» Schreibe deine Antworten bitte in die jetzt noch freien drei Felder zwischen den Speichen… (3 Minuten)
4. Und lass dich nun von deinen Gefühlen und deiner Phantasie inspirieren, um das Meditationsrad von Bruder Klaus auszumalen. Benutze Farben, die du magst, so dass dir das Meditationsbild vertraut wird als ein schönes Symbol deines persönlichen Glaubens. Lass dir dafür zehn Minuten Zeit.
5. Kommt jetzt bitte in Trios zusammen, zeigt einander eure Meditationsbilder und sprecht darüber (10 Minuten). Dabei können folgende Fragen hilfreich sein:
   - Konnte ich leicht sagen, wofür ich dankbar bin?
   - Konnte ich leicht sagen, was Gott von mir will?
   - Wo in meinem Körper erlebe ich den Sitz meiner Seele?
   - Wie fühle ich mich nach dieser Bildmeditation?

(Holen Sie am Ende die Gruppe wieder zum Plenum zusammen und laden sie zu einem kurzen Gespräch ein über Fragen, Gefühle und Reaktionen.)

Alternative

Steht weniger Zeit zur Verfügung oder arbeiten Sie mit jüngeren Schülern oder Konfirmanden, so lohnt es unmittelbar mit dem Meditationsbild zu beginnen. Nach einer kurzen Einführung wird das Verständnis für das Mandala schrittweise erarbeitet, von außen nach innen…

Wer war Bruder Klaus? Nikolaus von Flüe oder, wie die Schweizer sagen, «Bruder Klaus» lebte von 1417 bis 1487 in Flüeli in der Innerschweiz. Er ist der Heilige der Schweizer, der Katholiken sowieso, aber auch der Protestanten. 1947 wurde er vom Papst auch offiziell heilig gesprochen.
Er war ein angesehener Bauer, Gemeinderat und Richter und hatte zusammen mit seiner Frau Dorothea Wyss zehn Kinder. Im Alter von 50 Jahren gab er alle seine Ämter auf und verließ – mit Zustimmung seiner Frau – seine Familie und den Hof. Nach schweren inneren Kämpfen zog er sich in die Ranft (Schlucht), nur wenige hundert Meter vom Dorf entfernt, zurück.
Klaus war Laie, Analphabet und voll großer innerer Weisheit und Demut. Menschen aus ganz Europa kamen zu ihm, Gelehrte, Theologen, Mönche, Politiker und Fürsten, um seinen Rat zu erfragen.
Bekannt von ihm ist vor allem das Radbild. Ein Pilger, der von ihm stark beeindruckt war, ließ es 1487 in Augsburg drucken. Klaus sagte: «Das Rad ist die Figur, in der ich das Wesen Gottes betrachte. Der Mittelpunkt ist die ungeteilte Gottheit, von der alles ausgeht und zu der alles wieder zurückkehrt.»
(Weitere Informationen zum Verständnis des Meditationsrades von Bruder Klaus siehe besonders F.-X. Jans: Das Tor zur Rückseite des Herzens, Münsterschwarzach 1994.)

3.4 Ich rufe dich bei deinem Namen

Ziele

Personen, Tiere oder Dinge, die uns wichtig sind, brauchen einen Namen. Nur wenn wir den Namen unseres Gegenübers kennen, können wir es ansprechen, in einen Dialog mit ihm eintreten, Wünsche oder Beschwerden äußern. Der Name des anderen gestattet es uns, von Gleich zu Gleich mit ihm zu kommunizieren; solange wir den Namen des anderen nicht wissen, fühlen wir uns ohnmächtig.

Unser Name kann uns «unsterblich» machen. Er bestätigt unsere Bedeutung und unseren Wert. Wenn wir jemanden sehr lieben, dann erfinden wir zusätzliche Namen für ihn, mit denen wir unsere Gefühle in einem geheimen Code ausdrücken, den Außenstehende nicht ohne Weiteres verstehen können. Aber wir erfinden manchmal auch feindliche Namen, mit denen wir negative Gefühle wie Zorn und Verachtung ausdrücken. Die Liste der Schimpfnamen ist unendlich. – Der Name steht für die Person; und die Art, wie wir ihn aussprechen, intonieren, verändern, deutet auf unsere Gefühle hin. Auch unser Dialog mit Gott wird erst dann möglich, wenn wir wissen, wie wir ihn anreden sollen. Erst dann können wir betend Kontakt aufnehmen.

In dieser Übung wollen wir uns ausschließlich auf den liebevollen Gebrauch von Namen konzentrieren und sie in einen passenden Kontext einbetten. Im ersten Teil der Übung kommen die Teilnehmer in Vierergruppen zusammen, und immer drei Gruppenmitglieder erfinden einen «Taufsegen» für die vierte Person, damit es dem Träger des Namens auf seinem Lebensweg gut ergehen möge. Dieser Teil der Übung ist gemeinschaftsbildend und soll darauf hinweisen, dass die wichtigste Funktion unserer Namen darin liegt, dass wir einander respektvoll, freundlich und liebevoll anreden können.

Im zweiten Teil der Übung geht es darum, mit welchem Namen wir Gott ansprechen wollen. Das Quartett soll sich gemeinsam für eine passende Anrede Gottes entscheiden und ein kurzes Dank- oder Bittgebet formulieren. Auf diese Weise kann jedes Gruppenmitglied verhältnismäßig zwanglos über seine eigene Gebetspraxis sprechen und erfahren, wie andere sich an Gott wenden.

(Jeder Teilnehmer braucht Papier und Bleistift.)

Anleitung

In dieser Übung wollen wir uns mit unserem eigenen Namen beschäftigen und mit dem Namen Gottes. Namen sind wichtig. Von verschiedenen Seiten werden wir aufgefordert, die Namen mit Respekt zu behandeln. Das Bürgerliche Ge-

setzbuch verbietet es uns, andere Menschen zu beleidigen. Die Bibel fordert uns dazu auf, den Namen Gottes zu ehren und ihn nicht zu missbrauchen. Wenn wir jemanden lieben, erfinden wir einen Kosenamen für ihn; wenn wir jemanden hassen, verfluchen wir seinen Namen.
Namen sind eine wunderbare Erfindung. Sie sind die Grundlage jeder Gemeinschaft und die Voraussetzung für Kooperation unter den Menschen. Jeder von uns reagiert feinfühlig darauf, wie andere seinen Namen aussprechen. Wir können das gleich ausprobieren.

1. Bitte stellt die Stühle beiseite und beginnt im Raum herumzugehen. Wenn ihr anderen Gruppenmitgliedern begegnet, könnt ihr ihnen etwas ins Ohr flüstern, nur den Vornamen oder nur den Nachnamen oder auch Vor- und Nachnamen. Wenn euch selbst etwas ins Ohr geflüstert wird, achtet bitte darauf, wie sich das anfühlt. Sprecht sonst nicht miteinander, stellt keine Fragen und gebt keine Kommentare ab. (2–3 Minuten)

2. Kommt immer zu dritt zusammen und setzt euch. Tauscht euch darüber aus, was ihr eben erlebt habt. Und unterhaltet euch auch über andere Gelegenheiten, bei denen euer Name ausgesprochen wird. Folgende Fragen können euch eine Anregung sein:
   - Wer spricht meinen Namen so aus, dass es für mich am angenehmsten ist?
   - Wer spricht meinen Namen besonders respektlos aus?
   - Wie bin ich mit meinem Namen zufrieden?
   - Wie möchte ich auf keinen Fall genannt werden?

   (10 Minuten)

3. Stellt nun die Stühle wieder zur Seite und geht noch einmal im Raum herum. Wenn ihr anderen begegnet, sollt ihr ihnen diesmal euren eigenen Namen sagen, aber nicht mit Worten, sondern durch eine Geste oder eine symbolische Bewegung. Ihr könnt in die Hände klatschen, zwei Finger zum Siegeszeichen spreizen oder in die Luft springen. Es gibt unendlich viele verschiedene Möglichkeiten, wie ihr euren Namen symbolisch ausdrücken könnt. (2–3 Minuten)

4. Kommt jetzt in Quartetten zusammen. Verteilt euch im Raum, so dass jedes Quartett bequem um einen Tisch herum sitzen kann. Jede Gruppe bekommt nun dieselbe Aufgabe: Bitte denkt einen Augenblick zurück an eure Taufe. Die meisten können sich nicht selbst an diesen wichtigen Tag in ihrem Leben erinnern, weil sie noch Säuglinge waren. Sie müssen diese Erinnerung aus Erzählungen rekonstruieren, die sie gehört haben. An diesem Tag

habt ihr euren Vornamen bestätigt bekommen. Andere von euch sind später getauft worden, vielleicht aus eigener Entscheidung. Auch sie wurden auf ihren Namen getauft. Gewiss waren viele Mitglieder eurer Familie von der Zeremonie berührt.
Die drei anderen Mitglieder eures Quartettes waren nicht bei eurer Taufe anwesend. Sie hatten damals nicht die Chance, euch etwas zu schenken. Das könnt ihr jetzt nachholen.
Erfindet nun für jedes Mitglied eures Quartetts einen ganz persönlichen Taufsegen. Jeder Taufsegen beginnt mit dem Namen des Täuflings, dann kommen die wichtigsten Wünsche, die das Leben des Täuflings begleiten sollen. Konzentriert euch auf jeweils einen von euch. Verfasst gemeinsam den Taufsegen für ihn und schreibt ihn auf. Wenn ihr damit fertig seid, stellt euch alle hin; die drei Verfasser stellen sich vor den Täufling und sprechen ihren Taufsegen gemeinsam. Anschließend übergebt ihr das Papier mit dem Segen. Danach könnt ihr euch auf das nächste Mitglied eures Quartettes konzentrieren. Ihr habt dreißig Minuten Zeit für diese Aufgabe.

5. Nun kommt die zweite Aufgabe. Hier geht es um die Frage, wie wir in unseren Gebeten Gott anreden können. Erzählt einander, wie ihr Gott ansprecht. Entwickelt dann gemeinsam ein kurzes Dankgebet oder ein kurzes Bittgebet, das mit der Anrede Gottes beginnt. Wenn ihr den Text aufgeschrieben habt, stellt euch bitte zusammen hin und sprecht eurer Gebet langsam und so leise, so dass die anderen Gruppen nicht gestört werden. Für diese Aufgabe habt ihr noch einmal zwanzig Minuten Zeit.

Vorschläge für das Schlussgespräch

- Was hat mir an diesen Übungen am besten gefallen?
- Wird in dieser Gruppe mein Name respektvoll genannt?
- Neige ich manchmal dazu, den Namen anderer gedankenlos oder verächtlich zu behandeln?
- Warum ist der eigene Name für die meisten Menschen etwas «Heiliges»?
- Warum wurde der Name Gottes im Alten Testament nicht direkt ausgesprochen, sondern umschrieben?
- Wie rede ich Gott am liebsten an?
- Kennt ihr Vornamen, in denen der Name Gottes enthalten ist?

Beispiele für Taufsegen

Gott schenke dir, den Eltern und Paten
Augen für das geschenkte Glück,
Mut nach versagten Träumen,
Kraft, loslassen zu können, ohne zu verlieren.

Der Segen der Erde,
der guten, der reichen Erde
sei für dich da!
Weich sei die Erde dir, wenn du auf ihr ruhst,
müde am Ende des Tages,
und leicht ruhe die Erde auf dir
am Ende des Lebens,
dass du sie schnell abschütteln kannst –
und auf und davon
auf deinem Weg zu Gott.

Gottes Kraft halte dich aufrecht,
damit du deinen Weg findest.
Gottes Weisheit leite dich,
damit du einsichtig wirst.
Gottes Auge schaue für dich,
damit du die Schönheit siehst.
Gottes Ohr höre für dich,
damit du die Wahrheit hörst.
Gottes Hand bewahre dich gegen alle,
die dir schaden wollen.

Gott
Behüte dich
Beschütze dich
Berühre dich
Umgebe dich
Mit seiner Mütterlichkeit
Mit seinem Vatersein
Er lasse dich seinen Segen spüren
Tag und Nacht

3.5 Das Angesicht Gottes

Ziele

Wenn wir tief verunsichert sind, wenn wir Leid und Schmerz fühlen, empfinden wir das Bedürfnis nach Trost. Wir wünschen uns die Nähe und Fürsorge Gottes. Anders ist es in Augenblicken, wo wir von tiefem Glücksgefühl erfasst sind. Wir spüren die Nähe Gottes – und brauchen keine Worte mehr.
Im Ersten Testament (AT) wird eine Geschichte erzählt, in der Mose den drängenden Wunsch hat, sich von Gott und seiner Kraft zu überzeugen. Seine Lage und die des Volkes Israel ist deprimierend. Das Volk zieht immer noch durch die Wüste zwischen Ägypten und dem verheißenen Land. Das goldene Kalb wird angebetet, weil von Gott nichts zu spüren ist. In seiner Wut und Verzweiflung hat Mose die vom Gottesberg herab mitgebrachten Gesetzestafeln zerschmettert. Mose hat das Lager der Israeliten verlassen und spricht mit Gott, bevor er erneut auf den Berg steigen wird. Er spricht seine Sehnsucht mit den Worten aus: «Lass mich doch deine Herrlichkeit sehen!» Er erhält zunächst die Antwort: «Du kannst mein Angesicht nicht sehen; denn kein Mensch kann mich sehen und am Leben bleiben.» Aber schließlich erklärt sich Gott doch bereit. Er wird Mose in eine Felsspalte stellen und seine Hand über ihn halten, wenn er in seiner Herrlichkeit vorübergeht. Dann wird Gott seine Hand abziehen, so dass Mose die Rückseite Gottes sehen kann.
Mit dieser Geschichte können sich viele von uns gut identifizieren. Niemand hat Gott je gesehen, aber viele von uns haben seine Nähe gespürt.
Wir schlagen verschiedene kleine Übungen vor, die die Spannung zwischen dem verborgenen Gesicht Gottes und unserem Wunsch zu sehen, verdeutlichen.*
(Sie benötigen für jeden Teilnehmer Papier und Bleistift und eine Kopie des Textes von 2. Mose 33, 18–23, hier auf Seite 60.)

Anleitung

Wenn jemand besonders wichtig für uns ist, haben wir manchmal den Wunsch, in das Gesicht dieser Person zu sehen und in seine Augen. Gleichzeitig möchten wir, dass dieser Mensch uns ebenfalls aufmerksam anschaut und uns in die Augen blickt. So wie sich Verliebte einfach nur anblicken. Wir hoffen auf diese Weise einander nicht nur oberflächlich zu begegnen, sondern von Herz zu Herz und von Seele zu Seele. Es mag sein, dass wir uns wünschen, Gott selbst so nahe kommen zu können. Dazu gibt es eine schöne Geschichte im Ersten Testament.

---

* Die Anregung zu diesen Übungen verdanken wir Prof. Gerhard Marcel Martin, Marburg.

1. Bitte nehmt euch eine Kopie der Geschichte «Das Angesicht Gottes» und sucht euch einen Partner. Lest euch zunächst schweigend den Text durch. Dann soll einer von euch beiden die Augen schließen, während der andere ihm den Text vorliest. Er tut dies nicht mit lauter Stimme, sondern einfühlsam und flüsternd nur für seinen Partner. Flüstert eurem Partner die Geschichte ins Ohr, ganz so, als teiltet ihr ihm ein Geheimnis mit. Wechselt anschließend die Rollen. Sprecht zwischendurch nicht miteinander und tauscht euch erst danach aus. (10–12 Minuten)

2. Setzt euch nun allein an einen Platz, an dem ihr ungestört seid und denkt darüber nach, ob ihr in eurem Leben Geheimnissen oder Rätseln begegnet seid, auf die ihr keine klare Antwort bekommen habt. Ihr konntet diese Rätsel nicht lösen, aber trotzdem habt ihr eine Ahnung, was sich in diesen Geheimnissen verbirgt.
   Eure Geheimnisse können mit einem Menschen zusammenhängen oder mit Gott, mit euren Vorfahren oder mit der Zukunft. Fragt euch: Wer hat mich in welche Geheimnisse eingeführt?
   Fragt euch tief und gründlich, denn ihr fragt nur euch selbst und müsst niemandem Rechenschaft ablegen.
   (Schließen Sie hier ein kurze Austauschrunde an: Wie geht es mir, wenn ich den Geheimnissen meines Lebens nachspüre?)

3. Und nun lade ich euch zu einer Übung in Paaren ein. Richtet es so ein, dass ihr einander genau gegenüber sitzt. Einer von euch soll sich beide Hände so vor sein Gesicht legen, dass der Partner nur die Handrücken sehen kann. Der Partner bittet ihn nun immer wieder: «Zeige mir dein Gesicht!» Der sich bedeckende Partner soll jedoch standhaft bleiben, jedes Mal ablehnen und als Grund dafür angeben: «Nein, ich will dir mein Gesicht nicht zeigen!» Der bittende Partner versucht immer und immer wieder, den anderen dazu zu bewegen, die Hände vom Gesicht zu nehmen... Nehmt beide wahr, was dabei in euch vorgeht. (3 Minuten)
   Wechselt jetzt bitte die Rollen und setzt diesen «Kampf um das Angesicht» noch einmal für drei Minuten fort.
   Lasst euch nun fünf Minuten Zeit, um darüber zu sprechen, wie es euch bei diesem Teil der Übung gegangen ist. (5 Minuten).
   (Dieser Übungsteil kann starke Gefühle und Widerstand auslösen. Wenn Ihnen die Aufgabe zu schwierig erscheint, können Sie auch vom zweiten direkt zum vierten Abschnitt übergehen. Sprechen Sie mit den Teilnehmern über die starken Gefühle, die es auslöst, wenn ich das Gesicht von jeman-

dem sehen will, es mir aber nicht möglich ist. Etwas einfacher ist es, wenn sich nicht zwei einzelne Partner, sondern zwei Gruppen gegenübersitzen, von denen jeweils die eine ihre Gesichter verdeckt.)

4. In dieser Übung sollst du bei demselben Partner bleiben. Sie ist technisch ganz einfach und wird dich trotzdem überraschen. Setz dich deinem Partner gegenüber. Wähle den Abstand so, dass du ein gutes Gefühl dabei hast…

Bei dieser Übung geht es einfach darum, dass du in der Präsenz deines Partners bist. Bitte sprich dabei nicht. Schaue deinem Partner ins Gesicht, während er dir ins Gesicht sieht. Starre ihn nicht an, sondern nimm einfach sein Bild in dich auf. Du brauchst auch nicht darüber nachzudenken, was der andere fühlt oder denkt. Es ist nicht nötig, dass du deinen Partner in irgendeiner Weise beurteilst. Es ist vollkommen ausreichend, wenn du ihn wortlos ansiehst und seine Gegenwart spürst.

Vielleicht bemerkst du, dass verschiedene Gefühle in dir aufsteigen. Natürlich ist diese Situation ungewohnt. Vor allem wirst du das Bedürfnis spüren, das Schweigen zu brechen und zu sprechen oder die Spannung durch Lachen aufzulösen. Versuche, das nicht zu tun. Beobachte einfach, was geschieht, wenn du jemandem schweigend so nahe bist. Wenn es dir zu viel wird, schließe die Augen und unterbrich den Kontakt. Öffne sie erst wieder, wenn es für dich stimmt. (5–10 Minuten)

Danach kannst du mit deinem Partner sprechen und dich mit ihm über diese Übung austauschen:

- Was macht es so schwer, auf Worte zu verzichten und nur zu schauen?
- Fällt es dir im Alltag schwer, anderen nahe zu sein, ohne sie zu beurteilen, Forderungen zu stellen oder darüber nachzudenken, ob sie dich genügend schätzen und lieben?
- Wem hast du zuletzt lange ins Gesicht geschaut? (5–10 Minuten)

5. Steh nun bitte auf, schüttle Arme und Beine aus und beginne, im Raum herumzugehen. Bitte ignoriere zunächst die anderen und bleib eine Zeit lang ganz für dich ganz allein. Mach dir bewusst, dass Gott alles geschaffen hat und noch schafft, dass er alles in seinen Händen hält. Vielleicht kannst du dann akzeptieren, dass du in einer ähnlichen Lage bist wie Moses, der das Angesicht Gottes nicht sehen kann. Du kannst dir angewöhnen, Gott in allem zu finden, was in deiner Umgebung ist. Du bist in der Lage, Dingen und Menschen in deiner Umgebung so zu begegnen, als ob Gott darin verborgen sei – mit Ehrfurcht, mit Staunen, mit Respekt und achtsamer Liebe. Du kannst diese Haltung frei wählen und allem mit Liebe begegnen…

Und nun gebe ich dir einige Anregungen, wie du Gott in der Welt erleben kannst: Konzentriere dich, während du herumgehst, auf deine Füße. Du kannst den Boden unter dir spüren. Stell dir für einen Augenblick vor, dass du über die Erde gehst, und die Erde ist heilig. Gehe so, dass du liebevolle Fußspuren auf der Erde hinterlässt... (1 Minute)
Wenn du weitergehst, konzentriere dich auf deinen Atem. Werde dir klar, dass auch die Luft, die du einatmest, die dich am Leben hält, etwas Wunderbares und Heiliges ist. Versuche so einzuatmen, dass du darin dein Staunen und deine Dankbarkeit ausdrückst... und atme so auch wieder aus...
Und nimm dabei ganz bewusst die anderen Gruppenmitglieder wahr. Sei dir bewusst, dass jeder Einzelne ein Geschöpf Gottes ist wie du selbst. Und wenn du an jemandem vorbeigehst, nimm ihn mit deinem Herzen wahr, staune über das Wunder, das du siehst. Jeder weiß, was es bedeutet zu lieben und geliebt zu werden; jeder kennt Leid, und jeder wünscht sich ein glückliches Leben. Jeder ist anders und hat seine eigene Geschichte. (2 Minuten)
Du hast nun noch ein wenig Zeit, um Gott auf eine besondere Weise zu begegnen. Auch wenn es dir vielleicht eigenartig vorkommt, wenn du dich gehemmt fühlst oder verwirrt, versuche auf mindestens eines der Gruppenmitglieder zuzugehen und diese Person respektvoll und liebevoll zu umarmen, ohne Worte, und dabei zu spüren, dass dies eine einfache Möglichkeit ist, Gott in einem anderen Menschen zu begegnen. Du kannst auch deine Hände (mit den Handinnenflächen gegeneinander) vor der Brust halten und dich ehrfürchtig, wie du es von Asiaten kennst, vor einem anderen verneigen. Du respektierst darin den Schöpfer und sein Geschöpf. (2 Minuten)

6. Beendet jetzt diese Übung, schüttelt Arme und Beine aus. Atmet tief aus. Schenkt euch selbst ein Lächeln. Kommt nun in Quartetten zusammen und tauscht euch aus (10 Minuten):

- Was hast du in dieser letzten Übung erlebt?
- Wieweit gelingt es dir, Gott in deiner Umgebung zu erleben?
- Wie würde sich dein Leben ändern, wenn du diese Haltung regelmäßig übtest?

Vorschläge für das Schlussgespräch

- Was habe ich entdeckt?
- Wie sehe ich die biblische Erzählung jetzt?
- Welche offenen Fragen habe ich?
- Wann habe ich gemischte Gefühle empfunden?
- Was möchte ich aus dieser Übung mitnehmen?

2. Mose 33, 18–23

(18) Da sagte (Mose): Lass mich doch deine Herrlichkeit sehen!

(19) (Gott) sagte: Ich will meine ganze Schönheit vor dir vorübergehen lassen; so, dass du erkennst, wer ich bin. Ich gewähre Gnade, wem ich Gnade gewähre, und wessen ich mich erbarme, dessen erbarme ich mich.

(20) Weiter sagte er: Du kannst mein Angesicht nicht sehen; denn kein Mensch kann mich sehen und am Leben bleiben.

(21) Dann sagte Gott: Siehe diese Stelle da bei mir! Stelle dich auf diesen Felsen!

(22) Wenn meine Herrlichkeit vorübergeht, stelle ich dich in die Spalte des Felsens und halte meine Hand über dich, bis ich vorüber bin.

(23) Dann ziehe ich meine Hand ab, und du kannst meine Rückseite sehen. Mein Angesicht aber kann niemand sehen.

Kapitel 4
DER ALLMÄCHTIGE

…den Allmächtigen…

Geliebt wirst du einzig,
wo du schwach dich zeigen darfst,
ohne Stärke zu provozieren.
(Theodor W. Adorno)

4.1 Alles ist mit allem verbunden

Und wenn ich mit Engelszungen redete, was das Wort «allmächtig» heißt, könnte ich wohl kaum mit angemessenen Begriffen wiedergeben. Zu sehr bin ich – sind wir – in den Bildern unserer Sprache gefangen. Zu eng, zu linear ist unser abendländisches Denken. Die Frage nach der Gerechtigkeit Gottes würde sich immer wieder dazwischen schieben: Warum kann Gott das alles zulassen…?
Und wenn ich wie Martin Luther in seiner Erklärung zum Glaubensbekenntnis das Wörtlein «allmächtig» einfach außen vorlasse und kühn interpretiere «Ich glaube, dass Gott mich geschaffen hat… und noch erhält.» Die Prägung durch unseren Sprachgebrauch ist so stark, so erdrückend, dass eine so «naive» Interpretation dagegen nicht ankommt. «Allmächtiger» bleibt ein schwieriges, ein missverständliches Wort, an dem sich die Theologen reiben und die Kritiker der Religion auslassen können.
Und wenn ich die Regeln der Kybernetik beachte, die besagen, Ursache und Wirkung sind vielfältiger als unsere Logik…? Oder poetischer, wenn ich um den «Schmetterlingseffekt» weiß: Alles ist miteinander verbunden, alles ist in allem. Von Vaclav Havel stammt der Satz: «Der flüchtige, vermeintlich bedeutungslose Flügelschlag eines kleinen Tieres kann irgendwo auf dem Erdball einen Taifun entfesseln.» Wenn ich versuche, diesen Gedanken auf die Theologie zu übertragen, zeigt es sich, dass ich darin gänzlich ungeübt bin. Die Frage, warum die Mutter von drei Kindern qualvoll sterben muss, kann ich damit nicht hinreichend beantworten.
Und wenn ich in die Geschichte zurückgehe und erforsche, woher das Wort «allmächtig» ursprünglich kommt, sehe ich einen etwas anderen Zusammenhang. Der «Allmächtige» war zunächst und ursprünglich ein Symbol, an dem sich religiös und politisch Verfolgte festhalten konnten. Die Unterdrückten hofften auf einen allmächtigen Gott. Er konnte zukünftig Ausgleich und Gerechtigkeit schaffen. Um diesen, den «allmächtigen Gott» konnten sich auch Gedanken an Rache für das erlittene Leid ranken. Jedenfalls war durch einen «Allmächtigen» die Macht der Mächtigen relativiert.

Für Menschen, die verfolgt und gefoltert werden, ist es oft die einzige Hoffnung zu wissen: Die Macht von Menschen über Menschen ist begrenzt. Menschen im Widerstand haben zu allen Zeiten gewusst, dass die Machthaber den Leib töten können, nicht aber die Gedanken, den Geist und die Seele. Der Gedanke an ihren «allmächtigen Gott» hat vielen die Kraft gegeben, ihren Widerstand durchzuhalten, auch über den eigenen Tod hinaus.
Und wenn ich unsere Kirchenväter betrachte, die das schwierige Wort «allmächtig» zweimal ins Glaubensbekenntnis eintragen, sehe ich zuerst, dass es Kirchenväter sind, die nicht mehr verfolgt werden. Sie hatten selbst von der Macht gekostet und waren wohl auch ein ganzes Stück weit der Verführung der Macht erlegen. Sie bekennen den einen Gott, der für alles zuständig ist. Alles, wirklich alles, muss dem einen Gott unterworfen sein. Schließlich ist es der Gott, den sie auf Erden vertreten und repräsentieren. Damit wird das Bild Gottes abstrakt und entfernt sich von den Menschen und ihrem einfachen Leben. Hier geht es um Macht, um Herrschaft, weniger um Liebe…

Wenn Jesus von Gottes Macht spricht, so erzählt er in orientalischer Tradition Geschichten. Er erzählt die Geschichte vom winzigen Senfkorn, das aufgeht, das als Pflanze wächst, bis die Vögel des Himmels darin wohnen können. Er erzählt Geschichten, in denen die Zuhörer sich wiederfinden. Jesus erzählt und lässt dabei vielfältige und auch widersprüchliche Bilder in den Köpfen und Herzen entstehen. Wenn er erzählt: «Mit dem Reich Gottes ist es wie mit…», so leuchtet die Schönheit Gottes auf. Seine Schöpfer-, seine Bewahrerkraft wird deutlich.
Und wenn ich selbst eine Geschichte zum Thema «Allmächtiger» erzähle, so ist es eine Geschichte aus der jüdischen Tradition, in der ein Mann mit «Gott, dem Allmächtigen» streitet:

Nein, nein und tausendmal nein!

Ein Chronist im Mittelalter berichtet: Diese Geschichte habe ich aus dem Mund der Ältesten vernommen, die zur Zeit des Königs Ferdinand und der Königin Isabella das katholische Spanien verlassen mussten, weil sie sich geweigert hatten, den christlichen Glauben anzunehmen.
Die gesamte Gemeinde ging ins Exil. Einige ihrer Mitglieder begaben sich an Bord eines Schiffes, auf dem die Pest ausbrach. Der Kapitän setzte seine menschliche Fracht an einem verlassenen Ufer aus.
Unter den Flüchtlingen befand sich ein Mann mit seiner Frau und ihren beiden Kindern. Von Hunger und Durst geplagt, machten sie sich auf den Weg, weil sie hofften, einen bewohnten, gastfreundlichen Ort zu finden. Aber der Sand rings um sie erstreckte sich ins Unendliche.

Eines Abends brachen sie vor Erschöpfung zusammen. Sie waren vier, als sie einschliefen; nur drei erwachten. Der Mann grub ein Grab für seine Frau, und seine Kinder sagten den Kaddisch auf. Und sie zogen weiter.
Am nächsten Abend waren sie drei, als sie einschliefen; nur zwei erwachten. Der Vater grub ein Grab für seinen ältesten Sohn und sagte den Kaddisch auf. Dann setzte er mit seinem letzten Sohn den Marsch fort.
Eines Abends waren sie zwei, als sie einschliefen. Im Morgengrauen schlug nur der Vater die Augen auf. Er grub im Sand ein Grab und wandte sich mit folgenden Worten an Gott:
«Herr der Welt, ich weiß, was du willst – ich verstehe, was du tust. Du willst mich in die Verzweiflung treiben. Du willst, dass ich aufhöre, an dich zu glauben, dass ich aufhöre, meine Gebete zu sprechen, dass ich aufhöre, deinen Namen anzurufen, ihn zu verehren und zu heiligen – und ich sage dir: Nein, nein und tausendmal nein!» Das wird dir nicht gelingen! Mir und dir zum Trotz werde ich den Kaddisch schreien, der ein Treuebekenntnis zu dir und gegen dich ist – diesen Gesang wirst du nicht zum Schweigen bringen, Gott Israels!»
Und Gott gestattete ihm, sich zu erheben und weiterzuziehen.

Das Kaddisch-Gebet

Das Kaddisch-Gebet ist wahrscheinlich eines der bekanntesten jüdischen Gebete überhaupt, und meistens wird es das «Totengebet» genannt. Es ist jedoch mehr die Heiligung des göttlichen Namens, es wird stellvertretend für den Verstorbenen gesprochen, um an ihn zu erinnern.
Das Kaddisch-Gebet ist auf aramäisch verfasst worden. In einer Übersetzung lautet es:

> Erhoben und geheiligt werde sein großer Name auf der Welt, die nach seinem Willen von ihm erschaffen wurde. Sein Reich soll in eurem Leben, den eurigen Tagen und im Leben des ganzen Hauses Israel schnell und in nächster Zeit erstehen.
> Und wir sprechen Amen.
> Sein großer Name sei gepriesen in Ewigkeit und Ewigkeit der Ewigkeiten und sei gerühmt und verherrlicht, erhoben, erhöht, gefeiert, hocherhoben über jedem Lob und Gesang, Verherrlichung und Trostpreisung, die je in der Welt gesprochen wurde.
> Sprecht Amen!
> Fülle des Friedens und Leben mögen vom Himmel herab uns und ganz Israel zuteil werden.
> Sprecht Amen!

Der Frieden stiftet seinen Himmelshöhen, stifte Frieden unter uns und ganz Israel.
Sprecht Amen!

4.2 Ohnmacht und Verluste

Ziele

Wir lesen die Geschichte aus der vorangehenden Meditation: «Nein, nein und tausendmal nein!» (Seite 63f.)
Diese Geschichte enthält drei Botschaften:

1. Eine weise Absage an unser tief ausgeprägtes Bedürfnis, immer glücklich sein zu müssen.
2. Eine Ermunterung, Unglück zu ertragen und gleichzeitig den Willen zum Überleben zu behalten.
3. Eine Warnung, nicht den klassischen Fehler zu begehen, den eigenen Verlusten durch Unbesonnenheit noch neue hinzuzufügen.

In der Bibel wird von Mord, Verrat, Ehebruch, Götzenanbetung, Gier und Neid erzählt. Immer wieder verstricken sich die Helden der biblischen Geschichten in Handlungen, die sie unglücklich machen. Manche sagen, um dies einordnen zu können: diese Tragödien spielen sich in einem kosmischen Rahmen ab, in dem Gott und Teufel eine Auseinandersetzung um die Herrschaft über die Welt führen. Auch wir kennen aus unserem eigenen Leben eine pessimistische Perspektive. Wir fürchten uns vor kommendem Unheil. Wir brüten über erlittenem Unrecht. Wir gestatten uns zu selten, in der Gegenwart zu leben und das Beste daraus zu machen.
Woher stammt diese Betonung des Negativen und Bösen? Vielleicht hat unser Gehirn eine besondere Sensibilität für das Negative. Eine solche pessimistische Tendenz hat uns möglicherweise im Laufe der Evolution geholfen. Unglück und Schicksalsschläge haben den menschlichen Organismus fähig gemacht, in einer feindlichen Umgebung zu überleben. Wenn wir mit negativen Möglichkeiten rechnen, sind wir wachsam. Wir reagieren besser auf unerwartete gefährliche Situationen. Wenn diese Annahme stimmt, sind wir Menschen genetisch darauf eingestellt, negative Gedanken zu entwickeln.
Diese evolutionsbiologischen Überlegungen können uns helfen, Krisen, Verluste und Unglück nicht nur zu verdammen, sondern auch als Freunde und Verbündete zu betrachten, die zumindest unseren Respekt, vielleicht sogar unsere Dankbarkeit verdienen.

Der Held in unserer Geschichte scheint solche Zusammenhänge zu ahnen. Er geht zwar nicht so weit, sich bei Gott für sein schweres Schicksal zu bedanken, aber er nimmt es hin. Er hält unter allen Umständen an seiner Beziehung zu Gott fest. Wenn er die Beziehung zu Gott aufkündigen würde, hätte er einen weiteren schweren Verlust zu tragen: den Verlust seiner religiösen Geborgenheit. Dann würde ihm seine lebenserhaltende Widerstandskraft fehlen, die ihn sein Unglück ertragen und ihn weiter gehen lässt. Unser Held rechnet damit, dass irgendwann eine bessere, eine andere Zeit auf ihn wartet.
In der anschließenden Übung geht es um die eigene Einstellung zu Verlusten im Leben. (Jeder Teilnehmer braucht Papier und Schreibzeug.)

Anleitung

Wir können nicht immer glücklich sein. Wir werden ständig von Verlusten bedroht; Freundschaften zerbrechen; der Tod rafft immer wieder Mitglieder unserer Familie dahin; wir müssen uns mit Krankheiten herumschlagen, und wir wissen, dass wir am Ende sterben werden. Wenn wir gegen all diese negativen Ereignisse rebellieren, machen wir die Sache nur noch schlimmer. Es ist weise, wenn wir Leid und Unglück ins Auge sehen und gleichwohl fest entschlossen sind, weiterzuleben und das Leben zu lieben. Auch Unglück hat einen gewissen Wert, und es kann unser Leben bereichern. Das sehen wir allerdings meistens erst spät und manchmal gar nicht. Unglücksfälle können unseren Charakter bilden und uns weise machen. Darum müssen wir uns gut überlegen, worum wir Gott bitten. Es ist wenig sinnvoll und lebensförderlich, wenn wir Gott darum bitten, uns eine Vorzugsbehandlung zu gewähren, bei uns eine Ausnahme zu machen und uns vor allem Übel zu bewahren. Wir verstehen Gott den Allmächtigen falsch, wenn wir von ihm verlangen, Schmerz, Leid und Tod auszurotten. Gott setzt die Gesetze des Lebens nicht außer Kraft.

1. Ich möchte euch jetzt eine Geschichte erzählen, die aus der Zeit stammt, als die katholische Inquisition die Juden aus Spanien vertrieb. (Erzählen Sie jetzt die Geschichte «Nein, nein und tausendmal nein!» von Seite 63f.)

2. Nimm dir bitte ein Blatt Papier und schreibe als Überschrift auf: Verluste, die mich getroffen haben. Denke an dein Leben zurück und schreibe alle Verluste auf, an die du dich erinnern kannst. Lass dir einfallen, welche Menschen du verloren hast, welche Tiere gestorben sind, welche Objekte dir abhanden gekommen sind, welche Fähigkeiten du eingebüßt hast, welche große Vorhaben du aufgeben musstest, welche vertrauten Lebensräume du verloren hast. Alles, von dem du dich trennen musstest, soll in dieser Liste stehen. Wenn du willst, kannst du deiner Liste noch etwas ganz Spezielles hinzufügen, was dein Denken betrifft. Du kannst auch noch aufschreiben, welche Überzeugungen, Theorien, welche Teile deines Glaubens du aufgegeben hast. Du musst diese Verluste nicht in eine chronologische Reihenfolge bringen. Deutlich soll nur das ganze Spektrum deiner Verluste werden. Während du stichwortartig die Verluste aufführst, achte bitte auf deine Gefühle. Vielleicht bemerkst du noch etwas von dem alten Schmerz oder auch ein Gefühl der Erleichterung und sogar der Dankbarkeit: Ich bin mit all diesen Verlusten fertig geworden. (10 Minuten)

3. Schau dir deine Liste noch einmal an und frage dich, wie du deine Widerstandskraft einschätzt:
   - Was hat dich gestärkt?
   - Was hat dir geholfen, mit all diesen Verlusten fertig zu werden?
   - Hast du irgendeine persönliche Qualität, die dazu beigetragen hat?
   - Hast du Vorbilder gehabt?
   - Haben andere Menschen dir Beistand geleistet?
   - Hat Gott dir geholfen?

   Danach drehe das Blatt um und schreibe deine Gedanken zu diesen Fragen auf die Rückseite. (5 Minuten)

4. Nimm nun ein zweites Blatt und gib ihm die Überschrift: «Verluste, die mich noch treffen werden.» Hier musst du nicht darüber spekulieren, ob irgendwelche besonderen Katastrophen oder Krisen für dich eintreten werden. Stelle dir einfach vor, wie dein Leben von heute bis zu deinem Tode verlaufen wird. Notiere die wahrscheinlichen, ganz normalen Verluste und Einschränkungen, die in Zukunft auf dich warten. Versuche dabei, eine gewisse natürliche Reihenfolge zu beachten. (5 Minuten)

5. Lies dir beide Listen noch einmal durch: Welche der vergangenen oder zukünftigen Verluste sind für dich am schwersten zu akzeptieren. Wo empfindest du ein starkes emotionales Nein? Welche Verluste kannst du noch nicht akzeptieren? Markiere diese Verluste durch Unterstreichen oder durch Ankreuzen. Während du das machst, gestatte dir bitte, kein perfekter Philosoph und kein abgeklärter Heiliger zu sein. Manchmal brauchen wir sehr viel Zeit, bis wir einen Verlust wirklich verschmerzen können, manchmal schaffen wir es erst ganz spät oder auch nie. (3 Minuten)

6. Kommt jetzt bitte in Quartetten zusammen. Teilt einander kurz mit, was ihr auf der *Rückseite* eures ersten Blattes notiert habt. Ihr könnt dann gemein-

sam ans Werk gehen und ein Gebet formulieren, in dem ihr Gott um die Gabe bittet, mit den Verlusten eures Lebens «weise» umzugehen. Eine solche Weisheit kann das Wertvollste sein, das wir in unserem Leben gewinnen. Seit alten Zeiten haben die Menschen Gott darum gebeten. Bittet nicht pauschal um Weisheit, Glaube und Geduld, sondern bittet Gott detailliert um seinen Beistand, wie ihr eure Gedanken und Gefühle, eure Verhaltensweisen, eure Einstellung zum Leben so entwickeln könnt, dass ihr spirituelle und emotionale Widerstandskraft gegen das Unglück entwickelt. Ihr habt für eure Arbeit zwanzig Minuten Zeit.
(Rufen Sie die Gruppenmitglieder anschließend in der Gesamtrunde zusammen. Nacheinander können die Quartette ihre Weisheitsgebete vortragen. Anschließend sollte Gelegenheit sein für ein kurzes Feedback.)

Ein bekanntes Beispiel solch eines Gebetes wird Fr. Oetinger zugeschrieben:

Gott schenke mir Gelassenheit, das hinzunehmen, was ich nicht ändern kann.
Gott schenke mir Mut, das zu ändern, was ich ändern kann.
Gott schenke mir Weisheit, das eine vom anderen zu unterscheiden. Amen

Ein weiteres Beispiel für ein «Weisheitsgebet» stammt von Antoine de Saint-Exupéry:

Lehre mich die Kunst der kleinen Schritte

Ich bitte nicht um Wunder und Visionen, Herr,
sondern um Kraft für den Alltag.
Lehre mich die Kunst der kleinen Schritte.

Mach mich findig und erfinderisch,
um im täglichen Vielerlei und Allerlei
rechtzeitig meine Erkenntnisse und Erfahrungen
zu notieren, von denen ich betroffen bin.

Mach mich griffsicher in der richtigen Zeiteinteilung.
Schenke mir das Fingerspitzengefühl, um herauszufinden,
was erstrangig und was zweitrangig ist.

Bewahre mich vor dem naiven Glauben,
es müsste im Leben alles glatt gehen.
Schenke mir die nüchterne Erkenntnis,
dass Schwierigkeiten, Niederlagen, Misserfolge, Rückschläge
eine selbstverständliche Zugabe zum Leben sind,

durch die wir wachsen und reifen.
Erinnere mich daran,
dass das Herz oft gegen den Verstand streikt.
Schicke mir im rechten Augenblick jemanden, der den Mut hat,
mir die Wahrheit in Liebe zu sagen.

Ich möchte dich und die anderen immer aussprechen lassen.
Die Wahrheit sagt man nicht sich selbst,
sie wird einem gesagt.

Ich weiß, dass sich viele Probleme dadurch
lösen, dass man nichts tut.
Gib, dass ich warten kann.

Du weißt, wie sehr wir der Freundschaft bedürfen.
Gib, dass ich diesem schönsten, schwierigsten, riskantesten und
zartesten Geschenk des Lebens gewachsen bin.

Verleihe mir die nötige Phantasie,
im rechten Augenblick ein Päckchen Güte,
mit oder ohne Worte, an der richtigen Stelle abzugeben.
Bewahre mich vor der Angst, ich könnte das Leben versäumen.
Gib mir nicht, was ich mir wünsche,
sondern was ich brauche.

(Aus: Antoine de Saint-Exupéry «Die Stadt in der Wüste»)

4.3 Macht und Ohnmacht in meinem Leben

Ziele

Für die meisten von uns ist Ohnmacht schwer zu ertragen. Besonders der Gedanke an einen möglichen Machtverlust macht unruhig. In unseren geheimen Phantasien sehen wir uns zuweilen omnipotent, im Vollbesitz von physischer, geistiger und emotionaler Macht. Insgeheim kennen wir jedoch einige unserer Schwächen. Wir hüten uns jedoch zumeist, andere Einblick nehmen zu lassen, weil wir einen Verlust an Macht befürchten.

Im Credo werden wir ermutigt, eine ausgeglichene und weise Haltung zu Macht und Ohnmacht einzunehmen. Gott selbst zeigt Stärke und Schwäche. Neben Gott dem Allmächtigen steht der gekreuzigte Christus. Auch Gott verkörpert nicht nur Macht; er ist auch bereit, die Ohnmacht zu erleiden. Das ist theologisch bedeutsam. Diese Polarität gehört aber auch zu den bedeutenden psychologischen Weisheiten, die wir in der Bibel entdecken können.

In dieser Sitzung können sich die Gruppenmitglieder mit der Polarität von Macht und Ohnmacht beschäftigen und ein ausgeglicheneres Verhältnis zu beiden Positionen entwickeln.

Im ersten Teil bieten wir eine Bewegungsmeditation zu Macht und Ohnmacht Gottes. Anschließend folgt eine Imagination zu Macht und Ohnmacht in unserem eigenen Leben.

Anleitung

Heute werden wir uns mit Macht und Ohnmacht beschäftigen. Auf den ersten Blick finden die meisten Menschen Macht besser als Ohnmacht. Wenn wir an Macht denken, dann stellen sich Bilder ein von Siegern, von Gewinnern. Wenn wir an Ohnmacht denken, fallen uns Verlierer und Opfer ein, «Loser». Aber so eindeutig ist das nicht. Macht ist immer in Bewegung. Niemand kann sie dauerhaft festhalten. Außerdem schafft Macht fast immer Neid und erzeugt dadurch Einsamkeit. Aber es ist auch nicht erstrebenswert, ständig eine Opferrolle zu spielen. Wir alle haben zu viel Energie und Lebenskraft, so dass wir gar nicht in der Lage sind, konsequent eine Opferrolle, eine Verliererrolle zu spielen.

Was sollen wir nun von Macht und Ohnmacht halten? Im Credo können wir sehen, dass beide Positionen wertvoll sind und dass es positiv ist, wenn beide Positionen abwechselnd eingenommen werden. Ein Gott, der nur mächtig ist, wäre uns zu fern, als dass wir ihn lieben könnten. Ein Gott, der nur leidet, könnte uns nicht helfen. Daraus können wir Schlüsse ziehen für unser eigenes Leben.

1. Bitte stellt die Stühle an den Rand. Ich werde mit Klebeband den Raum in zwei Teile teilen. Auf diese Weise bekommen wir zwei Sphären. Die linke Seite ist die Sphäre der Macht, und die rechte Seite ist die Sphäre der Ohnmacht. (Hängen Sie zwei Plakate auf mit den Begriffen «Macht» und «Ohnmacht», so dass die Gruppenmitglieder wissen, in welcher Sphäre sie gerade sind.)
   Ihr sollt nun diese beiden Sphären erforschen, indem ihr in ihnen herumwandert und meditiert. Wenn ihr in der Machtsphäre seid, konzentriert euch bitte auf die Macht Gottes. Lasst euch dazu einfallen, was ihr dazu wisst und erlebt habt. Ihr könnt an Bilder und Geschichten aus der Bibel denken, an Situationen aus eurem eigenen Leben, wo ihr die Macht Gottes erlebt habt. Wenn ihr das Gefühl habt, dass ihr euch genügend mit der Macht Gottes beschäftigt habt, könnt ihr in die andere Sphäre gehen und über die Ohnmacht Gottes meditieren. Lasst euch dazu ebenfalls Bilder und Geschichten aus der Bibel oder aus anderen Quellen einfallen oder Situationen aus eurem eigenen Leben, wo ihr die Ohnmacht Gottes empfunden habt.
   Wenn ihr wollt, könnt ihr euch auch in Gott hineindenken, um herauszufinden, wie sich Gott in diesen beiden Sphären fühlt. Bitte bleibt in Bewegung und lasst euch überraschen, was ihr bei dieser Übung erlebt. Sprecht nicht miteinander. Ehe ihr von einer Seite auf die andere wechselt, bleibt bitte kurz stehen, atmet zwei bis dreimal tief aus und schüttelt Arme und Beine aus. (10 Minuten)

2. Stoppt nun bitte, bleibt stehen, wo ihr gerade seid, atmet noch einmal tief aus und schüttelt Arme und Beine aus. Nun kommt in Quartetten zusammen und sprecht miteinander darüber, was ihr bei dieser Bewegungsmeditation erlebt habt. Welche Erinnerungen und Gedanken sind euch dabei gekommen? (10 Minuten)

3. Geh bitte mit deinem Stuhl an eine Stelle im Raum, wo du ganz für dich sein kannst. Setz dich bequem hin und schließ deine Augen. Gib deinem Körper die Erlaubnis, sich zu entspannen. Richte deine Aufmerksamkeit zunächst auf deinen Atem. Spüre wie du atmest… Stellst du fest, dass deine Art zu atmen sich ganz von selbst etwas ändert, ohne dass du dich dabei anstrengen muss?…
   Lass dir einen Augenblick Zeit, um mit deiner Aufmerksamkeit in deinem Körper jene Stellen aufzuspüren, wo du Anspannung findest. Schenke diesen Stellen deines Körpers Entspannung, indem du dir vorstellst, dass du deinen warmen Atem dorthin schickst… Beim Ausatmen kannst du die Anspannung

aus deinem Körper hinausfließen lassen, so dass du dich langsam ruhiger und gelöster fühlen kannst…

Nun sollst du dich gleich mit deiner eigenen Macht und Ohnmacht beschäftigen. Zuerst mit deiner Ohnmacht, weil wir sie alle zu Beginn unseres Lebens erlebt haben. Halte eine Hand geöffnet vor dich hin. Dann atme tief und lass Bilder kommen, Gedanken oder Worte, die mit deiner Ohnmacht zu tun haben. Lege all das in diese geöffnete Hand. Atme ruhig und lass die Bilder kommen. Nimm die Haltung eines weisen Menschen ein. Betrachte die Erinnerungen an deine Ohnmacht möglichst neugierig und objektiv. Vielleicht hilft es dir, wenn du dir immer wieder im Stillen sagst: «Auch das gehört zu meinem Leben.» Wenn du alte Gefühle bemerkst, nimm sie zur Kenntnis und lass sie dann wieder los, damit du all diesen Erinnerungen gerecht werden kannst. (3 Minuten)

Und nun atme einmal tief aus und nimm zusätzlich zu der einen Hand, die deine Erfahrungen mit Ohnmacht hält, auch die andere Hand vor dich, geöffnet wie eine Schale. Lege in diese Hand nun alle deine Erinnerungen, Bilder, Gedanken und Worte, die du mit deiner Macht verbindest. Nimm auch hier eine möglichst ruhige und objektive Haltung ein, wie ein erfahrener Historiker, der das Leben eines Menschen erforscht. (3 Minuten)

Und versuche, immer noch mit geschlossenen Augen, deine Hände zu spüren. Fühlen sich beide Hände gleich schwer an oder ist mehr Gewicht auf einer Seite?…

Bring nun deine beiden Hände allmählich zusammen. Und während beide Hände langsam aufeinander zugehen, kannst du versuchen, eine gerechte und faire Haltung für die linke und die rechte Hand und all die Symbole, die sie halten, aufzubringen… Beide Seiten gehören zu deinem Leben… Und wenn beide Hände einander berühren, dann erlaube ihnen, wieder leer zu werden…

Reibe nun die Handflächen deiner Hände ein paar Mal kräftig aneinander, bis sie sich warm anfühlen. Mach aus beiden Händen eine Schale und stelle dir vor, dass das Leben dir jetzt ein Geschenk macht. Entdecke in der Schale deiner Hände ein Symbol, ein Bild, ein Wort, das dich mit deinem Leben verbindet. Nimm dieses Geschenk zur Kenntnis, betrachte es, spüre es, fühle es und bewahre es gut in dir auf. Nimm es mit in deine Zukunft…

Lege nun bitte beide Hände auf deine Oberschenkel und atme dreimal tief aus… Bewege deine Schultern und deine Füße ein wenig, zähle langsam von fünf rückwärts bis null und komm dann mit deiner Aufmerksamkeit hierher zurück. Öffne die Augen und schau dich hier im Raum um…

4. Kommt bitte zu dritt zusammen und tauscht euch über diese letzte Übung aus:
- Wie fühlst du dich jetzt?
- Was geht dir durch den Sinn?
- Warst du bereit, dir etwas schenken zu lassen?
(10 Minuten)

Vorschläge für das Schlussgespräch

- Warum verfallen wir immer wieder der Faszination durch Macht?
- Was habe ich in meiner Kindheitsfamilie über Macht gelernt?
- Warum ist das Zentrum von Jesu Wirken die Liebe?

Anmerkung

Wenn die Teilnehmer ihr Symbol aus der Phantasiereise zeichnen, wird die Botschaft noch bedeutsamer.

4.4 Bitten, als hätte ich schon...

Ziele

Der Pietismus hat einen großen Beitrag zur Differenzierung der deutschen Sprache geleistet. Viele Verben, die die Beziehung zwischen Gott und dem einzelnen Gläubigen beschreiben, sind später säkularisiert worden. Sie helfen uns heute, unser seelisches Leben differenziert auszudrücken.
In dieser Übung knüpfen wir indirekt an die pietistische Gebetspraxis an, wenn wir Gott darum bitten, unsere persönliche und spirituelle Entwicklung zu begleiten und zu fördern. Gleichzeitig benutzen wir einen nützlichen Kunstgriff und wandeln unsere Bitten in Affirmationen um. Aus der Bitte: «Stärke meinen Glauben», kann so die Affirmation werden: «Mein Glaube ist fest verwurzelt.» Diese Umwandlung hat auch ihre Berechtigung. Wir können nur um Dinge bitten, für die wir bereits ein Gespür in uns entwickelt haben.

Anleitung

Jeder von uns verfügt über Talente und Stärken. Über beide Dinge können wir uns freuen. Wir sollten sie aber nicht miteinander verwechseln. Talente sind genetische Geschenke, wie z. B. das absolute Gehör, mathematisches Verständnis oder die Fähigkeit, schnell und ausdauernd zu laufen. Persönliche Stärken sind demgegenüber Charakterzüge wie Integrität, Fairness und Freundlichkeit. Diese Charakterzüge haben den Vorzug, dass wir sie ein Leben lang vertiefen

können, so dass sie zum Fundament unseres Lebens werden. Aber auch wenn wir glauben, dass wir z. B. nur ganz wenig Bereitschaft in uns haben, anderen zu vergeben, so können wir auch diese Stärke erwerben und ausbauen.
Talente sind relativ naturgegeben, während Stärken mehr unserem Bewusstsein und unserem Willen unterworfen sind. Wenn wir unsere Stärken entwickeln wollen, können wir Zeit, Anstrengung und Entschlossenheit mobilisieren, um das zu tun. Wir können auch im Gebet darum bitten. Wenn wir entdecken, dass unsere Stärken zunehmen, kann uns das ein Gefühl tiefer Befriedigung geben. Das Wissen, dass wir unsere Stärken in einem bewussten und manchmal anstrengenden Prozess ausbauen können, gibt uns ein Gefühl persönlicher Stärke und Verantwortung. Unser Leben bekommt eine Richtung. Anders als bei den Talenten, bei denen es häufig zu einem Wettbewerb mit anderen kommt, gibt es bei den persönlichen Stärken keine Rivalität. Es macht keinen Sinn, gerechter oder freundlicher zu sein als irgendjemand anderes.

1. Stell dir vor, dass du für diesen Augenblick die Aufmerksamkeit Gottes hast. Du möchtest die Gelegenheit nutzen, um ein kurzes Gebet aufzuschreiben, in dem du Gott um seinen Segen bittest und um seinen Beistand, damit du deine Stärken ausbauen kannst. Überlege: auf welche Stärken kommt es dir in deinem Leben an? Vielleicht möchtest du an Vorbilder denken, deren Stärken dir besonders wertvoll sind. Vielleicht möchtest du auch an die Wünsche denken, mit denen deine Eltern dein Leben begleitet haben oder an die Stärken, die du selbst bei dir entdeckt hast.
Schreibe bitte ein kurzes Gebet, in dem du Gott um das Wachstum deiner persönlichen Stärken bittest. (10 Minuten)

2. Stell dir jetzt vor, dein Gebet hat den Weg zu Gottes Ohr gefunden hat. Gott unterstützt dich in der Entwicklung dieser Stärken, so dass du über sie verfügen kannst. Wandle jede Bitte in eine Affirmation um, in eine Aussage, dass du mit dieser Stärke bereits gesegnet bist. Ein Beispiel: Aus der Bitte: «Hilf mir, Gott, dass ich liebevoller werde», wird die Affirmation: «Es fällt mir leicht, anderen liebevoll zu begegnen.»
Lass dir fünf Minuten Zeit für diese Umwandlung.

3. Konzentriere dich jetzt auf eine Affirmation, die dir besonders am Herzen liegt. Wähle eine der beiden folgenden Möglichkeiten: Du kannst auf einem Blatt Papier aufschreiben, wie dein Leben auf der Grundlage dieser Affirmation aussieht, oder du kannst ein Bild malen, das dies realistisch oder symbolisch zeigt. Lass dir dafür eine Viertelstunde Zeit.

4. Komm nun mit einem Partner zusammen und tausch dich mit ihm aus. (ca. 10 Minuten)

Vorschläge für das Schlussgespräch

- Wie hängen Stärken und Schwächen zusammen?
- Welche Stärken hatte Jesus?
- Können uns unsere Stärken glücklich machen?
  Jesus sagt: «Ihr seid das Licht der Welt… Lasst euer Licht leuchten und dunkelt es nicht ab.» (Mt. 5)

4.5 Ein Bild der Sicherheit

Ziele

Für Kinder ist die Vorstellung von Gottes Allmacht besonders attraktiv. Sie fühlen sich oft schwach und unsicher. Die Stimme ihres eigenen, unabhängigen Urteils, ihres Selbstvertrauens ist noch leise. Für uns Erwachsene ist nicht nur der starke Gott attraktiv, vielmehr spüren wir oft, dass der schwache und leidende Gott uns nahe ist. Als Erwachsene wissen wir, dass es in unserem Leben ständig Veränderungen gibt: Menschen kommen und gehen, wir haben Erfolge und Niederlagen, unser Körper welkt, Gesundheit und Krankheiten wechseln einander ab. Wir wünschen uns aber auch, dass es inmitten aller Veränderungen so etwas gibt wie das Auge des Zyklons: Wir finden Ruhe, wir fühlen uns stark, wir erleben Gelassenheit, wir spüren «Gott in uns».
In dieser Übung können die Gruppenmitglieder einen solchen Platz der Sicherheit in sich, in ihrem Körper, aufspüren.

Anleitung

Jeder von uns wünscht sich Sicherheit. Wir möchten in der Lage sein, nicht kopflos zu werden, auch wenn das Chaos um uns herum ausbricht. Auch unter schwierigen Umständen möchten wir unseren Humor und die Stimme unseres Herzens hören, die uns hilft, mit unseren Ängsten zurechtzukommen. Wir möchten unseren Glauben nicht verlieren. Dies können wir langsam einüben.

1. Setz dich bequem auf deinen Stuhl. Achte auf den Fluss deines Atems. Schließe behutsam deine Augen. Lenke deine Aufmerksamkeit zu deinem Atem und spüre, wie sich deine Bauchdecke hebt und senkt, wenn die Luft herein- und hinausströmt… Lass dich vom Rhythmus deines Atems beruhigen und Körper und Geist still werden…

Spüre deinen Körper von innen. Fang bei deinem Kopf an und gehe dann langsam nach unten. Nimm die verschiedenen Empfindungen wahr, die in deinem Körper entstehen. Spüre dein Schädeldach, deine Stirn, deine Augen, deinen Mund, Zunge und Zähne. Spüre die Knochen und Muskeln in deinem Unterkiefer, im Nacken und in den Schultern. Spüre jede Anspannung, jede Entspannung, während du dich innerlich auf deinen Körper einlässt...
Gehe mit deiner inneren Sammlung langsam weiter zu deinem Brustkorb..., zum Rücken..., in die Arme..., Handgelenke, Hände und Finger... Gehe weiter mit deiner Aufmerksamkeit zu deinen inneren Organen: zu deinem Magen, zu den Nieren, zu deinem Herzen und zu deinem Verdauungstrakt, zu deinem Geschlecht... Spüre dein Becken und das Gewicht deines Körpers auf deinem Gesäß. Nimm deine Schenkel, deine Knie und Fußgelenke, deine Füße und Zehen wahr... Und achte dabei auf den Fluss deines Atems.

2. Verweile mit deiner Sammlung noch einmal bei deinem Atem. Spüre seinen ruhigen Rhythmus, der dich in der kommenden Besinnung unterstützen wird.

3. Lass jetzt ein Bild der Sicherheit aus der Tiefe in dir aufsteigen. Gestatte dir, ein Bild zu sehen, das dir starke Sicherheit schenkt. Vielleicht siehst du einen Platz, eine Person oder eine Zeit in deinem Leben. Vielleicht siehst du ein Symbol... Lass ein Bild in dir auftauchen, welches dich behütet und vor Unheil schützt.
Wenn ein solches Bild entsteht, achte auf die Einzelheiten. Welche Farben kannst du sehen? Wie fühlt sich das Bild an? Bist du allein oder ist jemand bei dir? Was fühlst du, wenn du in dieses Bild hineingehst? Lass dich von diesem Gefühl einhüllen, wie in ein weiches Tuch, und genieße es, ganz sicher und geschützt zu sein... Und wenn du immer noch kein Bild siehst: Welches Bild wünschst du dir? Gestalte es dir, so gut du jetzt kannst... (2 Minuten)

4. Nun kannst du eine Stelle in deinem Körper auswählen, wo du dieses Bild verankern möchtest. Stelle dir vor, du bringst dieses Bild irgendwo in deinem Körper unter. Dort kann es bleiben und dich immer begleiten... Wähle den Platz, der sich am nützlichsten anfühlt, wo du das Bild immer finden kannst, wenn du es brauchst. Verankere es tief und stark in deinem Körper, damit du in ihm einen zuverlässigen Begleiter hast... (2 Minuten)

5. Geh mit deiner Aufmerksamkeit noch einmal zu deinem Atem. Lass das Bild in dir leben, indem du es mit jedem Atemzug mehr und mehr in deinem Körper zu Hause sein lässt... Lass das Bild ein Teil von dir werden... (2 Minuten)

6. Nun reck und streck dich, atme einmal tief aus – und noch einmal. Zähle langsam, in dem eigenen Rhythmus, rückwärts von fünf bis null und öffne die Augen…
Nimm jetzt ein Blatt Papier und male ein Bild, realistisch oder abstrakt, das die Sicherheit zeigt, die du erlebt hast. Wähle Farben, die dir gefallen, und male, was du gesehen oder gespürt hast. Dieses Bild kannst du später mit nach Hause nehmen, damit du es oft ansehen kannst… (10 Minuten)

7. Komm nun bitte mit einem Partner zusammen und tausche dich aus:
- Was habe ich in dieser Übung erlebt?
- Wie kann ich das in meinem Leben benutzen?
(15 Minuten)

Vorschläge für das Schlussgespräch

- Was kann ich aus dieser Übung mitnehmen?
- Gibt es Worte, aus denen ich Kraft und Sicherheit schöpfen kann? (Mantras)
- Welche Erzählungen, welche Gestalten der Bibel geben mir Sicherheit?
- Wie kann man Unsicherheit aushalten?

4.6 Der Priester und der General

Wir beschließen dieses Kapitel mit einer Zen-Geschichte, die das Thema von Macht und Ohnmacht, Sicherheit und Unsicherheit, noch einmal variiert. Sie können diese Geschichte z. B. am Ende der vorstehenden Übung vorlesen oder erzählen. Auch Zen-Geschichten können zeigen, wie nahe sich die Religionen in Fragen des Glaubens kommen können.

Der Priester und der General

Während eines Bürgerkrieges führte der General seine Truppen durch das Land, und seine Truppen überrannten alles und jeden auf ihrem Weg. Als die Menschen in einer kleinen Stadt hörten, wie grausam der General seinen Feldzug führte, erschraken sie. Als sie erkannten, dass die Truppen direkt auf ihre Stadt marschierten, flüchteten alle Bewohner in die Berge.

Der General marschierte in die leere Stadt und schickte seine Soldaten aus, um zurückgebliebene Bewohner aufzuspüren. Einige der Soldaten kehrten zurück und berichteten, nur ein Mensch sei in der Stadt geblieben – ein Zen-Priester. Der General marschierte zu dem Tempel und ging mit gezogenem Schwert hinein. Als er den Priester im Gebet vor dem Altar sitzend fand, sprach er: «Weißt

du nicht, wer ich bin? Ich bin jemand, der dich, ohne mit der Wimper zu zucken, mit dem Schwert durchbohren kann.»
Der Zen-Meister blickte dem General in die Augen und antwortete ruhig: «Und ich, General, bin jemand, der sich mit dem Schwert durchbohren lässt, ohne mit der Wimper zu zucken.»
Als der General das hörte, verbeugte er sich ohne Worte und verließ den Tempel.

Kapitel 5
DER SCHÖPFER

…den Schöpfer des Himmels und der Erde…

Alles Leben wär' bloß Biologie
ohne den Mythos der Schöpfung.
(Renan Demirkan)

5.1 Gott ist in die Welt verliebt

Ziele

Auch Kinder und Jugendliche haben schon von der Evolution gehört und wissen, dass sich das Leben auf dieser Erde langsam entwickelt hat, dass Vielfalt und genetische Experimente das Grundprinzip der Evolution bilden. Außerdem wissen sie, dass das Leben weitergeht, weil die einzelnen Lebewesen sterben und Platz machen für neue Generationen.
In dieser Übung möchten wir den Gruppenmitgliedern helfen, die Schöpfung insgesamt mit Optimismus zu betrachten, trotz aller Konkurrenzkämpfe, trotz Tod und Auslöschung. Wir fassen diese optimistische Haltung in dem prägnanten Satz zusammen: Gott ist in die Welt verliebt.
Sie benötigen für jeden Teilnehmer eine Kopie des Textes «Gott ist in die Welt verliebt.» (Siehe Seite 82f.)

Anleitung

Wir wissen heute eine Menge darüber, wie die Welt entstanden ist, über die Geschichte der Erde und über die Entstehung des Lebens. All das verdanken wir den Naturwissenschaften und in letzter Zeit auch besonders der Gen-Forschung. Aber es gibt nicht nur die Naturwissenschaften, die uns immer Neues von der Erde und ihren Bewohnern berichten, es gibt auch uralte biblische Geschichten, und sie erzählen uns, dass die Welt Gottes Schöpfung ist. Wir sehen also, dass es auf dieselbe Frage ganz verschiedene Antworten gibt. Rätselhafte Dinge, wie z.B. das Leben auf der Erde, können nur verstanden werden, wenn wir verschiedene Geschichten dazu kennen. Die biblischen Geschichten erzählen uns etwas ganz Besonderes, dass nämlich Gott diese Welt liebt. Und wenn wir uns entschließen, das Leben und die Welt zu lieben, sind wir auf der Seite Gottes.

1. Ich werde jetzt einen kühnen Satz an die Tafel schreiben. Dieser Satz lautet: «Gott ist in die Welt verliebt.» Später gebe ich euch einen Text mit einer Geschichte, die das verdeutlicht.

2. Lasst uns zunächst gemeinsam überlegen,
a. woran man sehen kann, dass jemand verliebt ist,
b. wer alles ineinander verliebt sein kann.

(Lassen Sie möglichst viele verschiedene «Liebesgeschichten» erzählen. Diese Liebesgeschichten müssen sich nicht nur auf Beziehungen zwischen Menschen oder zwischen Menschen und Göttern beziehen. Auch die Naturwissenschaften kennen unendlich viele Beziehungen, bis hin zur subatomaren Ebene.)

3. Ich werde euch jetzt einen Text über die Schöpfung geben. Lest ihn bitte durch und unterstreicht die Stelle, die eurer Meinung nach am deutlichsten zeigt, dass Gott in die Welt verliebt ist.
(Lassen Sie bitte alle Gruppenmitglieder zu Wort kommen und ihre Entscheidung begründen. Natürlich kann es dabei kein Richtig oder Falsch geben.)

4. Am Ende der Geschichte wird berichtet, dass Gott mit dem Gedanken spielt, vielleicht selbst einmal ein Kind zu werden. Was würdest du Gott raten? Schreibe deine Antwort bitte auf ein Kärtchen. Beginne jeweils mit den Worten: Lieber Gott, ich will dir sagen… (5 Minuten)

5. Lest jetzt bitte eure Kärtchen vor.
(Es gibt fast immer Gruppenmitglieder, die die biblische Geschichte überblicken und die Gott keine Empfehlung geben möchten, sondern nur einen kurzen Kommentar abgeben, wie z. B.: «Lieber Gott, gut, dass du es gewagt hast.» Mit dem Vorlesen der Kärtchen wird gleichzeitig das Schlussgebet dieser Sitzung gesprochen; oft anrührend, traurig und voller Erwartung.)

Gott ist in die Welt verliebt

Als die Fische nicht mehr in den letzten Zügen im Schlick lagen,
die Elefanten nicht immer wieder im Schlamm versanken,
die Blütenknospen sich von selbst öffneten
und die Sterne nicht mehr gegeneinander stießen,
da war alles fertig;
die Erde war bewohnbar.
Komm, dachte Gott Vater bei sich,
jetzt will ich die Menschen machen;
denn auf der Erde ist Platz für Millionen Menschen!
Aber im gleichen Augenblick besann er sich!
Wie könnte sich ein solcher Ameisenhaufen von Menschen
verbunden fühlen?
Würden sie einander nicht wildfremd sein,
verloren in der großen Masse?
Ich weiß was, dachte Gott,
Ich rufe ein Menschenpaar ins Leben,
und dieses eine Menschenpaar lasse ich Frucht tragen,
so dass der eine Mensch aus dem anderen ins Dasein kommt;
Dann sind sie verbunden wie Vater und Sohn
oder wie Bruder und Schwester.
Ich will ein Menschenpaar von verschiedenem Geschlecht,
so dass sie miteinander spielen können.
Und in die Freude des Spiels lege ich den Keim für einen neuen Menschen.
Nicht in den Mann,
denn der hat ein viel zu dickes Fell.
Weißt du was, ich wähle die Frau dafür und nenne sie dann Mutter.
Den neuen Menschen nenne ich «Kind».
So tat Gott Vater,
und er sah, dass es sehr gut war!
Neun volle Monate ließ er das Kind in der Mutter wohnen, gab ihm unbemerkt
kleine Arme und Beine
und Ohren und Augen und einen Mund,
und lehrte es, sich zu bewegen.
Doch Gott Vater sagte den Menschen nichts davon,
denn sie sollten denken, dass sie das Kind selbst wachsen ließen.
Es sollte doch gerade ihr Kind werden.

Und mit großer Zufriedenheit sah er die Freude von Vater und Mutter,
als das Kind zur Welt gekommen war.
Das Kind konnte sofort schon schlafen und saugen,
gähnen und niesen,
und nach einem weiteren Monat ließ Gott Vater das Kindchen lachen.
Aber er sagte den Menschen nicht, dass er es dazu veranlasste,
denn er wollte ihre Freude und ihren Stolz nicht stören!
So rief Gott Vater Kind auf Kind ins Leben.
Er ließ sie weinen beim kleinsten Schmerz
und lachen beim kleinsten Vergnügen.
Er lehrte sie spielen mit ihren Fingern und Zehen,
mit der Sonne und dem Wasser,
und er ließ den Wind durch ihre Haare wehen.
Er lehrte die Kinder sprechen,
er ließ sie verrückte Dinge sagen
und heimlich Unfug treiben,
und dann musste Gott Vater selbst darüber lachen!
Ja, er war doch froh, die Menschen nicht auf einmal gewollt zu haben,
denn durch die Kinder blieb die ganze Schöpfung neu,
und wurde sie auch Hunderte von Jahren alt.
Überall pflanzte Gott Vater Kinder um die Tische der Menschen;
die ganze Erde wurde damit verziert.
Und wenn sie dann groß geworden waren, sagte er:
Das muss gefeiert werden!
Und es wurde gefeiert,
und alles fing wieder von vorne an.
Gott Vater fand es selbst außerordentlich gut.
Und er überlegte, wie es wäre,
wenn er, Gott selbst, auch einmal Kind werden würde.
(Aus: Werkbuch «Weihnachten»)

5.2 Das Geschenk des Lebens

Ziele

Hier versuchen wir, verschiedene Traditionen miteinander zu verbinden, um über das Wunder des Lebens zu meditieren. Wir benutzen naturwissenschaftliche Einsichten, buddhistische Elemente, die das Bewusstsein verfeinern, und schließlich das christliche Gebet in einer emotionalen Form. Wir möchten auf diese Weise Respekt und Dankbarkeit für unser Leben und unsere Schöpfung wachrufen. Das bedeutet gleichzeitig, dass wir eine optimistische Haltung fördern: Das Leben ist ein Wunder, und jeder von uns ist ebenfalls ein Wunder.

Anleitung

Ich möchte euch zu einer Meditation einladen, die uns daran erinnert, dass wir ein Teil der göttlichen Schöpfung sind. Wir wollen nicht darüber theoretisieren, sondern spüren, dass unser Leben ein Wunder und ein Geschenk ist.

1. Setz dich bequem hin und schließ die Augen… Fang an, langsam und gleichmäßig zu atmen… Kannst du dir vorstellen, dass das Leben ein Strom ist wie dein Atem? Nichts ist fixiert, alles ist in Bewegung – ein Kommen und Gehen, ständige Erneuerung…
   Während du weiteratmest, bemerke den Rhythmus deines Atems… Die Luft strömt in dich, und du lässt sie wieder aus dir hinausströmen. Dieser Rhythmus wird andauern, solange du lebst…
   Der Atem geht durch dich hindurch, herein und hinaus, 22.000-mal jeden Tag… Vielleicht hältst du das meist für selbstverständlich. Gib dir jetzt Zeit, das Wunder dieses strömenden Atems zu genießen. Warum solltest du dich nicht in den Atem des Lebens verlieben?…
   Wenn wir atmen, tun wir das gemeinsam mit der ganzen Welt, in ununterbrochenem Austausch mit dem Ozean an Luft, der uns umgibt. Und ständig ändert sich der Charakter dieses Strömens. Der Atem ist eine Kraftquelle, Reinigung, zarte Umarmung, Heilung, Musik, Wind, der ein Feuer in Gang hält, Ausdruck der Liebe…
   Wenn du einatmest, dann ist das ein Wunder. Jedes Einatmen ist wie der Anfang des Lebens…
   Und wenn du ausatmest, dann ist auch das ein Wunder. Jedes Mal wenn du ausatmest, trennst du dich von etwas Altem, auch von alten Gedanken und alten Gefühlen…
   Und natürlich gibt es Pausen im Strom des Atems. Achte auf diese Pausen. Spüre, wie dein Atem in den Körper strömt. Entdecke die Fülle in dir in dem

Augenblick, wenn du fertig eingeatmet hast. Genieße diese Pause in deinem inneren Zentrum...
Und auch wenn du ausatmest, kannst du die kurze Pause am Ende des Ausatmens genießen, diese schöpferische Leere, ehe der Atem wieder in dich hineinströmt... Von deinem Atmen kannst du noch mehr über Pausen lernen. Du kannst zum Beispiel lernen, auf den freien Raum zwischen den einzelnen Gedanken zu achten. Das erhöht dein Gefühl der Freiheit...

2. Wenn du den Nachthimmel betrachtest, siehst du alle Sterne als einzelne Lichtpunkte vor dem Hintergrund der unendlichen Dunkelheit des leeren Raumes. Mach dir klar, dass das Universum fast vollständig leer ist. Es besteht zu 99,9 Prozent aus leerem Raum. Dann kannst du die winzigen Lichtpunkte noch viel mehr schätzen als etwas Kostbares in der endlosen Leere...
Genauso kannst du die Zellen deines Körpers betrachten. Winzige Lichtpunkte in einer ungeheuren Leere. Und ab und zu kannst du versuchen, dich auch mit dem leeren Raum zu identifizieren und dieses Gefühl der Geräumigkeit und der Freiheit genießen...
Wenn du die Wärme deines Atems beim Ausatmen spürst, dann kannst du daran denken, wie viel Wärme dein Körper Tag für Tag erzeugt. Das ist schon erstaunlich! Tag und Nacht brennst du mit einer Temperatur von ungefähr 37 Grad, ganz unabhängig von der Außentemperatur. Jede einzelne Zelle deines Körpers ist wie eine kleine Flamme, die Wärme und unsichtbares Licht erzeugt. Und all diese Energie verdanken wir der Sonne. In gewisser Weise ist dein Körper aus Milliarden winziger Sonnen zusammengesetzt, die ihre Kraft der riesigen Sonne am Himmel verdanken. Nimm wahr, dass dein Leben wie eine Flamme ist. Diese Flamme gibt dir Energie und Ruhe...
In den nächsten Tagen kannst du mehr darüber nachdenken, dass dein Leben einer Flamme gleicht. Bemerke den ständigen Wechsel im Charakter dieser Flamme: Sie reinigt, sie gibt Kraft, sie ernährt und erfrischt, erneuert und erhellt. Manchmal scheuen wir vor der Intensität der Flamme des Lebens zurück. Doch wenn du dich unsicher fühlst, wenn du Angst vor Veränderungen hast, kannst du mit deiner Aufmerksamkeit zu deinem Atemrhythmus zurückkehren. Diesen Rhythmus kennst du seit deiner Geburt, und du bist damit vertraut...

3. Und nun möchte ich dich darauf aufmerksam machen, dass du deinen Atem auch dazu benutzen kannst, um mit Gott in Kontakt zu treten. Stell dir vor, dass auch Gott in der Atmosphäre, die dich umgibt, gegenwärtig ist... in der Luft, die du atmest...

Vielleicht möchtest du Gott dafür danken, dass du lebendig bist, dass du atmest, dass dein Körper warm und beweglich ist. Drück diesmal das Gefühl deiner Dankbarkeit nicht durch Worte aus, sondern durch deinen Atem. Vielleicht möchtest du besonders tief ein- und ausatmen, um Gott ohne Worte zu sagen: «Ich danke dir für alles, was du mir geschenkt hast... und schenkst.» (1–2 Minuten)
Auf dieselbe Weise kannst du Gott das Gefühl ausdrücken, dass du ihm vertraust. Vielleicht möchtest du ihm dein Vertrauen zeigen, indem du das Ausatmen betonst und dabei jedes Mal tief seufzt. Bei jedem Ausatmen kannst du spüren, dass du deine ganze Existenz der Hand Gottes anvertraust... (1–2 Minuten)

4. Kehre nun mit deiner Aufmerksamkeit wieder zu dir selbst zurück und spüre deinen Körper. Reck und streck dich und atme tief aus. Öffne die Augen und sei wieder hier, erfrischt und wach.

5. Kommt jetzt bitte in Trios zusammen. Was habt ihr bei dieser Meditation und während des Atemgebetes erlebt? (10 Minuten)

Vorschläge für das Schlussgespräch

- Welches Verhältnis habe ich zur Natur?
- Wo in der Natur begegne ich Gott?
- Wie heilige ich meinen Körper?
- Wann bete ich ohne Worte?

5.3 Wir sind aus Ton gemacht

Ziele

In einer der biblischen Schöpfungserzählungen heißt es, dass Gott uns aus Ton gemacht habe. In dieser Übung gestatten wir uns, ähnlich wie Gott, mit Ton zu arbeiten und eine Skulptur anzufertigen, die ein symbolisches oder realistisches Ebenbild von uns sein soll.
Wir sind sein Ebenbild. Wir teilen mit ihm ein breites Spektrum an Gefühlen. Wir teilen mit ihm die Suche nach Gerechtigkeit. Wir teilen und schätzen mit ihm Qualitäten wie Treue, Mitgefühl und Liebe. Schließlich haben wir noch etwas Wesentliches mit Gott gemeinsam: Neugier und das Bedürfnis, uns kreativ auszudrücken.
Sie benötigen für jeden Teilnehmer ungefähr 700 bis 1000 g Ton und ein Stück

feste Pappe im Format 50 x 50 cm. Die im Handel übliche 10-kg-Stange Ton reicht etwa für fünfzehn Personen.

Anleitung

Bei dieser Übung können sich immer zwei von euch einen Tisch teilen und sich an je ein Ende der Tischplatte setzen. Legt die Pappe vor euch auf den Tisch und den Klumpen Ton, den ich euch gleich gebe, darauf. Setzt euch bequem an den Tisch und prüft nach, ob genügend freier Raum um euch herum ist.
In dieser Lerneinheit wollen wir ähnlich wie Gott arbeiten – vor allem mit Neugier, mit Kreativität und mit Achtsamkeit.

1. Lass dir ein paar Minuten Zeit, um mit dem Ton vertraut zu werden... Spüre, wie er sich anfühlt, spüre das Gewicht dieses Klumpens... Bemerke, wie der Ton seine Form verändert, wenn du ihn mit deinen Fingern erforschst... Probiere verschiedene Möglichkeiten aus, wie du die Form des Tons verändern kannst: Presse ihn zusammen, klopfe ihn, rolle ihn, ziehe ihn auseinander, presse ihn wieder zusammen, drücke Löcher hinein und streiche ihn glatt. Nimm wahr, wie sich dieser Ton in deinen Händen verhält und was du mit ihm machen kannst... (3 Minuten)

2. Du hast dich mit deinem Ton schon etwas vertraut gemacht. Forme nun aus ihm einen möglichst runden Ball. Während du das tust, kannst du an die Zeit zurückdenken, als du zum ersten Mal davon gehört hast, dass Gott Adam aus Ton geschaffen hat. Wir haben guten Grund anzunehmen, dass Gott auch Eva aus Ton geschaffen hat. Aber den Männern, die diese Geschichte weitererzählt haben, passte dieser Gedanke nicht in ihr Konzept. Darum erzählten sie, dass Eva aus einer Rippe des Mannes gemacht wurde...
   Wenn dein Ball schön rund geworden ist, leg ihn vor dir hin und schließ deine Augen... Setze dich wieder entspannt auf deinen Stuhl und richte deine Aufmerksamkeit auf deine Hände und Finger, die sich eben mit dem Ton beschäftigt haben. Wie fühlen sich Finger und Hände jetzt an? Hat es dir gefallen, dich mit deinen Händen auszudrücken?...
   Geh mit deiner Aufmerksamkeit noch mehr nach innen und lasse sie durch deinen Körper wandern. Nimm wahr, wie sich die verschiedenen Körperteile von innen anfühlen; achte auf Wärme, spüre das Pulsieren deines Blutes und auch die Spannung in deinen Muskeln... (2 Minuten)

3. Achte darauf, wie dein Atem fließt... Jetzt stell dir bitte vor, dass aus deinem runden Tonball eine kleine Statue wird. Achte darauf, wie sich die Form des Tons langsam verändert, bis sie ein Abbild von dir selbst ist. Dieses Abbild

kann realistisch sein, aber auch abstrakt oder symbolisch. Warte ab, wie es sich selbst entwickelt, bis es ein Abbild von dir wird. Vielleicht beobachtest du nur ein paar Veränderungen; vielleicht siehst du auch zwei oder mehr Abbilder von dir... Beobachte einfach, wie dieses imaginäre, innere Bild sich entwickelt. Sei dabei ein möglichst objektiver und neugieriger Beobachter und mache möglichst wenig.

4. Lass deine Augen bitte geschlossen, wenn du nun den Ball aus Ton berührst, und halte ihn eine Weile ganz sanft in deinen Händen. Konzentriere deine Aufmerksamkeit auf Hände und Finger und lass sie erneut mit dem Ton Kontakt aufnehmen. Lass deine Kreativität in deine Hände fließen, wenn du gleich beginnst, aus dem Ton ein Abbild von dir selbst zu formen. Während du das tust, nimm die Einzelheiten in dem Schaffensprozess wahr: Bemerke, wie sich der Ton anfühlt..., wie sich deine Finger bewegen..., welche Bilder du siehst, wenn du die Form des Tons veränderst. Versuche, deinen Willen möglichst zurückzustellen. Du kannst in dieser Situation ein Spiel sehen, in dem der Ton und deine Hände miteinander experimentieren. Dein Bewusstsein beschränkt sich dabei auf das Beobachten, was nach und nach geschieht, wie dein Abbild langsam Gestalt annimmt. Für diese Entwicklung hast du fünfzehn Minuten Zeit. (15 Minuten)

5. Du hast jetzt noch einmal zwei Minuten Zeit, um ein letztes Mal Hand anzulegen. Öffne langsam die Augen und schaue auf deine Schöpfung. Wenn du willst, kannst du noch ein paar kleine Veränderungen machen. Versuche aber bitte, nicht mehr viel daran zu verändern... Betrachte dein Kunstwerk genau und achte dabei auf seine Besonderheiten und Proportionen.
   Welche Gefühle hast du für dieses Abbild? Du kannst das noch deutlicher spüren, wenn du dich mit deiner Skulptur identifizierst. Sei diese Skulptur und beschreibe dich. Was ist deine Besonderheit?... Wie fühlst du dich als diese Skulptur?... Was für ein Leben führst du?... Finde heraus, was es bedeutet, dieses Abbild von dir zu sein... (5 Minuten)

6. Nimm ein Blatt Papier und beschreibe drei Minuten lang dein Abbild. Schreibe in der Ich-Form. Halte fest, wie du aussiehst, wie du dich fühlst, was dir möglich ist usw. Am Ende kannst du deiner Statue noch einen Namen geben... (3 Minuten).

7. Steh jetzt auf und lockere Arme und Beine ein wenig. Geh ein paar Minuten im Raum herum und betrachte die Abbilder der anderen Gruppenmitglieder... (5 Minuten)

8. Kommt nun bitte in Trios zusammen und stellt eure Skulpturen vor euch auf den Tisch. Erzählt einander, wie ihr euren Schaffensprozess erlebt habt. Was könnt ihr von eurer Skulptur lernen? Sie macht dich auf etwas aufmerksam, was wichtig für dich ist. Kannst du diese Botschaft verstehen?
Bemerkt auch Ähnlichkeiten und Unterschiede in euren Skulpturen und teilt sie euch gegenseitig mit. Auf welche Weise passt euer Abbild zu der Art, wie ihr euch im Alltag zeigt? Was drückt eure Skulptur noch aus? (15 Minuten)

Vorschläge für das Schlussgespräch

- Was habe ich an meinem Abbild aus Ton erkannt?
- Halte ich Gott für kreativ?
- Wo habe ich Gottes Kreativität erlebt?
- Halte ich mich selbst für kreativ?
- Was tue ich, um meine Kreativität zu fördern?
- Wann ist der Glaube kreativ?
- Wofür bin ich Gott am meisten dankbar?

5.4 Positive Erinnerungen

Ziele

Manche Menschen haben einen instinktiven Widerstand, Liebe und Freude uneingeschränkt genießen zu können. So fällt es ihnen meist auch schwer, gefühlsmäßig offen zu sein für die Liebe Gottes und für die Freude an seiner Schöpfung. Manchmal verhindert ein Gefühl von Wertlosigkeit oder Schuld, dass wir uns für die Gnade Gottes öffnen.
Die folgende Übung soll es den Teilnehmern leichter machen, positive Gefühle zu empfinden, sich selbst liebenswert zu fühlen und die Schöpfung zu lieben. Für jeden Teilnehmer brauchen Sie ein Blatt Zeichenpapier und eine Schachtel mit Ölkreiden.

Anleitung

Gott liebt die Welt, und er möchte, dass auch wir das tun. Manchmal vergessen wir das. Wenn wir tiefe Freude empfinden, dann ist das (wie) ein Gebet an den Schöpfer. In dieser Übung kannst du lernen, dich intensiver zu freuen.
Jeder von uns hat in sich eine Art Fotoalbum mit Bildern aus der Vergangenheit, Erinnerungen an Ereignisse, die uns froh und glücklich gemacht haben. In dieser Übung möchte ich, dass du dieses Album öffnest und dich an Ereignisse erinnerst, die dich glücklich gemacht haben. Wenn du dich an Zeiten erinnerst,

in denen du dich intensiv geliebt fühlen konntest oder wo du grenzenlose Freude empfunden hast, förderst du einen Schatz zu Tage, der vielleicht lange vergessen war. Deine Phantasie kann dir helfen, die Vergangenheit wieder ganz lebendig werden zu lassen, so dass du von ganzem Herzen sagen kannst: «Das Leben ist schön.» Ich will dir zeigen, wie das geht:

1. Bitte setz dich bequem hin und schließ deine Augen. Gib deinem Körper die Erlaubnis, sich zu entspannen. Richte zunächst deine Aufmerksamkeit auf deinen Atem. Spüre, wie du atmest... Vielleicht stellst du fest, dass deine Art zu atmen sich ganz von selbst etwas ändert, ohne dass du dich dabei anstrengen musst... Lass deinen Atem fließen.
   Nimm dir nun einen Augenblick Zeit, um mit deiner Aufmerksamkeit in deinem Körper herumzuwandern und jene Stellen aufzuspüren, wo du Anspannung findest. Schenke diesen Stellen deines Körpers Entspannung, indem du dir vorstellst, dass du deinen warmen Atem dorthin schickst... Und lass beim Ausatmen die Anspannung aus deinem Körper hinausfließen. Du kannst dich so von Augenblick zu Augenblick ruhiger und gelöster fühlen...

2. Nun geh bitte in der Erinnerung zurück zu einer Situation, wo du gespürt hast, dass du ganz tief geliebt wurdest. Wie hast du diese Liebe erlebt? Wie wurde sie dir gezeigt? Mit Worten, mit Blicken, mit Gesten, durch Unterstützung und Hilfe, durch einen Blick, durch eine Umarmung? Geh ganz in diese Situation hinein. Erlebe sie so, als ob sie sich von neuem ereignet. Spüre wieder alles, was du damals empfunden hast; mach dir bewusst, in welcher Umgebung die Szene stattfindet, welche Tageszeit ist, welche Farben du siehst, wer daran beteiligt ist. Achte vor allem darauf, wie dein Echo auf dieses Geschenk der Liebe klingt. Was spürst du in deinem Herzen, in deinem Körper? Auf welche Weise antwortest du selbst?
   Lass dir genügend Zeit, um das Glück dieser Situation noch einmal ganz lebendig zu erleben... (3 Minuten)
   Verabschiede dich nun von den beteiligten Personen und dem Ort.
   Gehe in eine andere Szene, in der du intensive Freude verspürt hast. Was hat dieses Gefühl in dir hervorgerufen? Eine gute Nachricht?... Die Erfüllung eines sehnlichen Wunsches?... Das Erlebnis der Natur?... Eine besondere Tätigkeit?... Ein Erfolg?... Hol diese Erinnerung hervor und erlebe die Situation so, als ob sie noch einmal stattfindet. Spüre von neuem die Freude, die tiefe Befriedigung, das Glück dieses Augenblicks... Lass dir genügend Zeit dafür... (3 Minuten)
   Jetzt verabschiede dich auch von dieser Erinnerung und spüre deinen Körper.

3. Vielleicht kannst du für dich eine neue Tradition begründen, wenn du dir vornimmst, regelmäßig im Album deiner positiven Erinnerungen zu blättern. Du wirst dann weniger Scheu vor Liebe und Freude empfinden. Du weißt, dass das Leben dir immer wieder solche glücklichen Augenblicke schenken wird. Liebe und Freude gehören zu unseren wichtigsten spirituellen Erfahrungen. Sie erlauben uns, das Wunder der Schöpfung zu genießen und uns für die Gnade Gottes zu öffnen.

Halte diese positiven Gefühle noch ein wenig wach in dir und bringe sie hierher mit in diesen Raum. Reck und streck dich, atme tief aus und öffne dann die Augen. Sei mit deiner Aufmerksamkeit wieder hier, erfrischt und wach.

Nimm jetzt ein Blatt Papier und eine Schachtel mit Ölkreiden und male, ohne dir einen Plan zu machen, ein Bild zu einem dieser Gefühle. Du kannst dieses Bild von Freude oder Liebe z. B. abstrakt anlegen und durch Farben und Formen ausdrücken, wie du dieses Gefühl erlebst. Lass dir dafür 15 Minuten Zeit.

4. Nun komm mit einem Partner zusammen, um dich auszutauschen:

- Wie frei erlaubst du dir, Liebe und Freude zu empfinden?
- Wie sehr hast du Angst vor Enttäuschung oder vor Manipulation?
- Fällt es dir leichter, Liebe zu geben als zu empfangen?
- Woran kannst du erkennen, dass du dich freust?
- Woran kannst du erkennen, dass du liebst oder geliebt wirst? (10 Minuten)

(Falls genügend Zeit vorhanden ist, eignet sich das Partnergespräch gut für einen gemeinsamen Spaziergang, am besten in der Natur; ca. 30 Minuten.)

Vorschläge für das Schlussgespräch

- Wie gelange ich zu den Quellen meiner Freude und meiner Liebe?
- Was kann ich dazu beitragen, dass in der Welt mehr Freude und Liebe ist?
- Aus welcher Quelle schöpfte Jesus Freude und Liebe?
- Wie viel Freude und Liebe gibt es in dieser Gruppe?

5.5 Im Himmel sein

Ziele

Manchmal haben wir den Eindruck, dass der Himmel uns fern ist, zeitlich und räumlich, geistlich und weltlich. In den Evangelien wird davon erzählt, dass der Himmel offen ist. Jesus erzählt in seinen Gleichnissen von der Nähe des Himmelreiches. Wir können den Himmel auf Erden erleben. Wenn wir Gottes Gegenwart spüren, erleben wir das Himmelreich. Wir brauchen keine theologischen oder spirituellen Sensationen. Es ist genug, Gottes Nähe zu spüren. Und wir spüren Gott besser, wenn wir dankbar sind.
In dieser Übung benutzen wir eine Geschichte, um die Frage nach dem Himmel zu stellen. Wir laden die Teilnehmer ein, eine kurze Geschichte ihrer Dankbarkeit aufzuschreiben.

Anleitung

Manchmal sind wir zu bescheiden. Wir wünschen uns, am Ende unserer Tage in den Himmel zu kommen. Auf diese Weise verpassen wir Gott, der bereits in unserem Alltag präsent ist. Und oft sind wir blind und ignorieren den Himmel um uns herum.

1. Ich möchte euch dazu eine Geschichte erzählen:

Im Himmel sein

Eine alte Frau bügelte Wäsche. Da trat der Todesengel zu ihr und sagte: «Es ist Zeit, komm!» Die Frau antwortete: «Gut, aber erst muss ich die Wäsche fertig bügeln. Wer tut es denn sonst? Und ich muss kochen, meine Tochter arbeitet im Geschäft, sie braucht etwas zu essen, wenn sie heimkommt. Siehst du das ein?» Der Engel ging.
Einige Zeit später kam er wieder. Er traf die Frau an, als sie gerade das Haus verließ. «Komm jetzt», sagte er, «es ist Zeit!» Die Frau antwortete: «Aber ich muss erst ins Altersheim. Da warten ein Dutzend Leute auf mich, die von ihren Familien vergessen sind. Soll ich sie etwa im Stich lassen?» Der Engel ging.
Einige Zeit später kam er zurück und sagte: «Es ist Zeit! Komm!» Die Frau antwortete: «Ja, ich weiß, aber wer bringt meinen Enkel in den Kindergarten, wenn ich nicht mehr bin?» Der Engel seufzte: «Gut, ich werde warten, bis dein Enkel allein gehen kann.»
Einige Jahre später saß die Frau am Abend müde vor ihrem Haus und dachte: «Eigentlich könnte jetzt der Todesengel kommen. Nach all der Plackerei muss es im Himmel doch wunderbar sein.» Der Engel kam. Die Frau fragte: «Bringst du

mich jetzt in den Himmel?» Der Engel fragte zurück: «Und wo, glaubst du, warst du die ganze Zeit?»

2. Die alte Frau in der Geschichte wird von der letzten Frage des Engels sicherlich überrascht gewesen sein. Ist es euch auch so gegangen?
(Besprechen Sie die Geschichte kurz in der Gruppe.)

3. Und nun kommt bitte mit einem Partner zusammen und setzt euch einander gegenüber. Ich möchte den Fortgang dieser Sitzung unter das Motto stellen: Wenn ich dankbar bin, fühle ich mich dem Himmel nahe. Oder: Ich bin bereits im Himmel.
Dankbarkeit, Menschen oder Gott gegenüber, ist die Voraussetzung, um glücklich zu sein. Im Allgemeinen sind wir nicht so gern dankbar. Wir fürchten, dass wir abhängig werden, dass wir zu viel zurückzahlen müssen. Wir haben die Angst, aus Dankbarkeit unsere Freiheit einzuschränken. So kommt es, dass wir uns zwar frei, aber nicht glücklich fühlen. Jeder von euch kann sich jetzt ein wenig in Dankbarkeit üben. Dazu hat jeder fünf Minuten Zeit, dem anderen zu erzählen, für welches Ereignis der vergangen Woche er dankbar sein kann. Bitte stellt als Zuhörer keine Fragen. Gebt keine Kommentare ab. Hört nur geduldig zu, wie euer Partner mit dieser ungewohnten Aufgabe umgeht. Und wenn es Pausen und Schweigen gibt, so ist dies auch gut. Hinterher wird Gelegenheit sein, auf das Gehörte zu reagieren... (10 Minuten)

4. Setzt euch nun bitte beide an je eine schmale Seite eures Tisches, einander gegenüber. Nimm dir ein Blatt Papier und etwas zum Schreiben. Schreibe deine Kurz-Biographie auf, von der Geburt bis zum heutigen Tage. Benutze dafür nicht mehr als zehn Sätze. Erwähne all die Ereignisse und Vorkommnisse, die Handlungen anderer, deine eigenen Anstrengungen, für die du am meisten dankbar bist.
Bitte vergiss nicht, dass wir manchmal, besonders im Rückblick, auch für die Prüfungen, Schwierigkeiten und Härten des Lebens dankbar sind. Für diese Aufgabe hast du zehn Minuten Zeit. (10 Minuten)

5. Und nun tauscht euch aus:
- Wie gut ist es dir gelungen, etwas zu entdecken, für das du dankbar bist?
- Gibt es Ähnlichkeiten, wofür ihr beide Dankbarkeit empfindet?
- Wie stark empfindest du Dankbarkeit Gott gegenüber?
- Welchen Menschen bist du besonders dankbar?

(10 Minuten)

Vorschläge für das Schlussgespräch

- Wer möchte uns seine Geschichte der Dankbarkeit vorlesen?
- Was «tötet» Dankbarkeit?
- Wie wird Dankbarkeit lebendig?

Kapitel 6
JESUS CHRISTUS

…und an Jesus Christus, seinen eingeborenen Sohn, unsern Herrn…

Neunundzwanzig Namen für Jesus von Nazareth
Nächster. Fremder. Jude. Same.
Baum an der Quelle. Bräutigam. Weg.
Traummensch. Offene Tür. Eckstein.
Schlüssel. Löwe Judas. Lamm. Gerechter.
Hirte. Perle. Zweig. Fisch. Brot.
Wort. Weinreben. Sohn des... Gott. Knecht.
Ströme lebendigen Wassers. Morgenstern.
Bahnbrecher. Einziger. Unsagbar Gesagter.
(Huub Osterhuis)

6.1 Wer ist Jesus Christus?

«Wer, sagen die Leute, dass ich sei», fragt Jesus die Seinen. Und als sie ihm unterschiedliche und gewichtige Antworten geben, fragt er weiter: «Und ihr, wer, sagt ihr, dass ich sei?» (Luk. 9, 18–20)
Eine offene Frage, nicht leicht zu beantworten. Die alten Antworten reichen mir nicht. Soll ich sagen: «Jesus Christus ist das Angesicht des unsichtbaren Gottes»? Eine poetische, eine paradoxe Antwort, die mich für einige Zeit anregt.
Im Laufe der Jahre habe ich ganz verschiedene Antworten gehört, die mich überraschten, die immer wieder einen neuen Aspekt betonten und die ich mir zueigen machte. Einige dieser Antworten möchte ich hier zusammenstellen:

1967 sagt die evangelische Theologin Dorothee Sölle, Jesus sei für sie der glücklichste Mensch, der je gelebt hat:

> Ich halte Jesus von Nazareth für den glücklichsten Menschen, der je gelebt hat. Ich denke, dass die Kraft seiner Phantasie aus dem Glück heraus verstanden werden muss... Jesus erscheint in der Schilderung der Evangelien als ein Mensch, der seine Umgebung mit Glück ansteckte, der seine Kraft weitergab, der verschenkte, was er hatte. Das konventionelle Bild von Jesus hat immer seinen Gehorsam und seinen Opfersinn in den Vordergrund gestellt. Aber Phantasie, die aus Glück geboren wird, scheint mir eine genauere Beschreibung seines Lebens. Sogar sein Tod wäre missdeutet als tragisches Scheitern eines Glücklosen, er wäre zu kurz verstanden, wenn nicht die Möglichkeit der Auferstehung in Jesu selber festgehalten würde! Auferstehung als die weitergehende Wahrheit der Sache Jesu ist aber im Tode dieses Menschen gegenwärtig; er hat

den Satz «Ich bin das Leben» auch im Sterben nicht zurückgenommen.
(Aus: Dorothee Sölle «Phantasie und Gehorsam»)

Zu Anfang des vorigen Jahrhunderts sagt der christliche libanesische Philosoph und Dichter Khalil Gibran voll Zorn und voller Weisheit:

Einmal, alle 100 Jahre,
trifft Jesus von Nazareth
den Jesus der Christen
in einem Garten zwischen
den Hügeln des Libanon.
Und sie sprechen lange;
und jedes Mal geht Jesus
von Nazareth fort, indem
er zum Jesus der Christen
sagt: Mein Freund, ich
fürchte, wir werden niemals,
niemals übereinstimmen.

Ganz anders die romantischen Zeilen des alten Weihnachtsliedes «Es ist ein Ros entsprungen»

Das Blümelein so kleine,
das duftet uns so süß;
mit seinem hellen Scheine
vertreibt's die Finsternis:
Wahr' Mensch und wahrer Gott,
Hilft uns aus allem Leide
Rettet von Sünd und Tod.

Irgendwann fanden wir eine kleine jüdische Legende, in der die paradoxe Weisheit des Volkes spricht:

Die Frau eines reichen Kaufmanns kam außer Atem ins Zimmer gestürzt und verkündete, der Messias sei auf dem Wege in die Stadt.
«Das hat uns gerade noch gefehlt!», stöhnt der Mann. «Da hat man sich ein Grundstück gekauft und ein Haus darauf gebaut, das Geschäft fängt an, Gewinn abzuwerfen, und nun müssen wir alles stehen- und liegenlassen, um dem Messias zu folgen!»

«Nimm es dir doch nicht so zu Herzen», versucht die Frau ihn zu beruhigen. «Bedenke doch, wie viel unser Volk schon durchgemacht hat: die Knechtschaft in Ägypten, die Babylonische Gefangenschaft, Hamans Verfolgungen, zweitausend Jahre in der Fremde und all die Pogrome. Mit Gottes Hilfe werden wir auch den Messias überstehen.»
(Aus: J. Janke [Hg.] «Von armen Schnorrern und weisen Rabbis»)

Ein buddhistischer Lehrer antwortet auf die Frage, worin der letzte Unterschied zwischen Christentum und Buddhismus bestehe mit einer kleinen Legende:

Jesus und Buddha treffen sich im Himmel. Sie grüßen sich und schauen einander lange an. Schließlich fragt der eine den anderen: «Sag mal, was ist es eigentlich, was uns voneinander unterscheidet? Sie schweigen wieder und sehen sich an. Schließlich sagt der andere: «Was uns unterscheidet..., sind unsere Schüler.»

Fünf, sechs Bilder von Jesus, jedes in sich stimmig – keines reicht aus, keines schließt das andere aus. Sie ergänzen sich gegenseitig, jedes Bild ein Versuch anzudeuten, wie das Göttliche das Menschliche berührt.

6.2 Ich glaube an Jesus Christus

Ziele

Im zweiten Artikel des Credos wird das Leben Jesu in einer Art Kurzbiographie zusammengefasst. Sein Werk, seine Herrschaft werden beschrieben; Sterben und Auferstehung werden verhältnismäßig ausführlich erwähnt. Sein Leben und Wirken werden nur gestreift. Jesu Worte und seine Lehre werden vorausgesetzt. Eine alte Legende (die schön, aber historisch nicht haltbar ist) erzählt, jeder der zwölf Apostel habe einen Satz zum Credo beigesteuert. So würde das unterschiedliche Gewicht einzelner Sätze einsichtig. Hätte Martin Luther zu den Aposteln gehört, hätte er gewiss die Rechtfertigung allein aus dem Glauben hinzugefügt.
Der Text des Credos ist bei uns liturgisch verfestigt. Sonntag um Sonntag wird das Credo in derselben Form gesprochen. Das hat auch seine Berechtigung. Ein zentrales Gebet in immer der gleichen Form gibt Sicherheit. Gerade deshalb wollen wir in dieser Übung mit dem Text ein wenig experimentieren.
In dieser Sitzung werden in Kleingruppenarbeit verschiedene Umwandlungen durchgeführt. Dadurch setzen sich die Teilnehmer intensiv mit der theologischen Substanz des zweiten Artikels auseinander. Zugleich ist auch ihre Kreati-

vität herausgefordert, ihr Sinn für Schönheit und ihr persönliches Empfinden. Sie können diese Aufgabe nur lösen, wenn sie hellwach sind und den Text so lesen, als wäre es das erste Mal.
Sie benötigen für jeden Teilnehmer eine Kopie des zweiten Artikels (Seite 101), Schreibpapier und für jede Kleingruppe nach Möglichkeit Flipchart-Papier und Filzschreiber.

Anleitung

Heute wollen wir uns mit dem zweiten Artikel des Credos beschäftigen. Hier geht es um Jesus Christus. Der zweite Artikel ist der längste. Das zeigt uns, dass hier das größte Gewicht des Credos liegt. Vielleicht wollten uns die Verfasser sagen: An Gott den Allmächtigen glaubten die Juden schon lange, aber mit Jesus Christus beginnt das Neue. Im Leben, Sterben und Auferstehen Christi geschieht etwas Dramatisches, das den Glauben der Christen auszeichnet.

1. Wir wollen an diesen konzentrierten Text langsam herangehen. Ich werde ihn euch zunächst einmal vorlesen. (Lesen Sie den Text in der Form, wie er auf Seite 101 abgedruckt ist.)
Der zweite Artikel beginnt mit den Worten: «Ich glaube…» Was bedeutet das? Ich möchte, dass ihr eine künstlerische und nonverbale Antwort darauf findet. Bitte kommt in kleinen Gruppen mit vier bis sechs Teilnehmern zusammen und bildet aus den Körpern aller Gruppenmitglieder ein Symbol, das zum Ausdruck bringt, was für euch «Glauben» bedeutet. Ihr könnt ein statisches und stilles Bild schaffen. Wenn ihr wollt, kann sich das Bild aber auch bewegen. Überlegt, wie ihr Glauben durch ein Bild ausdrücken könnt. Lasst euch dafür zehn Minuten Zeit.

2. Jede Gruppe zeigt den anderen ihr Bild. Anschließend wird Gelegenheit sein für kurze Rückmeldungen.

3. Wir wollen nun den Text des zweiten Artikels umwandeln, so dass aus dem alten Gebet etwas Neues wird. Ihr könnt das nachher in Kleingruppen tun und einen neuen Text schaffen. Ich habe vier Poster vorbereitet, die ich in die vier Ecken des Raumes hänge:

a. Verwandle den zweiten Artikel in einen Text für einen religiösen Pop-Song oder für ein Spiritual. Was musst du dafür weglassen, oder was kannst du hinzufügen? Mach einen «mitreißenden» Text.

b. Mach aus dem Glaubenstext einen Sachtext. Wie würde ein Geschichtswissenschaftler das Leben Jesu und sein Wirken beschreiben?

c. Mach aus dem zweiten Artikel ein Gebet, das im Kindergottesdienst von Kindern zwischen drei und sechs gesprochen werden kann. Was müsstest du dann weglassen? Welche Worte würdest du benutzen, damit die Kinder dieses Gebet gerne sprechen?

d. Gib dem Text des zweiten Artikels eine solche Form, dass du diesen Teil des Gebetes selbst gerne sprechen möchtest.
(Wir könnten uns noch eine weitere Umwandlungsaufgabe vorstellen:
Viele wünschen sich einen Gott, der auch mütterlich und weiblich ist. Wandle den zweiten Artikel so um, dass es nicht um den Sohn des göttlichen Vaters geht, sondern um das Kind göttlicher Eltern. Wie ändert sich der Sprachstil? Was wird betont, weggelassen oder hinzugefügt?)

4. Überleg dir, welche Aufgabe dich am meisten reizt und stell dich zu dem betreffenden Plakat. Ich hoffe, dass wir für alle Aufgaben Interessenten finden. Vielleicht habt ihr auch noch eine weitere Idee für eine Umwandlung…
Alle Gruppen haben jetzt eine halbe Stunde Zeit, um den Originaltext umzuwandeln. Sucht euch für eure Arbeit einen Platz, wo ihr euch gut konzentrieren könnt. Nehmt das Poster mit der Aufgabe mit. Außerdem habe ich für jeden von euch den Originaltext des zweiten Artikels vorbereitet. Nehmt euch auch Flipchart-Papier mit, damit ihr euren neuen Text dort aufschreiben könnt. Nachher werden wir uns alle anhören, was ihr geschaffen habt.
(Vielleicht ist es bei diesen Aufgaben angebracht, dass Sie von Gruppe zu Gruppe gehen, um für Fragen zur Verfügung stehen. Im anschließenden Plenum werden die neuen Texte vorgetragen und die Flipchart-Bögen an die Wand gehängt. Es sollte noch etwas Zeit bleiben für ein gemeinsames Schlussgespräch.)

5. Kommt wieder in der ganzen Gruppe zusammen. Wir können die neue Version von jeder Gruppe hören und dann unsere Meinung dazu sagen…

Vorschläge für das Schlussgespräch

- Was schätze ich an Jesus am meisten?
- Haben andere Menschen für mich einen ähnlichen Rang?
- Was ist das Besondere dieses Dramas von Jesus Christus?
- Was ist Jesus für mich? Bruder? Herr und Meister? Erlöser? Richter? Weltenherrscher? Oder etwas ganz anderes? (Vgl. die 29 Namen von Huub Osterhuis – siehe Seite 96.)
- Was habe ich mit Jesus gemeinsam?

Ich glaube an Jesus Christus...

Ich glaube an Jesus Christus:
Gottes eingeborenen Sohn, unseren Herrn,
empfangen durch den Heiligen Geist,
geboren von der Jungfrau Maria,
gelitten unter Pontius Pilatus,
gekreuzigt, gestorben und begraben,
hinabgestiegen in das Reich des Todes,
am dritten Tage auferstanden von den Toten,
aufgefahren in den Himmel;
er sitzt zur Rechten Gottes, des allmächtigen Vaters;
von dort wird er kommen,
zu richten die Lebenden und die Toten.

6.3 Nachfolge: die Geschichte des Janusz Korczak

Ziele

Der zweite Artikel wirkt auf uns relativ sachlich und emotionslos. Wir hören nichts davon, dass Christus die Menschen geliebt und sie immer wieder aufgefordert hat, andere so zu lieben, wie sie sich selbst lieben. Wir möchten diesen Mangel ausgleichen, indem wir in dieser Sitzung mit einer sehr emotionalen Geschichte arbeiten, die das Leben des polnischen Kinderarztes Dr. Hendryk Goldzmit skizziert, der auch als Janusz Korczak bekannt ist. Diese Geschichte spricht vor allem Jugendliche, aber auch Erwachsene, gefühlsmäßig stark an. In der Person von Janusz Korczak wird deutlich, was die Worte des Credos «Gelitten unter Pontius Pilatus, gekreuzigt, gestorben und begraben», in unser Jahrhundert übersetzt, heißen können. Aber die Geschichte zeigt noch mehr. Sie zeigt uns, dass dieser Arzt seine Waisenkinder so geliebt hat, dass er sie nicht im Stich lassen wollte. Er ist freiwillig bei ihnen geblieben, aus dem Warschauer Ghetto nach Treblinka gegangen und hat Leiden und Tod bewusst auf sich genommen. Damit gehört der polnische Arzt zu den großen, vorbildlichen Gestalten wie Gandhi, Martin Luther King, Albert Schweitzer oder Mutter Teresa. Alle diese großen Persönlichkeiten sind durch selbstlose Liebe geprägt und von dem festen Willen, diese Liebe durch ihr Verhalten auszudrücken. Ihr Leben ist ihre Botschaft. Für uns sind sie Inspiration und Ermutigung, im Leben mehr zu suchen als unser persönliches Glück.
Jeder Teilnehmer braucht ein paar Blätter Schreibpapier und Schreibstift.

Anleitung

Im zweiten Artikel heißt es: «Gelitten unter Pontius Pilatus, gekreuzigt, gestorben und begraben.» Der Mensch Jesus hätte seinen qualvollen Tod vermeiden können. Aber dann wäre er nicht nur sich selbst untreu geworden, er hätte auch seine Anhänger, seine Freunde und Freundinnen verraten. Und er liebte die Menschen so sehr, dass sein Opfer für ihn unvermeidbar war.

1. Ich möchte euch eine Geschichte vorlesen, wo es um ähnliche Themen geht, um Liebe, Treue zu sich selbst und um die Bereitschaft, etwas – auch sich selbst – zu opfern.

Janusz Korczak und seine Waisenkinder

Janusz Korczak ist 1942 gestorben. Er wollte es so, sonst hätte er noch leben können.

Dr. Janusz Korczak war Kinderarzt und wie viele gebildete Polen seiner Zeit ein

weit gereister Mann! Er hatte als Arzt in Berlin gelernt und gearbeitet, in Paris und in London.
Aber dann ging er nach Polen, nach Warschau zurück, als Arzt an Kinderkrankenhäuser. In Warschau war er geboren, dort war seine Heimat.
Er hatte ein Auge für die Krankheiten und ein Herz für die Sorgen der Kinder. Schließlich gab er seinen Beruf auf und leitete ein Waisenhaus in Warschau. Das waren die Kinder, die am ärgsten dran waren. Für sie war er Vater, Freund und Arzt.
1939 überfiel Hitler Polen. Kein Pole hatte damit gerechnet. Man wollte Frieden um jeden Preis. Widerstand gab es nicht. Warschau wurde besetzt. Und eine Schreckensherrschaft begann. Polnische Männer wurden eingefangen und weggeschleppt zum Arbeiten in deutschen Werken – wie später die Russen. Alle Juden in Warschau wurden aus ihren Wohnungen vertrieben und in einem winzigen Stadtteil ins Ghetto zusammengepfercht: Professoren und Frauen, Offiziere und – und die Kinder! Alle ins Warschauer Ghetto. Wie das Vieh zusammengepfercht, und eine große Mauer drum! Keiner durfte aus dem Ghetto heraus, alle Juden mussten zusammenbleiben. Nur wer einen Passierschein besaß, durfte heraus und herein. Die deutschen «Wachsoldaten» kontrollierten streng.
Und wieder waren die Kinder, die niemand hatten, am ärgsten dran. Der Kinderarzt Dr. Janusz Korczak ging mit den jüdischen Waisenkindern ins Ghetto. Er kämpfte jeden Tag um ein bisschen Brot für seine Kinder. Er wurde ein alter Mann dabei.
Dann wurden die Juden abtransportiert. In Viehwagen. Tagelang ohne Essen und Wasser. Viele starben unterwegs. Die hatten es noch am besten. Die anderen kamen ins Lager – nach Auschwitz, Treblinka, Maidanek, Sobibor. Dort wurden sie in Gaskammern ermordet. Wie Ungeziefer. Manche glauben es bis heute nicht. Aber man kann es besichtigen. In Dachau zum Beispiel, bei München. Und nach Treblinka kann man auch fahren.
Auch die Kinder kamen dran. «Seine» Kinder. Dr. Janusz Korczak stand nicht auf der Liste für den Viehtransport ins Schlachthaus Treblinka. Als berühmter Mann durfte er das Ghetto verlassen. Keiner hätte ihn daran gehindert. Seine polnischen Freunde außerhalb des Ghettos hatten ihm einen Passierschein verschafft. Sie wollten ihn retten. – Aber er wusste, was auf die Kinder wartete. Und so fuhr er mit. Die Kinder wussten von nichts. 200 Kinder. Seine Kinder. Ob er keine Angst gehabt hat? Woher soll ich das wissen? Als Arzt wird er jedenfalls gewusst haben, wie schrecklich der Tod durch Giftgas ist.
Den Bewachern war es recht, dass der alte Doktor mitfuhr. Er war ja auch nur

Jude. Und es beruhigte die Kinder, wenn er dabei war; sie machten dann keine Scherereien.
Janusz Korczak erzählte den Kindern während der ganzen Fahrt Geschichten. Er erzählte Geschichten, die in keinem Buch stehen. Denn alle, die sie gehört haben, wurden ermordet. Es waren sicher die schönsten Geschichten, die er sich je ausgedacht hatte. Denn es waren die letzten für diese Kinder.
Und sie vergaßen, wo sie waren. Sie achteten nicht auf das Brüllen der SS-Bewacher. Sie weinten nicht, als sie sich ausziehen mussten. Sie gingen arglos in die Gaskammer. Und Janusz Korczak erzählte Geschichten.
Und die Männer, die durch den Spion an der Stahltür guckten, sahen, dass die Kinder ganz ruhig dastanden, zusammengepfercht wie Heringe. Keins weinte oder schrie, wie es sonst war, wenn sie Angst bekamen. Sie hingen an seinen Lippen.
Und Janusz Korczak erzählte um sein Leben, um ihr Leben. Bis sie zusammensanken, träumend noch von seinen Geschichten. Das war das letzte, was er für seine Kinder tun konnte. – Das war 1942 in Treblinka.
(Aus: Materialdienst 4/76, «Mit Jesus leben»)

2. Wahrscheinlich geht es euch auch so, dass diese Geschichte starke Gefühle bei euch auslöst. Vielleicht trauert ihr um die Kinder. Sie verloren zuerst ihre Eltern, und dann wurden sie umgebracht. Aber die Kinder haben auch etwas gewonnen, wonach sich viele Kinder sehnen, einen neuen «Vater», der sie liebt, sie nicht im Stich lässt und bis zum Ende bei ihnen bleibt.
Wenden wir uns jetzt der Person von Janusz Korczak zu und suchen Antworten auf die Fragen:
- Wie können wir uns Korczaks Liebe zu den Waisenkindern erklären?
- Was hat Korczak bewogen, mit den Kindern zu sterben?

Jesus sagte einmal: «Wer sein Leben verliert um meinetwegen, der wird es finden.» (Mt. 16, 25) Was hat Korczak gefunden? (10 Minuten)

3. Ich möchte euch jetzt dazu einladen, eine späte Ehrung für Janusz Korczak vorzunehmen. Bitte kommt in Sechsergruppen zusammen und baut aus euren Körpern ein Denkmal für Janusz Korczak, das ihn mit den Kindern zeigt. Und findet auch einen Text für eine Erinnerungsinschrift. Ihr habt fünfzehn Minuten Zeit dafür. Nachher werden wir uns die verschiedenen Denkmäler anschauen.

4. Und nun soll jeder zu seinem eigenen Leben zurückkehren. Was Liebe heißt, und dass wir lieben können, haben wir von anderen Menschen gelernt. Ohne ihre Liebe, ihre Fürsorge und Opferbereitschaft könnten wir nicht leben. Wir schulden ihnen Dank. Bitte schreibe einen kurzen Brief an einen Menschen, der dich geliebt hat und der etwas – vielleicht sogar viel – für dich geopfert hat. Sage ihm oder ihr deinen Dank. (10 Minuten)

Vorschläge für das Schlussgespräch

- Wann fällt es mir leicht, ein Opfer zu bringen?
- Für wen und für was könnte ich ein Opfer bringen?
- Wie lässt sich die Gewalt auf unserem Planeten eindämmen?
- Kann man Frieden, Gerechtigkeit und Liebe mit Gewalt herbeiführen?
- An wen habe ich meinen Brief geschrieben? Will ich den Brief abschicken?

Anmerkung

Die Briefe sollten nicht vorgelesen werden. Besprechen Sie, ob die Teilnehmer sie abschicken oder übergeben möchten.
Als Weiterführung dieser Schreibaufgabe bietet sich an: Schreibe einen Brief an Jesus. Bist du ihm dankbar? Wofür? Möchtest du ihn kritisieren?

Variation

Bei der Arbeit mit Jugendlichen können Sie auch ein einfacheres Vorgehen wählen: Die Geschichte des Janusz Korczak ist zum Vorlesen und zum Besinnen gedacht. Sie spricht gerade Jugendliche gefühlsmäßig stark an. Die Stille und Betroffenheit nach dem Vorlesen sollte nicht durch Informationsfragen gestört werden.
Bei Jugendlichen könnte es allerdings nützlich sein, den historischen Bezug und einzelne Vorgänge und Begriffe (z. B. Hitler-Deutschland, Ghetto, SS-Bewacher usw.) vorab zu klären und in Stichworten an der Tafel festzuhalten. Auch wenn die Ereignisse im Warschauer Ghetto nun schon über 60 Jahre her sind, sind sie doch vielen von uns zumindest in Bruchstücken gegenwärtig.
Die Zuhörenden identifizieren sich meist mehr mit den Kindern des Warschauer Ghettos als mit J. Korczak. Er hat etwas fast Übermenschliches an sich, gerade da, wo er «nur» menschlich ist. In der Person von Janusz Korczak wird beispielhaft deutlich, was die Zeile «gelitten unter Pontius Pilatus, gekreuzigt, gestorben und begraben», in unsere Zeit übersetzt, heißen kann.
Die Geschichte zeigt, dass das Leben von Janusz Korczak umsonst gewesen wäre, wäre er nicht mit «seinen» Kindern gestorben. Er nimmt das Leiden und den Tod bewusst auf sich. Seine Liebe zu den Kindern kostet ihn das Leben.

Vorschläge für das Schlussgespräch

Im Gespräch mit der Gruppe, das oft nur ganz zögernd und nach einer längeren Phase der Betroffenheit einsetzt, können folgende Gesprächsanstöße gegeben werden:

- Was hat J. Korczak bewogen, mit den Kindern zu sterben?
- Was hat ihn dazu gebracht, sich nicht retten zu lassen?
- Wenn ihr ein Denkmal mit einer Erinnerungstafel für Janusz Korczak aufstellen könntet, was würdet ihr darauf schreiben?
- Im Credo wird von Jesus gesagt: «...gelitten unter Pontius Pilatus, gekreuzigt, gestorben und begraben...». Warum hat Jesus sich nicht retten lassen?
- Jesus sagt einmal: Wer sein Leben verliert um meinetwillen, der wird es finden (Mt. 16, 25). Was hat Korczak gefunden?

6.4 Eine symbolische Phantasie

Ziele

In dieser Übung greifen wir das Bedürfnis vieler Gruppenmitglieder auf, sich Gott nahe zu fühlen. Wir laden sie deshalb zu einer besonderen Phantasiereise ein, in der wir etwas Ähnliches erleben können wie die Menschen, die sich vor zweitausend Jahren auf den Weg zu Jesus machten.

Anleitung

Jesus ist seit fast zweitausend Jahren tot. Um ihm zu begegnen, können wir heilige Schriften lesen, in den Gottesdienst gehen und beten. Wir können ihn aber auch in unserem Herzen finden. Wir treffen dann sicherlich nicht den historischen Jesus, aber wir können dem mystischen Jesus begegnen. Er ist in uns lebendig, auch wenn wir das oft vergessen.

1. Bitte setz dich bequem hin und schließ deine Augen. Gib deinem Körper die Erlaubnis, sich zu entspannen. Richte zunächst deine Aufmerksamkeit auf deinen Atem. Spüre, wie du atmest... Vielleicht stellst du fest, dass deine Art zu atmen sich jetzt ganz von selbst etwas ändert...
Lass dir Zeit, um mit deiner Aufmerksamkeit in deinem Körper herumzuwandern. Spüre jene Stellen auf, wo du Anspannung findest. Schenke diesen Stellen deines Körpers Entspannung, indem du deinen warmen Atem dorthin schickst... Beim Ausatmen kannst du die Anspannung aus deinem Körper hinausfließen lassen, dich von Augenblick zu Augenblick ruhiger und gelöster fühlen ...

2. Stell dir vor, dass du oben auf einem Berg im Heiligen Land sitzt und über eine große, weite Stadt blickst. Sie liegt zu deinen Füßen. Es ist Abenddämmerung. Die Sonne ist gerade untergegangen. Du siehst, wie in der Stadt die Lichter angehen… Beobachte, wie immer mehr Lichter angehen, bis die ganze Stadt wie ein brennender See vor dir liegt… Du sitzt ganz allein hier und betrachtest dieses wunderschöne Schauspiel… Was empfindest du dabei?…
   Nach einer Weile hörst du leise Schritte hinter dir. Du weißt intuitiv, dass dies die Schritte einer heiligen Frau sind, die in dieser Gegend als Einsiedlerin lebt. Sie kommt auf dich zu und stellt sich neben dich. Sie blickt dich freundlich an und sagt nur einen einzigen Satz zu dir: «Wenn du heute Abend in die Stadt gehst, wirst du Jesus finden.» Nach diesen Worten wendet sie sich ab und geht fort. Sie gibt dir keine Erklärung, und du hast keine Zeit für Fragen.
   In deinem Herzen spürst du, dass diese Frau weiß, wovon sie redet… Was empfindest du jetzt? Entspricht es deinem Wesen, dieser Botschaft zu folgen und in die Stadt zu gehen? Oder würdest du lieber bleiben, wo du bist?…

3. Was immer deine persönliche Neigung ist, ich möchte, dass du nun in die Stadt gehst, um Jesus zu suchen… Was empfindest du, wenn du den Berg hinabgehst?… Bist du neugierig? Hast du gemischte Gefühle?…
   Jetzt bist du in den Vororten der Stadt angekommen. Du musst dich entscheiden, wo du deine Schritte hinlenken willst, um Jesus zu suchen und zu finden. Wohin willst du gehen?… Vielleicht ist es am besten, der Stimme deines Herzens zu folgen, wenn du entscheidest, wohin du gehen willst… Lass dich nicht von Überlegungen leiten, was du jetzt tun «solltest» oder wohin du jetzt gehen «müsstest»… Geh dahin, wohin dein Herz dich ruft… Was geschieht, wenn du an diesem Platz ankommst?… Was findest du dort?… Was machst du dort?… Was geschieht?… Findest du Jesus anders als erwartet? Auf welche Weise?… Oder bist du enttäuscht?… Was machst du dann?… Willst du irgendwo anders hingehen?… Lass dir Zeit, dir diese Situation in deiner Phantasie auszumalen… (3 Minuten)

4. Jetzt sollst du in deiner Phantasie etwas verändern. Vielleicht hast du Jesus gefunden, vielleicht auch nicht. In beiden Fällen kannst du dir ein Symbol für Jesus auswählen, etwas, was Jesus am besten symbolisiert: Das Gesicht eines Kindes, eine Sternschnuppe, eine Blume, ein Wasserfall… Welches Symbol wählst du aus? Lass dir Zeit dabei… Such danach, bis es für dich stimmig ist. (2 Minuten)

Und wenn du dein Symbol gefunden hast, dann stell dich in deiner Phantasie davor und betrachte es. Was empfindest du dabei?... Und nun sage etwas zu dem Symbol... Stell dir vor, dass das Symbol antwortet... Was sagt es zu dir?...
Werde nun für einen Augenblick dieses Symbol. Und blicke als dieses Symbol auf dich, wie du ehrfürchtig davor stehst... Was fühlst du, wenn du dich selbst betrachtest aus dem Blickwinkel des Symbols?...
Kehre zu dir selbst zurück, wie du andächtig vor dem Symbol stehst. Lass dir noch ein wenig Zeit, um das Symbol Jesu mit dem Herzen zu betrachten... (1 Minute)
Verabschiede dich jetzt von dem Symbol und lass dir ein oder zwei Minuten dafür Zeit... Reck und streck dich, atme tief aus und öffne in deinem eigenen Rhythmus die Augen. Sei wieder hier erfrischt und wach.

Vorschläge für das Schlussgespräch

- Was habt ihr in eurer Phantasie erlebt?
- Was habt ihr über eure Beziehung zu Jesus entdeckt?
- Unser Herz denkt in Bildern. Gibt es ein Lieblingsbild von Jesus in meinem Herzen?
- Habe ich Jesus getroffen? Wie war diese Begegnung?
- Welches Symbol habe ich für Jesus gefunden?
- Wie hat mein spirituelles Leben begonnen? Wer hat mich mit Jesus vertraut gemacht?
- Wie sieht mein spirituelles Leben heute aus?
- In welchen Situationen spüre ich meine Seele, mein Herz?

6.5 Das Angesicht der Versöhnung

Ziele

Die gute Botschaft, die Jesus verkündet und die er selbst ist, lässt sich in einem Wort zusammenfassen: Liebe. Jesus fordert seine Zeitgenossen auf, einander und sich selbst zu lieben. Er versichert ihnen immer wieder, dass sie von Gott geliebt sind. Liebe war in der patriarchalisch geprägten Kultur der Antike eine revolutionäre Botschaft. Sie passte nicht so recht zu den männlichen Werten der Zeit. Hier ging es vor allem um Macht, Über- und Unterordnung, Kampf und Durchsetzung, Richtig oder Falsch, Besitz und fein abgestufte Rechte. Liebe bedeutete schon damals Gleichberechtigung. Sie brachte einen Hauch von

Demokratie in die alten patriarchalischen Traditionen. Vor allem aber bedeutete Jesu Botschaft eine Aufwertung der stärker weiblichen Werte. Gefühle, Intuition, Offenheit und Kreativität sind seelische Qualitäten, die sich in diesem Zusammenhang entfalten können. Schließlich löste diese neue Botschaft auch eine Welle an spiritueller Neugier aus. Die frühen Christen sannen viel über ihre Beziehung zu Gott nach. Sie beachteten ihre spirituellen Biographien. Ohne Jesu Aufforderung, den Sinn des Lebens in der Liebe zu sehen, sind Biographien, die die innere Entwicklung verfolgen, kaum verständlich. Es geht eben nicht nur um die äußeren Fakten eines Lebens – Siege und Niederlagen, Eroberungen und Verluste.
In dieser Übung wollen wir hier anknüpfen. Wenn wir in unserem eigenen Leben vor allem Liebe ausdrücken wollen, müssen wir zunächst fähig werden, uns selbst zu erkennen und uns selbst zu akzeptieren. Eine klassische Methode, das zu bewirken, ist die autobiographische Reflexion. Darum fordern wir die Teilnehmer in dieser Übung auf, einander über wichtige Erfahrungen zu berichten, die ihre Art zu lieben geprägt haben.

Anleitung

Der zweite Artikel des Credos umfasst eine kompakte, spirituelle Biographie von Jesus Christus. Unser eigenes Leben hat viel kleinere Dimensionen. Es ist aber auch spannend, rätselhaft und eine vielfältige Mischung aus göttlicher Führung und eigenen Entscheidungen. Je mehr wir über uns selbst wissen, über unsere Gefühle, über unsere Wünsche, über unsere Ängste, desto besser können wir entscheiden, was wir mit unserem Leben anfangen wollen. In dieser Übung werden wir dem Verlauf unseres Lebens – auch unseres spirituellen Lebens – nachspüren, um jene Ereignisse und Situationen herauszufinden, die uns geprägt haben.

1. Komm bitte mit einem Partner zusammen und setz dich ihm gegenüber hin. Gib dir ca. fünf Minuten Zeit, um mit deinem Partner vertraut zu werden.
   - Was waren deine ersten Gedanken beim Aufwachen heute Morgen?
   - Welche Dinge beschäftigen dich heute besonders?
   - Worauf freust du dich gerade?
   - Wie geht es deiner Seele?

2. Nun soll der Ältere von euch zunächst fünfzehn Minuten lang dem Partner sein Leben erzählen. Natürlich kann niemand in fünfzehn Minuten sein ganzes Leben erzählen. Konzentriere dich bitte auf jene Situationen und Ereignisse, von denen du glaubst, dass sie dein Verständnis und deine Fähigkeit zu

lieben geprägt haben. Wenn es dabei Pausen gibt und ihr nicht fortlaufend erzählen könnt, so ist dies hilfreich. Oft haben wir noch keine Worte für das, was wir sagen wollen. Manchmal ist Schweigen besser als ständig zu reden. Du wirst auswählen und dem Partner verständlich machen, worum es ging:

- Wie alt warst du bei diesem Entwicklungspunkt?
- Welche Menschen haben dich geliebt?
- Wie hast du dich zu der Zeit gefühlt?
- Wie siehst du heute, im Abstand, diesen Entwicklungspunkt deines Lebens?
- Welche Konsequenzen hatte diese Erfahrung?
- Wie veränderte sich deine Fähigkeit zu lieben?
- Wie kam die göttliche Liebe in dein Leben?

Dein Partner hört schweigend zu. Bitte keine Fragen und keine Kommentare, auch wenn es schwer fällt.

Versuche, während du zuhörst, dich in die fremde Lebensgeschichte einzufühlen. Entdeckst du Ähnlichkeiten zu deiner eigenen Biographie? (15 Minuten)

3. Gönnt euch nun eine Pause. Vielleicht wollt ihr euch ein wenig bewegen, ein paar Mal tief atmen, ehe ihr die Rollen tauscht und der jüngere Partner seine Lebensgeschichte erzählt. Auch in diesem Fall soll der Zuhörer nicht unterbrechen und das Gehörte nicht kommentieren. Hört aufmerksam und respektvoll zu und schätzt das Vertrauen, das der Erzähler euch schenkt. (15 Minuten)

4. Beendet das Erzählen und macht eine kurze Pause, ehe ihr einander Rückmeldung gebt:
   - Hast du dabei Neues entdeckt?
   - Wie siehst du deinen Partner jetzt? (15 Minuten)

   Verabschiedet euch voneinander. (Sofern es die Bedingungen zulassen, eignet sich dieses Partnergespräch auch gut für einen gemeinsamen Spaziergang in der Natur.)

Vorschläge für das Schlussgespräch

- Was verbindet erotische, spirituelle und mitmenschliche Liebe?
- Was können wir tun bzw. lassen, um unsere Liebesfähigkeit zu entfalten?
- Kann Liebe Sünde sein?
- Was nehme ich aus dieser Übung mit?

6.6 Was ist mir wichtig in meinem Leben?

Ziele

In dieser Übung schließen wir eng an die vorangehende an und stellen uns sechs kritische, spirituelle Fragen. Mit der Beantwortung dieser Fragen können wir uns helfen, innere Blockaden aufzulösen. Wenn uns dies gelingt, werden wir fähiger, uns selbst und andere zu lieben. Wir können barmherzig mit uns selbst sein – und mit dem, was um uns geschieht.
Sie benötigen für jeden Teilnehmer eine Kopie der Fragen auf Seite 113.

Anleitung

Jesus bringt uns eine lebensbejahende Botschaft. Er fordert uns auf zu lieben. Er mahnt unsere Bereitschaft zur Versöhnung an – auch mit uns selbst. Er lädt uns ein, anderen zu vergeben und dankbar zu sein für alles, was wir von Gott und unseren Nächsten bekommen. Jesus weiß, dass wir uns häufig verletzt und krank fühlen und Heilung suchen. Er zeigt uns Wege, wie wir auch selbst an unserer Heilung mitwirken können. Er zeigt uns, wie wir mit uns selbst und anderen barmherziger werden können.

1. Ich habe ein Formular für dich vorbereitet. Das Formular umfasst sieben Fragen, ungewohnte Fragen, über die du gleich nachdenken kannst. Beginne mit der Frage, die sich für dich am leichtesten beantworten lässt. Schreibe bitte deine Antwort auf diese Frage auf ein Blatt Papier. Notiere alles, was dir einfällt und verlass dich dabei auf deine Intuition. Dabei gibt es kein Richtig oder Falsch, und du brauchst deine Notizen niemandem zu zeigen. Sie sind nur für dich bestimmt. Vielleicht wirst du von manchen Antworten überrascht sein,
   Du kannst dann später zu deinen Antworten zurückkehren, um zu entscheiden, ob du sie noch vertiefen willst oder ob du Konsequenzen daraus ziehen möchtest.
   Nimm dir für jede Frage bzw. für deine Antwort darauf ein neues Blatt. Beachte bitte deine Gefühle, während du schreibst. Vielleicht erlebst du hier und da Trauer, weil du deine Antwort auf die Frage so lange zurückgehalten hast. Vielleicht erlebst du Erleichterung, weil du Antworten findest, die dir Raum geben. Du musst jetzt nicht alle Fragen «abarbeiten». Lass dir Zeit und wähle die Fragen, die sich jetzt für dich aufschließen. Es kann auch sein, dass du erst später eine Antwort auf die eine oder andere Frage findest.
   Lass dir für deine Meditation eine halbe Stunde Zeit.

2. Komm nun bitte mit einem Partner zusammen und tausche dich mit ihm aus:

- Wie hast du dich bei deiner Meditation über diese sieben Fragen gefühlt?
- Jesus sagt: Ich bin der Weg, die Wahrheit und das Leben.
- Mit wem sprichst du sonst über solche Fragen?
- Was bedeutet es für dich, «barmherzig» zu sein – mir dir selbst und mit anderen?

Vorschläge für das Schlussgespräch

- Welche Einsichten waren für mich wichtig?
- Was ist für mich offen geblieben?
- Welche Fragen möchte ich für mich weiter vertiefen?

Was ist mir wichtig in meinem Leben?

Viele wichtige Veränderungen in unserem Leben entstehen spontan und sind nicht das Resultat gründlichen Nachdenkcns. Wir folgen einfach unserer Intuition. Es kann praktisch sein, in gewissen Abständen das eigene Leben zu überprüfen und etwas systematischer vorzugehen.
Folgende Fragen können dir helfen zu erkennen, was du in deinem Leben verändern solltest:

1. Was ist in mir tot und sollte längst begraben werden? Woran hänge ich immer noch?
2. Wo bin ich entblößt, erfahre ich mich nackt?
3. Wo bin ich gefangen und befangen? Was habe ich an mir zu befreien?
4. Wo ist es nötig, dass ich mich auf den Weg zu einer Versöhnung mache?
5. Wonach hungere und dürste ich? Wohin geht mein sehnendes Suchen?
6. In welchen Situationen und Zusammenhängen erlebe ich mich fremd?
7. Wo erlebe ich mich verletzt, bedürftig, krank und nach Heilung suchend?

Kapitel 7
DAS GÖTTLICHE KIND

…empfangen durch den Heiligen Geist…

Von einer Jungfrau ist die ganze Welt gemacht,
durch eine Jungfrau wird sie neu und wiederbracht.
(Angelus Silesius)

7.1 Wo der Himmel die Erde berührt

«...geboren von der Jungfrau Maria...» Beim Sprechen des Glaubensbekenntnisses habe ich als junger Pfarrer bei diesen Worten geschwiegen. Ich konnte sie nicht mit meiner intellektuellen Redlichkeit vereinbaren. Ich habe geschwiegen, zunächst trotzig, später ratlos, endlich fragend.
Schließlich fragte ich mich, ob es nicht auch an meiner eingeschränkten Wahrnehmung liegen könnte, dass ich nicht verstand, was das bedeutet: «...geboren von der Jungfrau Maria...» Ich wusste zwar: Der Mythos der Jungfrauengeburt galt als eine besondere Auszeichnung. Diese Vorstellung kannten die antiken Ägypter und Inder, die Griechen und die Germanen. Die Religionsstifter wurden herausgehoben, als «von einer Jungfrau geboren». Doch mein intellektuelles Wissen half mir nicht weiter, bis mich ein Gedicht fand von einer Frau aus Leipzig, Jutta Ahlemann. Ich habe sonst nie wieder etwas von ihr gelesen, aber ihre Worte brachten mich einen guten Schritt weiter: «Geheimnis, Schönheit, die sich hinter Schleiern verbirgt», schreibt sie, «...ohne Geheimnis kann die Weite nicht leben und nicht das offne Wort.» Ich sinne nach: Was bedeuten Geheimnisse für mich? Und: Wer hat mich wann in welches Geheimnis eingeführt?
Die Menschen des Altertums hatten ein Gefühl für das Mysterium, für das Geheimnis. Sie malten ihre Bilder des Nichtdarstellbaren in den Farben, die sie kannten. Wie sollte auch das Unsagbare anders gesagt werden als mit Worten, die sagbar sind?
Die Evangelisten Matthäus und Lukas erzählen auf ihre Weise von der Schwangerschaft der Maria, einfühlsam, widersprüchlich, geheimnisvoll. Matthäus erzählt vom Erschrecken des Joseph, Lukas vom glaubenden Staunen der Maria. Die Evangelisten Markus und Johannes, und auch Paulus, schweigen. Kein Wort von der Jungfrauengeburt. Und doch zeichnen sie von Jesus das Bild des «Gottessohnes».
Eine vielschichtige Erzählung verändert zwangsläufig ihren Sinn, wenn sie im Laufe der Jahre zu einem Dogma zusammengepresst wird. Das Mysterium wird nicht länger Mysterium bleiben. Eine vielfarbige Geschichte hat mehr als nur einen Sinn. Wird sie zum Dogma erhoben, kann menschliche Erfahrung sie

kaum mehr berühren. Mit solch einem Dogma kann man sich den Anspruch des «geboren von der Jungfrau Maria» im wahrsten Sinne «vom Leib halten».
Der erotische Charme und die Lebenskraft der Botschaft, die überbracht werden soll, verschwindet. Platz greifen dafür mehr und mehr sexualfeindliche Lehrsätze und Praktiken. Kein Wunder, dass sich die biologische Frage (Wie soll das zugehen?) durch die Hintertür einschleicht.
Was bleiben könnte für mich, für uns, ist das Bild: Der Geist lässt Ungeahntes möglich werden. Heiliger Geist lässt uns zu Neuem aufbrechen, wir sind «guter Hoffnung». Mit Jungfräulichkeit umschreiben wir gleichsam einen Lebenszustand: Die Bereitschaft, Platz für Großes, für wahrhaft «Göttliches» zu haben. Und wir sprechen zugleich auch von einer Reinheit, die zu unserem innersten, gottgewollten Wesen gehört und die uns doch immer wieder entschwindet.
Unser Horizont reicht immer nur bis dahin, wo der Himmel die Erde berührt. Was dahinter ist, erfahren wir erst, wenn wir weitergehen. Mit dem Geheimnis, des «empfangen durch den heiligen Geist, geboren von der Jungfrau Maria...» versuchen wir zu umschreiben, wie das ist, wenn das Unsagbare sagbar wird, wenn der Himmel die Erde berührt.

Der Romantiker Eichendorff malt dieses Bild in seiner Weise unnachahmlich und bewegend:

Es war als hätt der Himmel
die Erde still geküsst...
...
Und meine Seele spannte
Weit ihre Flügel aus,
Flog durch die stillen Lande,
Als flöge sie nach Haus

Diese Worte Eichendorffs könnten außer auf Friedhöfen auch in Entbindungsstationen zu lesen sein. Sie sind romantisch und mystisch zugleich.

7.2 Eva und Maria

Ziele

Die Bibel ist kein Dokument des Glaubens, das die Gleichwertigkeit von Männern und Frauen betont. Sie ist von Männern und in erster Linie für Männer geschrieben. Männer sind für die Bibel, vor allem im Ersten Testament, unbestreitbar das wertvollere Geschlecht. So heißt es 3. Mose 12, 2–5: «Wenn eine Frau einen Sohn geboren hat, dann soll sie sieben Tage unrein sein, am achten Tag soll der Junge beschnitten werden, und dann benötigt die Frau weitere 33 Tage, ehe sie wieder rein ist. Wenn sie dagegen eine Tochter geboren hat, soll sie 14 Tage unrein sein, und anschließend braucht sie 66 Tage, bis sie wieder ganz rein ist.» Man kann sich nur schwer dem Eindruck entziehen, dass die Söhne in der Bibel doppelt so wertvoll waren wie Töchter. In solch eine Welt wird Gott einen Sohn schicken, um sie zu retten. Wir wissen nicht, warum er darauf verzichtet hat, uns eine Tochter zu schicken. In der ganzen Bibel kommt das Wort «Tochter» 560-mal vor, das Wort «Sohn» dagegen 3.420-mal. Wir lesen das Wort «Mutter» 345-mal und das Wort «Vater» 1.685-mal. Das weibliche Personalpronomen «sie» finden wir 760-mal, und das männliche Personalpronomen «er» 7.500-mal. Lauter Zahlen, die den Vorrang der Männer betonen. Schon in der frühen Christenheit mussten Frauen mit dieser Ungerechtigkeit leben. Es war schwer für sie, sich wertvoll zu fühlen und ihren Begabungen und ihrer Stimme in einer männlich bestimmten Welt Gehör zu verschaffen.
Die Herabsetzung von Frauen ist sicher zeitbedingt, aber sie hat die gesamte abendländische Kultur durchdrungen. Davon wissen wir heute viel und könnten lange dazu erzählen.

Wir werden uns der folgenden Übung mit den beiden prominentesten Frauen der Bibel beschäftigen, mit Maria und Eva. Sie sind in der Religionsgeschichte fast immer Rivalinnen gewesen. Auch heute scheint es so zu sein, dass sie in ihrer Polarisierung Frauen zwei Möglichkeiten zur Identifikation bieten. Beide sind – für sich genommen – unbefriedigend. Holzschnittartig vergröbert sieht das in der Geschichte des Christentums so aus:
Eva ist die Mutter des Bösen. Sie war ungehorsam und sexuell sündig. Im Verlust ihrer Unschuld vollzieht sich der Sündenfall für die ganze Menschheit.
Maria dagegen ist die Mutter Gottes. Sie war gehorsam und jungfräulich. Ihr reiner, unberührter Leib macht es der gesamten Menschheit möglich, Erlösung durch Gottes Gnade zu finden.
Eva war ungehorsam. Durch den Ungehorsam dieser einen Frau kam die Sünde

in die Welt. Eva gehorchte dem Befehl Gottes nicht und rief damit den Tod in die Welt. Sie weigerte sich zu gehorchen und aß die Frucht, die sie nicht essen durfte. Und sie gab Adam davon.
Maria praktizierte Gehorsam. Durch den Gehorsam dieser einen Frau konnte der Erlöser in die Welt kommen. Marias Gehorsam brachte der Menschheit das ewige Leben zurück. Sie sagte: «Dein Wille geschehe.»
Eva lebte ihre Sexualität. Sie schlief mit Adam. Ihr Körper verführte den unschuldigen Mann zur Sünde. Sie wurde aus dem Paradies vertrieben als Versucherin und Verführerin. Maria bewahrte ihre Jungfräulichkeit. Sie ließ sich von keinem Mann berühren. Ihr Körper ist für alle Ewigkeit bedeckt und kennt kein Verlangen. Sie residiert im Himmel als Madonna und als das Urbild einer reinen Jungfrau.
Eva ist die gefallene Mutter. Sie musste ihre Kinder mit Schmerzen zur Welt bringen. Maria ist die heilige Mutter. Sie musste bei der Geburt nicht leiden. Sie gebar Jesus freudig, begleitet vom Gesang der Engel.
Kurz: Eva ist die menschliche Mutter. Gott hat sie geschaffen. Maria ist die himmlische Mutter. Sie hat Gott geboren.

In dieser Übung wollen wir die beiden Frauen gegenüberstellen, damit die Teilnehmer und Teilnehmerinnen ihre Erfahrungen mit beiden betrachten und bedenken können. Um ein erfülltes Leben führen zu können, müssen Frauen diese beiden gegensätzlichen Bilder miteinander verschmelzen und integrieren. Die beiden Einzelbilder für sich genommen sind in der seelischen Auswirkung für Frauen verletzend und einschränkend. Für Männer sind sie ebenfalls schädlich, weil sie zwei Frauenbilder zeichnen, die das gleichberechtigte Leben zwischen den Geschlechtern verhindern.

Anleitung

In der Bibel wird viel von berühmten und wichtigen Männern erzählt, aber nur verhältnismäßig wenig von Frauen, die auch heute noch allen bekannt sind. Dazu gehören Eva und Maria.

1. Welche Erinnerungen aus eurer Kinder- und Jugendzeit verbindet ihr mit diesen beiden Frauengestalten der Bibel? Wie seid ihr auf sie aufmerksam gemacht worden? Welche Geschichten habt ihr von ihnen gehört? Wie war eure ganz persönliche Beziehung zu diesen Frauen? Waren sie für euch ein Vorbild?... (10 Minuten)

2. Teilt euch bitte in zwei Gruppen auf. Achtet bitte darauf, dass die Anzahl der weiblichen Teilnehmer in jeder Gruppe gleich ist. Jede Gruppe soll eine le-

bende Skulptur schaffen. Die eine Gruppe wird das Bild von Eva darstellen und die andere Gruppe das Bild von Maria. Findet zuerst eine Frau, die bereit ist, Eva bzw. Maria zu verkörpern. Arbeitet dann gemeinsam daran, ein möglichst treffendes Bild dieser beiden Frauen zu erzeugen. Alles ist wichtig: die Körperhaltung, die Haltung von Armen und Händen, der Gesichtsausdruck, die Kleidung. Wenn ihr an den Statuen arbeitet, sprecht bitte darüber, was euch zu bestimmten Vorschlägen oder Veränderungen führt. Arbeitet bitte in getrennten Räumen und lasst euch eine Viertelstunde Zeit.

3. Kommt wieder in der Gesamtgruppe zusammen und bringt eure «Statuen» mit. Stellt sie in der Mitte des Kreises wieder im Originalzustand auf, so dass sie einander gegenüber stehen.
   - Was fällt euch auf?
   - Was berührt euch an der Statue der anderen Gruppe?
   - Welche Gedanken und Gefühle rufen beide Frauenbilder in euch wach? (10 Minuten)

4. Eva und Maria haben bisher geschwiegen. Sie sollen jetzt zu Wort kommen. Unterhaltet euch als Eva und Maria eine Weile. Vielleicht beginnt ihr damit, dass ihr einander erzählt, wie ihr von eurer Gruppe aufgestellt und zurechtgemacht worden seid. Was ist euch dabei aufgefallen? Wie fühlt ihr euch in eurer Position? Wenn ihr euch unterhaltet, könnt ihr auch Veränderungen in eurer Körperhaltung vornehmen. Vielleicht wollt ihr auch darüber sprechen, wie ihr mit eurer biblischen Rolle zufrieden seid, was euch daran gefällt, bzw. nicht gefällt. Wie stellt ihr euch die Zukunft vor, wenn ihr auch «die andere Hälfte des Himmels» gewinnt? (5–10 Minuten)

Vorschläge für das Schlussgespräch

- Wie hat diese Übung auf die männlichen Gruppenmitglieder gewirkt?
- Wie hat diese Übung auf die Frauen in der Gruppe gewirkt?
- Welche Gefühle sind dabei entstanden?
- Wie ist mein Frauenbild durch diese biblische Polarität geprägt?
- Ist meine eigene Mutter Eva oder Maria ähnlicher?
- Welche Anregung nehme ich aus dieser Übung mit?

7.3 Wenn du mich anblickst, werd' ich schön

Ziele

Von vielen Mystikern und vor allem Mystikerinnen wird die lebensbejahende und lebensgestaltende Kraft der Erotik betont. Göttliche und menschliche Liebe können in ihr übereinstimmen. Ähnlich wie im Hohelied des Salomo wird die Liebe zu Gott als erotische Liebe besungen und getanzt. In der Anziehung zwischen Mann und Frau spiegelt sich die Anziehung zwischen Gott und Mensch.
Diese Tradition wurde in der Geschichte des Christentums (anders als etwa im Hinduismus) klein gehalten, unterdrückt. Dass die Taube als Symbol des Heiligen Geistes ursprünglich das Symbol der erotisch-weiblichen Sinnlichkeit war, ist heute nur noch wenigen bewusst. Die Sexualität wurde weitgehend kanalisiert oder abgespalten, für unrein erklärt und als Mittel der Macht missbraucht.
Heute wird eine lebensbejahende und lebensfreundliche Einstellung zu Erotik und Sexualität mehr und mehr entdeckt. Was das alte Wort «Gnade» meint, wird mit Zärtlichkeit beschrieben. Was das umfassende Wort «Erbarmen» sagt, wird heute wieder als «Rückkehr in den Mutterschoß Gottes» erkannt. Zärtlichkeit und Vereinigung geschieht zwischen Gott und Mensch ebenso wie zwischen Menschen – in der Poesie und im Gebet. Es ist nicht dies *oder* jenes und nicht dieses *und* jenes. Es ist beides ineinander und doch nicht vermischt. Göttliche und menschliche Liebe, beide haben eine eigene Stimme und bilden doch zusammen einen Akkord.

In dieser Übung werden wir versuchen, den Einklang der beiden Stimmen zu hören und intuitiv, künstlerisch zu antworten. Wir übersetzen jede Stimme in Farbe oder auch in mehrere Farben und gestalten so ein altes türkisches Ornament aus. (Die alten islamischen Ornamente waren die Wegbereiter der gotischen Kirchenfenster.) Wir finden eine vorgegebene Struktur, innerhalb derer wir uns frei bewegen können.
Bei diesem meditativen Malen können Erinnerungen in uns aufsteigen oder Einsichten reifen. Wir können aber auch einfach nur Freude darüber empfinden, dass wir die beiden Stimmen der Liebe hören und dass wir ihnen antworten können.

Wir geben den Teilnehmern zwei Blätter aus mit anregenden Worten zur göttlich-menschlichen Erotik vom Mittelalter bis zur Gegenwart (Seite 124f.). Sie können dann entscheiden, ob sie eines dieser Worte oder mehrere in Farbe übersetzen wollen oder ob sie frei mit den Farben umgehen möchten.
Sie brauchen für jeden Teilnehmer Farbstifte, eine Kopie des Ornaments von

Seite 126 und die beiden Textblätter. (Falls Sie mehr oder andere Worte wünschen, empfehlen wir zur Auswahl: «Im Spiegel der Seele», hrsg. von E. Hense, besonders Seite 290 ff.)

Anleitung

Der alte Mythos, der erzählt, dass Jesus von einer Jungfrau geboren wurde, ist rational nicht zu erklären. Es ist, wie Eichendorff sagt «als hätt' der Himmel die Erde still geküsst.» Es ist ein Geheimnis, und es bleibt ein Geheimnis um Liebe, um Zärtlichkeit, um Einswerden. Dieses Geheimnis werden wir nie erklären können. Wir können es nur nachempfinden. Viele Mystiker und Mystikerinnen haben es nachempfunden. Sie haben den beiden Stimmen, der göttlichen Liebe und der menschlichen Liebe Worte geliehen.
Ich möchte euch zur Einstimmung vorlesen, was sie sagen und was sie dichten. Dieses Blatt werde ich euch nachher geben.
Außerdem bekommt ihr ein Blatt mit einem alten (türkischen) Ornament. Ihr könnt es als Grundlage für ein Bild der menschlichen und der göttlichen Liebe nehmen. Dieses Ornament gibt euch eine Struktur vor – so wie ihr im Leben oft schon eine Struktur vorgegeben bekommt oder wie ein gotisches, bemaltes Kirchenfester, das dem Licht eine Struktur gibt.

1. Such dir eine Farbe aus, die für dich die göttliche Liebe symbolisiert und eine Farbe für die menschliche Liebe. Zeige, wie die göttliche und menschliche Liebe aufeinander zugehen, wie sie getrennt bleiben und sich doch vereinigen. Du brauchst dir keinen Plan zu machen. Hör nur auf die Stimmen und lass die Farben antworten.
   Du kannst in deinem Bild Erfahrungen ausdrücken, die du selbst mit göttlicher und menschlicher Liebe gemacht hast. Du kannst dir aber auch ein Wunschbild malen, das du gern erleben möchtest. Du brauchst dir keinen Plan zu machen, wie es sein soll. Die Liebe lässt sich nicht berechnen oder messen. Wir können sie nicht festhalten. Aber wenn wir leise genug sind, können wir sie hören. Die Liebe ist ein Wunder, das wir gerne ergründen möchten. Aber sie ist stark wie der Tod, und sie schenkt uns immer wieder neue Antworten.
   Wenn du möchtest, kannst du dir auch eine weitere Kopie des Ornamentes holen. Während du hörst und malst, kannst du sicher sein, dass du dein Bild niemals gleich malen würdest, sondern jeden Tag anders und neu. Nimm dir für das Malen zwanzig Minuten Zeit.

2. Kommt nun bitte in Quartetten zusammen und sprecht über das, was ihr erlebt habt. Zeigt euch gegenseitig eure Bilder:

- Können die Farben etwas sagen, das ich mit Worten nicht sagen kann?
- Kommt es in meinem Bild zur Vereinigung?
- Ereignet sich auch so etwas wie eine Geburt?
- Welche Gedanken und Erinnerungen sind mir bewusst geworden?

Vorschläge für das Schlussgespräch

- Wie hat mir diese Arbeit gefallen?
- Konnte «meine Seele ihre Flügel weit ausspannen»?
- Unterscheiden sich die Bilder der Mädchen/Frauen von denen der Jungen/Männer?
- Was nehme ich aus dieser Übung mit?

Erotische Worte der Mystik

Wenn du mich anblickst, werd' ich schön,
schön wie das Riedgras unterm Tau.
Wenn ich zum Fluß hinuntersteige,
erkennt das hohe Schilf mein sel'ges
Angesicht nicht mehr.
Ich schäme mich des tristen Munds,
der Stimme, der zerriss'nen, meiner
rauhen Knie.
Jetzt, da du mich, herbeigeeilt, betrachtest,
fand ich mich arm, fühlt' ich mich bloß.
Am Wege trafst du keinen Stein,
der nackter wäre in der Morgenröte
als ich, die Frau, auf die du deinen Blick geworfen,
da du sie singen hörtest.
Ich werde schweigen. Keiner soll mein Glück
erschaun, der durch das Flachland
schreitet,
den Glanz auf meiner plumpen Stirn nicht einer sehen,
das Zittern nicht von meiner Hand...
Die Nacht ist da. Aufs Riedgras fällt der Tau.
Senk lange deinen Blick auf mich. Umhüll mich zärtlich durch dein Wort.
Schon morgen wird, wenn sie zum Fluß hinuntersteigt,
die du geküßt, von Schönheit strahlen.
(Gabriela Mistral)

Als der heilige Geist den Menschen das Lied der geistlichen Liebe schenken wollte, hat er diese Wirklichkeit, die ganz geistlich, ja göttlich ist und sich im Innern abspielt, in die Bilder der fleischlichen Liebe gekleidet.
(Wilhelm von Saint Thierry)

Das Paradies ist Liebe. Jeder Liebende war für kurze Augenblicke im Paradies. Wer aber in der Liebe Gottes lebt, der lebt immer dort. Auch die menschliche Liebe ist ein schwacher Schimmer der Ewigkeit. Man sieht undeutlich die Ewigkeit durch diese Flüchtigkeit hindurchscheinen.
(Ernesto Cardenal)

Alle Blumen und Blüten sind offenbar ohne Ausnahme Geschlechtsorgane.
(Guy Murchie)

O Herr, minne mich gewaltig und minne mich oft und lang: je öfter du mich minnest, um so reiner werde ich; je gewaltiger du mich minnest, um so schöner werde ich; je länger du mich minnest, um so heiliger werd ich hier auf Erden.
(Mechthild v. Magdeburg)

Weinend sagte Franziskus eines Tages zu Gott:
Ich liebe die Sonne und die Sterne
Ich liebe Klara und ihre Schwestern
Ich liebe das Herz der Menschen
Und alle schönen Dinge – Herr
Du musst mir verzeihen
Denn nur dich sollte ich lieben.

Lächelnd antwortet Gott:
Ich liebe die Sonne und die Sterne
Ich liebe Klara und ihre Schwestern
Ich liebe das Herz der Menschen
Und alle schönen Dinge – mein Franziskus
Du musst nicht weinen
Denn das alles liebe ich auch.
(Klara und Franziskus)

7.4 Die Versuchung der Maria

Ziele

Im Neuen Testament wird das Bild von Maria, der Mutter des Gottessohnes, verhältnismäßig blass gezeichnet. Sie erscheint in den Geburtsgeschichten und dann nur noch am Rande. In der katholischen und der orthodoxen Tradition wird das Bild der Maria, der Gottesgebärerin, vielfarbig ausgemalt. Die englische Kriminalautorin Agatha Christie hat eine besondere Würdigung der Mutter Jesu geschaffen. Sie erfindet eine Begegnung zwischen Luzifer (deutsch: der Lichtträger) und Maria. Luzifer tritt in der Maske eines strahlenden Engels auf und zeigt Maria die wichtigsten Stationen im Lebensweg ihres neugeborenen Sohnes. Luzifer möchte den Plan Gottes durchkreuzen und Maria dazu bringen, ihr Kind Gott zurückzugeben. Es gelingt ihm auch, Maria in einen schmerzlichen Konflikt zu stürzen. Aber in diesem inneren Kampf zeigt Maria erstaunliche Qualitäten. Sie akzeptiert Gottes Plan, auch wenn sie dadurch in Kauf nimmt, dass ihr Sohn leiden muss und sie ihn am Ende verlieren wird.

Für den Leser ist Agatha Christies Geschichte sehr aufschlussreich. Sie zeigt, dass es Versuchungen gibt, die an unsere besten Seiten appellieren. Auf geheimnisvolle Weise versteht es Maria, der Versuchung durch Luzifer zu widerstehen.

Wie benutzen diese Geschichte als spirituelles Muster und Vorbild. Wir fordern die Teilnehmer auf, die wichtigsten Qualitäten und Stärken der Heldin herauszufinden. Dabei rechnen wir damit, dass es in der Gruppe eine durchaus kontroverse Diskussion geben kann. Unserer Meinung nach zeigt Maria folgende persönliche Stärken: Liebe, Vertrauen, Demut und Leidensbereitschaft.

Sie benötigen für jeden Teilnehmer eine Kopie des Textes «Die Versuchung». (Siehe Seite 129 ff.) Diese Version ist eine komprimierte Nacherzählung der Originalgeschichte.

Anleitung

Besonders protestantische Gläubige haben ein verkürztes Bild der Gottesmutter Maria. Wir machen uns nicht allzu viele Gedanken, wer diese Frau war, die die Mutter des Gottessohnes ist. Wir stellen uns nicht vor, mit welchen Gedanken und Empfindungen sie die ungewöhnliche, tragische Geschichte ihres Sohnes begleitet hat. Aber ich glaube, dass jeder von uns eine Menge von Maria lernen kann. Darum möchte ich euch eine Geschichte erzählen (bzw. vorlesen), die Agatha Christie, die Autorin vieler weltberühmter Kriminalromane, geschrieben hat. Die Geschichte heißt «Die Versuchung».

1. (Am besten erzählen Sie diese Geschichte frei, weil die Wirkung auf die Gruppenmitglieder dann stärker ist. Falls Sie die Geschichte vorlesen, sollten Sie ganz langsam lesen. Der gekürzten Fassung fehlt die Redundanz, die die Geschichte – die Originalfassung ist dreimal so lang – zur Entfaltung braucht.)

2. Ich werde jedem von euch jetzt den Text der Geschichte geben, damit ihr noch einmal nachlesen könnt, was euch besonders wichtig erscheint.
   Überlege nun ganz für dich allein, welche menschlichen oder charakterlichen Qualitäten du im Verhalten von Maria ganz besonders schätzt. Deine Notizen kannst du am Ende der Geschichte aufzeichnen. Du kannst dir auch kurze Begründungen dazu schreiben. Dafür hast du zehn Minuten Zeit.

3. Und nun kommt bitte in Quartetten zusammen, nehmt euch Papier und Filzschreiber. Findet gemeinsam die drei wichtigsten Stärken und menschlichen Qualitäten, die Maria befähigen, der Versuchung durch Luzifer zu widerstehen. Dann könnt ihr gemeinsam versuchen, diese drei Stärken in eine Rangfolge zu bringen. Ihr könnt bestimmen, welche Stärke eurer Meinung nach für Marias Standhaftigkeit besonders ausschlaggebend war. Ihr habt für eure Arbeit zwanzig Minuten Zeit.

4. Rufen Sie die Gruppen wieder zusammen und lassen Sie die Ergebnisse nacheinander berichten.

Vorschläge für das Schlussgespräch

- Hat auch Luzifer eine persönliche Stärke? Welche könnte es sein?
- Was ist die besondere Stärke von Jesus?
- Welche spirituellen Stärken betont das Neue Testament?
- Welche Stärken hat Gandhi praktiziert?
- Welche Stärke hat Buddha in den Mittelpunkt seiner Botschaft gestellt?
- Welche Stärken braucht die Welt heute?
- Was passiert, wenn in der Erziehung persönliche Stärken nicht genug gefördert/gefordert werden?

Die Versuchung

Maria betrachtete das Kind, das vor ihr lag. Sie war alleine im Stall. Sie war voll Glück, als sie auf das Kind hinablächelte. Da vernahm sie ein Flügelrauschen. Sie erblickte in der Tür einen großen Engel. Von seinem Glanz wurde sie geblendet, so dass sie den Kopf abwenden musste. «Fürchte dich nicht Maria! Ich bin gekommen, um mit dir zu sprechen. Da Gott dich ganz besonders liebt, lässt er dich mit meiner Hilfe die Zukunft sehen.»
Maria blickte auf das Kind: «In seine Zukunft?»
«Ja», antwortete der Engel, «in seine Zukunft. Gib mir deine Hand.»
Maria streckte ihre Hand aus und ergriff die des Engels. «Fürchte dich nicht, Maria, meine Berührung wird dir nicht wehtun.»
Da breitete der Engel seine mächtigen, goldenen Flügel über das schlafende Kind und sprach: «Sieh die Zukunft deines Kindes, Mutter...»
Maria sah einen Garten. Es war Nacht. Ein Mann kniete und betete. In ihrem Herzen wusste sie, dass das ihr Sohn war, der da zu Gott betete. Sie spürte Dank in sich aufsteigen. Doch als sie sein Gesicht voll Schmerz und Verzweiflung sah... Er betete zu Gott, dass dieser Kelch von ihm genommen würde. Aber Gott war fern und schwieg.
Und Maria schrie auf: «Warum antwortet Gott ihm nicht?»
Die sanfte Stimme des Engels antwortete: «Es ist nicht Gottes Ratschluss, ihn zu trösten.»
Maria murmelte zu sich selbst: «Aber er ist doch ein guter Mensch, mein Sohn, ein guter und aufrechter Mensch...»
Und wieder rauschte der Engelflügel. Maria sah drei Männer einen Hügel hinauf Kreuze schleppen.
Der Engel sprach: «Was siehst du jetzt?»
Maria sagte: «Ich sehe drei Verbrecher auf dem Weg zur Hinrichtung.»
Da stolperte der Mann in der Mitte und stürzte. Als er sein Gesicht hob, erkannte Maria ihren Sohn. «Nein, nein, nein!», schrie sie auf. «Es kann nicht sein, dass mein Sohn ein Verbrecher ist!»
Und wieder rauschte der Engel mit dem Flügel. Sie sah drei Kreuze aufgerichtet. In der Mitte ihren Sohn – und sie hörte die Worte aus seinem Mund: «Mein Gott, mein Gott, warum hast du mich verlassen?»
Und Maria schrie: «Nein, nein! Das kann nicht wahr sein. Er kann nichts Böses getan haben! Das ist eine Verwechslung. Er büßt bestimmt für einen anderen.»
Und wieder rauschte der Engel mit seinem Flügel. Maria sah den Hohepriester des Tempels, den sie tief verehrte. Er erhob sich und zerriss mit würdevoller

Geste sein Gewand: «Dieser Mann hat Gott gelästert.»
Und Maria sah den Mann, dem dieser Fluch galt. Es war ihr Sohn.
Da verblassten die Bilder, und Maria schluchzte und bebte: «Ich kann es nicht glauben – ich kann es nicht glauben. Was du mir gezeigt hast, kann nicht die Wahrheit sein.»
Doch der Engel sprach: «Was du gesehen hast, ist die Wahrheit.»
Und Maria erkannte, dass der Engel ihr die Wahrheit gezeigt hatte, die reine Wahrheit. Tränen strömten über ihre Wangen: «Mein Kind, mein Kind. Es wäre besser, du wärest nie geboren, dann wärest du rein und unbefleckt zu Gott zurückgekehrt.»
Und der Engel sprach: «Deshalb bin ich zu dir gekommen, Maria.»
«Was meinst du damit?»
Der Engel antwortete wieder sanft. «Du hast die Zukunft gesehen. Es steht in deiner Macht zu sagen, ob das Kind leben oder sterben soll.»
Maria flüsterte in ihrem Schluchzen: «Gott hat mir das Kind gegeben. Wenn er es mir wieder nehmen will, unterwerfe ich mich Gottes Willen.»
Aber der Engel sprach weiter mit sanfter Stimme: «So ist es nicht. Gott gebietet es dir nicht. Du hast die Wahl. Wähle nun, ob das Kind leben oder sterben soll.»
Maria schwieg eine Weile. Sie blickte zum Engel. Er war golden und schön – aber einen Rat gab er ihr nicht.
Sie rief sich immer wieder die Bilder zurück, die sie gesehen hatte. Sie sah die Bilder jetzt genauer, sie sah Kleinigkeiten. Der Mann am Kreuz zur Rechten hatte kein böses Gesicht, voll Liebe und Vertrauen sah er auf den Mann in der Mitte, in dem sie ihren Sohn erkannt hatte. Sie sah noch einmal das Bild des prächtigen Hohenpriesters. Aber sie sah jetzt mehr das Gesicht des angeklagten Mannes. In seinen Augen, in seinem Gesicht sah sie keine Schuld.
Da sprach der Engel: «Hast du deine Wahl getroffen? Willst du deinem Kind Leid und Sünde ersparen?»
Maria sagte langsam: «Ich verstehe Gottes Ratschluss nicht. Er gab mir mein Kind. Wenn er es mir nimmt, ist es sein Wille. Das Leben meines Kindes gehört ihm – ich habe kein Recht darüber zu bestimmen.»
«Denk noch einmal nach», drängte der Engel. «Gib das Kind in meinen Arm. Ich bringe es zu Gott.»
«Nimm es in deinen Arm, wenn es Gottes Gebot ist. Ich aber werde es nicht hineinlegen.»
Da erhob sich ein mächtiges Flügelrauschen, ein Blitzstrahl flammte auf, und der Engel verschwand.

Ein wenig später kam Joseph. Maria berichtete ihm, was geschehen war.
«Du hast recht getan, Weib. Vielleicht hat der Engel ja gelogen.»
«Der Engel hat nicht gelogen.» Maria wusste es in ihrem Herzen... Aber sie sah nur auf das Kind, das ihr seine winzigen Händchen entgegenstreckte.
Hoch droben im blauen Himmelgewölbe bebte der Engel vor Zorn: «Dass ich bei einem unwissenden Weib versagt habe! Ich werde auf eine neue Gelegenheit warten. Eines Tages, wenn Er erschöpft und hungrig ist, werde ich ihm alle Herrschaft über die Welt anbieten. Er wird sich selbst als die höchste Kraft des Guten erkennen. Dieser Versuchung wird er nicht widerstehen. Er wird mich – wenigstens einmal – anbeten.»
Und Luzifer lachte in seinem Hochmut auf und fuhr wie ein brennender Feuerstrahl durch den Himmel, hinab in die untersten Tiefen...
Im Osten aber traten drei Himmelskundige auf: «Wir haben ein mächtiges Licht am Himmel gesehen», sagten sie. «Ein großer Herrscher muss geboren sein.»
Aber ein alter Sterndeuter wusste: «Das ist kein Zeichen Gottes. Gott hat keine Zeichen und Wunder nötig. Mir scheint es ein Zeichen Satans zu sein. Ich meine, wenn Gott zu uns kommen wollte, dann käme er ganz still.»
Doch die Himmelskundigen machten sich auf den Weg...
(Nach dem Originaltext von Agatha Christie.)

Kapitel 8
DAS DRAMA

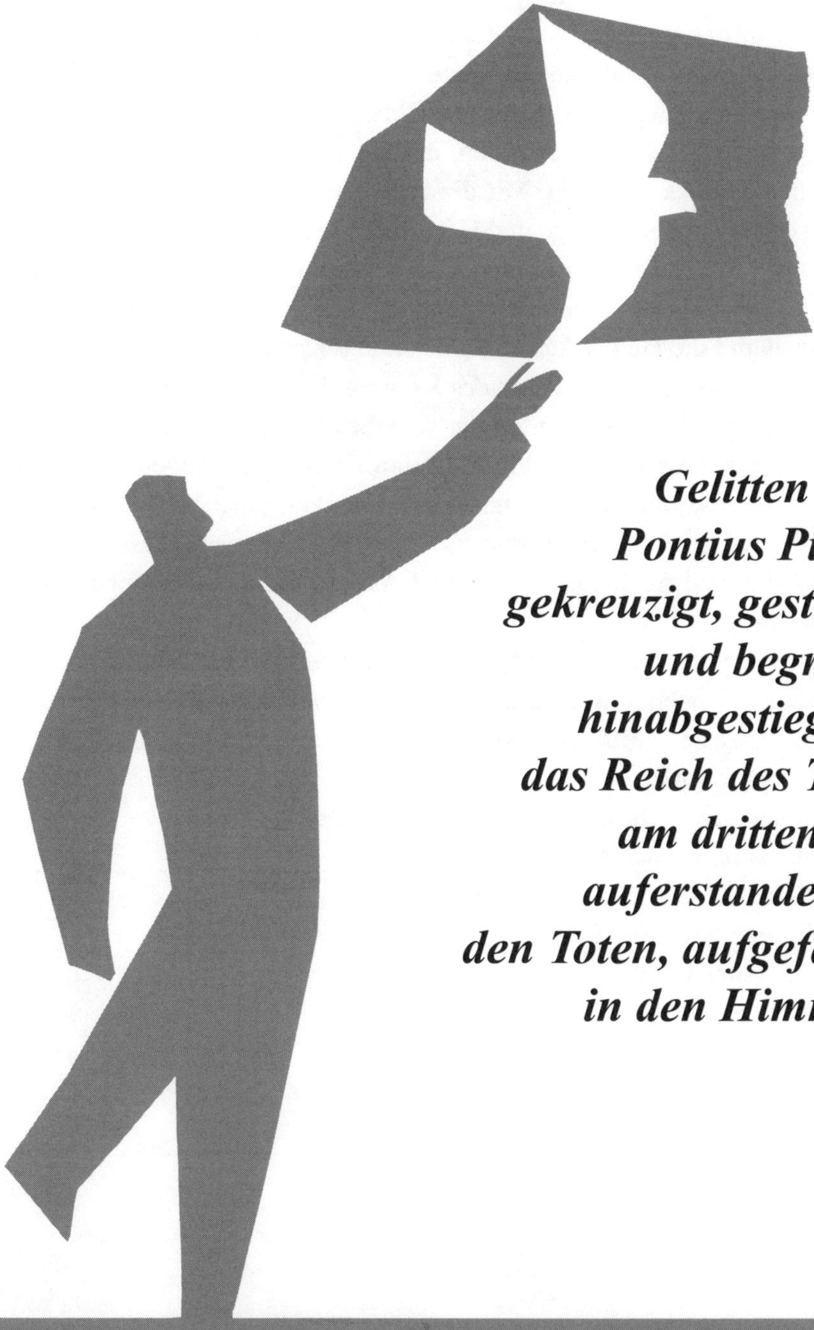

Gelitten unter Pontius Pilatus, gekreuzigt, gestorben und begraben, hinabgestiegen in das Reich des Todes, am dritten Tage auferstanden von den Toten, aufgefahren in den Himmel…

Und das Sinken geschieht um des Steigens willen.
(Kabbala)

8.1 Das Kreuz als Zeichen des vollkommenen Menschen

Viele romanische Kruzifixe zeigen einen Gekreuzigten, der die Arme leidend ausbreitet, zugleich seine Hände segnend öffnet. Für uns ein seltsamer Widerspruch. Doch in diesen Bildern des Leidenden und zugleich Segnend-Umfangenden zeigt sich eine Sicht, die uns heute fremd geworden ist. In unseren Kirchen sehen wir vor allem den leidenden Christus am Kreuz. Das Kreuz von Golgatha ist zu einem Kreuz geworden, in dem fast nur noch das Leiden und der Tod zum Ausdruck kommen. Mit diesen Bildern verfestigt sich der Opfer- und Leidensaspekt in den Köpfen und Herzen der Menschen.

Die Väter und Mütter des christlichen Glaubens haben das Kreuz weniger als Todeszeichen denn als Heilszeichen verstanden. «Im Kreuz ist Heil», sagten sie und meinten damit die Heil stiftende Ganzheit und Kraft dieses Ursymbols. Der gekreuzigte Christus bildet die Mitte des Kreuzes. Er gibt ihm den eigentlichen Sinn: Die Hingabe des Menschen an die Ganzheit des Lebens. Das Kreuz war das Zeichen für das Leben schlechthin. In ihm sind die das Leben bestimmenden Grundsätze zusammengebunden: hell und dunkel, unten und oben, männlich/vertikal, weiblich/horizontal, gut und böse, das Drängend-Aktive und das Ruhend-Passive, und damit: Innenwelt und Außenwelt, ausgespannt zwischen Himmel und Erde.

Diese Gegensätze, die unser Leben ermöglichen und zugleich ausmachen, sind unvermischt und ungetrennt gleichgewichtig zusammengebunden: Das Kreuz wird zum Symbol des vollkommenen Menschen. Der Mensch trägt – als einziges Lebewesen – in seiner Körpergestalt die Struktur des Kreuzes in sich. Das Kreuz ist sein leibliches und damit auch sein geistiges Richtmaß. Leonardo da Vinci hat dies anschaulich mit seinen «Proportionen des Menschen» gezeigt. Dabei bleibt der Mensch auf der Erde. Er gehört zur Erde und kann sie nicht abschütteln.

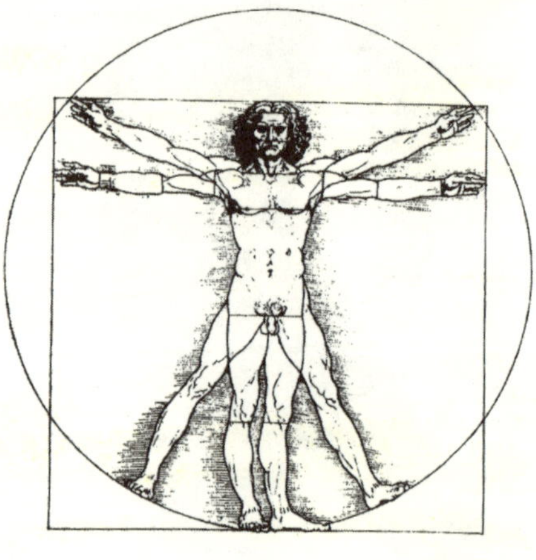

Die ersten Christen sind nicht an dem historischen Kreuz von Golgatha stehen geblieben (z. B. der Evangelist Johannes). Sie haben die Kraft gefunden, den Kreuzestod Jesu universal zu deuten. Das Kreuz, das Folter- und Mordwerkzeug der Mächtigen, bleibt für sie doch auch umfassendes Zeichen des Lebens. Es bleibt Zeichen der Bejahung der widersprüchlichen Schöpfung, in der Tod und Leben zusammengehören. Es bleibt Zeichen des Vertrauens und des Segens: «Ecce homo!», sagt Pilatus im Johannes-Evangelium. «Seht, der Mensch!» In den ersten Jahrhunderten wird das Kreuz Jesu von vielen Kirchenvätern als Heilsgeschehen nahezu euphorisch besungen. Doch ihre Stimmen verstummen bald. Die Leidens- und Erlösungstheologie des Paulus setzt sich durch.
Das Kreuz, das Zeichen des Menschen(sohnes), der in die Welt kommt, um die Schöpfung zu erneuern, wird zum Zeichen des Leidens, zum Zeichen des Todes. Folgerichtig wird die Vertikale des Kreuzes überbetont. Das so genannte Lateinische Kreuz, wie wir es heute kennen, entsteht spätestens zu Beginn des letzten Jahrtausends. Oben und unten wird wichtig. Das Männliche, das Patriarchalische, die Hierarchie werden bestimmend.
Das Kreuz wird ein Herrschaftsinstrument und kann auch die Gestalt des Schwertes annehmen. Die Kreuzzüge und die Eroberungen in Süd- und Mittelamerika zeigen die Blutspur dieses einseitig verstandenen Kreuzes.
Die Bilder eines leidenden Christus sind tief in das christliche Bewusstsein eingegraben. Sie verstellen den Blick auf einen umfassenden Christus, der unendlich viel mehr bedeutet, sie verstellen den Blick auf die Schönheit und die Fülle des Lebens.

Was das Kreuz sein kann, kann ich klarer, vielfältiger sehen, wenn ich mir meiner eigenen Kreuzgestalt bewusst werde: Wenn ich mit weit ausgebreiteten Armen fest auf dem Boden stehe, bin ich offen und verletzbar. In dieser uralten Gebärde nehme ich meine Polaritäten und meine Spannungen wahr. Ich bin aktiv und passiv zugleich. Ich stehe als ganzer Mensch mit all dem, was auf Erlösung wartet, vor meiner Gottheit. Meine Haltung wird zur Gebärde des Betens, der alten Orantenhaltung.
«Alle Gedanken und dein ganzes Gemüt sammle in dies Zeichen… Dann fühlst du es: ganz umspannt es dich, Leib und Seele, nimmt dich zusammen… Wozu? Es ist das Zeichen des Alls, und es ist das Zeichen der Erlösung.» (Romano Guardini)
Es ist Perversion und Unterdrückung pur, dass die Herrscher (des römischen Imperiums) gerade das Zeichen der Hingabe des Menschen zum Folterinstrument missbrauchen, an dem Menschen langsam und qualvoll verrecken. Golga-

tha zeigt zusammen mit Tausenden, mit Millionen anderer Kreuze die Perversion dieser Todesmacht, von oben nach unten, vertikal, lebensvernichtend.
Wer dabei stehen bleibt, wird von seiner Macht in den Bann gezogen. Das Kreuz aber ist immer mehr gewesen. Seinen ursprünglichen Sinn dürfen wir darüber nicht vergessen. Wir können ihn finden. Der Gekreuzigte bildet die Mitte des Kreuzes und gibt ihm damit den eigentlichen Sinn wieder: Die lebensnotwendige Hingabe des Menschen an die Ganzheit des Lebens.
Eine alte Legende, die in vielen Varianten überliefert ist, zeigt, dass das Kreuz in der Geschichte der Christen immer wieder neu gefunden worden ist. Wir geben diese Legende, die auch vom fünffachen Finden des Kreuzes spricht, in einer vereinfachten Form wieder.

> Adam ist krank, sterbenskrank. Er weiß, dass ihm nur noch eine kurze Frist bleibt. So schickt er seinen spätgeborenen Sohn Seth zum Tor des irdischen Paradieses, um Öl vom Baum des Mitleidens zu erbitten. Der Erzengel gibt Seth ein Zweiglein vom Baum des Lebens. Als Seth zu seinem Vater kommt, ist der schon gestorben. Er pflanzt das Zweiglein auf sein Grab, manche sagen, in seinen Mund.
> Aus dem kleinen Zweig wird ein stattlicher Baum, der über Jahrhunderte wächst. König Salomo lässt ihn fällen, um sein Holz zum Bau des Tempels zu verwenden. Doch beim Bauen ist das Holz stets zu kurz oder zu lang. So wird eine Brücke daraus gebaut. Die Königin von Saba – von der Weisheit des Salomos angezogen – kommt, um den weisen König zu besuchen. Im Traum sieht sie das Holz der Brücke, und sie sieht, wie der Retter der Welt an dieses Holz genagelt wird. Sie geht nicht über die Brücke und sagt Salomo, dass an diesem Holz einer hängen wird, durch dessen Tod das Reich der Juden verderben würde.
> Salomo ließ darauf das Holz tief im Schoß der Erde vergraben. Wieder vergehen viele hundert Jahre. Über dem Holz bildet sich ein Teich mit heilkräftigem Wasser, der das Holz freispült.
> Aus dem so gefundenen Holz fertigt man das Kreuz, an dem Jesus hingerichtet wird. Nach seinem Tod wird es wieder vergraben, für etliche Jahrhunderte. Schließlich erscheint dem Kaiser Konstantin vor einer Schlacht das Kreuz im Traum: «In diesem Zeichen wirst du siegen.» Er ließ ein Kreuz machen, ähnlich dem, das er im Traum gesehen hatte. Sein Gegner Maxentius flieht mit seinen Soldaten, und Konstantin gewinnt die Schlacht bei der milvischen Brücke. Jetzt wird er von allen als Kaiser anerkannt. Er, der heidnische Kaiser, sorgt dafür, dass die Christen, für die das Kreuz heilig ist, in seinem Reich nicht länger verfolgt werden.

Und er schickt seine Mutter Helena nach Jerusalem, um das richtige heilige Kreuz zu finden. Helena sucht und findet schließlich auf Golgatha vor den Toren von Jerusalem drei Kreuze.
Welches ist das Richtige? – Das wahre heilige Kreuz wird daran erkannt, dass es Tote zum Leben erwecken kann. Die Kaisermutter Helena lässt das Kreuz nach Jerusalem bringen.
Bei dieser Legende ist es, als höre man die Antiphon des Venazio Fortunato aus dem 6. Jahrhundert: «Oh strahlendes Kreuz, mit einem Glanz, der über alles steht.»
Die Legende könnte hier zu Ende sein. Es wird aber erzählt, dass es noch einmal geraubt wurde. Der byzantinische Kaiser Heraklius kann es zurückerobern. Er will es wieder nach Jerusalem bringen. Die Tore der Stadt öffnen sich für ihn, aber erst als er seine kaiserliche Rüstung abgelegt hat und barfuß und im Büßergewand um Einlass in die Stadt bittet.
(Nach «Von des Heiligen Kreuzes Findung» aus der «Legenda Aurea».)

8.2 Das Kreuz des Lebens

Ziele

Wir haben nicht nur einen Körper, wir leben in ihm. Unser Körper gibt unserer Existenz eine ganz spezifische Gestalt. Wie wir unseren Körper benutzen, das formt auch unser Bewusstsein. Wir passen uns den Rhythmen der Natur an, an Ebbe und Flut, an Vollmond und Neumond. Wir spüren diese Veränderungen der Natur in unserem Körper, wenn wir voll im Leben stehen oder wenn der Prozess des Welkens beginnt.
Zu unserer besonderen Würde gehört das aufrechte Stehen. Diese Haltung ist unübertroffen. Der erste Mensch der Geschichte, der sich aufrecht auf seine zwei Beine stellte, muss etwas Aufregendes empfunden haben. Eine ganz neue Welt öffnete sich für ihn. Seine Handlungsmöglichkeiten erweiterten sich. Ein neuer Lebensstil war die Folge. Mit unserer aufrechten Haltung beginnt jener Prozess, den wir das menschliche Bewusstsein nennen. Jetzt können wir die Macht des Zufalls schwächen. Wenn wir stehen, können wir unseren Willen stärker benutzen.
Wenn wir stehen, haben wir ganz neue Sinnesempfindungen und eine Neuorientierung für unser Nervensystem. Und auch unsere Beziehung zum Boden und zum Untergrund ändert sich. Unsere Beine tragen uns. Unsere Wirbelsäule hält unseren Kopf hoch, in den Himmel. Der erhobene Kopf schenkt uns Über-

sicht. Wir sind aus dem Meer des Lebens aufgetaucht, und jetzt hören wir die Stimme des Lebens auf neue Weise.
Jeder Mensch trägt ein verborgenes Kreuz in sich. Dieses Kreuz ermöglicht den aufrechten Stand und den aufrechten Gang. Um dieses Kreuz wahrzunehmen, achten wir zunächst auf einen guten Stand, auf einen möglichst fließenden Atem, auf die Wirbelsäule und die Beine als Längsachse, auf die Schultern und Arme als Querachse.
Diese Körperhaltungen entsprechen im Wesentlichen den Elementen der neun Gebetsweisen, wie sie der Heilige Dominikus (um 1170–1221) kannte. Dabei wird die wirkliche Gegenwart Gottes angesprochen, nicht nur die symbolische. Dominikus betont den Zusammenhang von Geistigem und Leiblichem: «Wir sind zu keiner geistigen Regung bereit, ohne dass der Leib daran beteiligt ist.» (Vgl. Wosien, M.-G. «Tanzsymbole in Bewegung», Tafel XIV–XVI.)
Die Körperhaltungen finden sich auch in der «Großen Gebetsgebärde» bei F. X. Jans in «Das Tor zur Rückseite des Herzens» (Seite 80ff.).

In dieser Übung möchten wir das Symbol des Kreuzes nachdrücklich positiv werten. Es gehört sozusagen zum Schöpfungsplan Gottes, der Männer und Frauen wunderbar ausgestattet hat für ein Leben im aufrechten Gang, in Freiheit und Verantwortung. Das im Menschen verborgene Kreuz ermöglicht Gebet und Meditation, die Geste des Segnens und die Liebe zum Nächsten.

Anleitung

Auch in unserem Körper können wir die Architektur des Kreuzes entdecken. Das körperliche Kreuz ist ein Kreuz des Lebens, weil es uns gestattet, aufrecht zu stehen und zu gehen. Diese Haltung ist die Voraussetzung für unser Bewusstsein, für die Wissenschaft und für unsere Fähigkeit zu beten. Wir kennen alle die Symbolik des Kreuzes als Zeichen von Leid und Erlösung. Unser Leben kann jedoch viel intensiver sein, wenn wir uns daran erinnern und erinnern lassen, dass unser Körper das Geschenk Gottes ist, das durch das Kreuz des Lebens gewürdigt und ausgezeichnet ist. Unsere Wirbelsäule und unsere Beine bilden die Längsachse dieses Kreuzes, und Schulter und Arme die Querachse.

Bitte stellt die Stühle an den Rand und verteilt euch gleichmäßig im Raum. Wenn ihr bereit seid, zieht eure Schuhe aus, damit ihr eure Füße besser spüren könnt. Sorgt dafür, dass jeder so viel Platz hat, dass er seine Arme ausbreiten kann, ohne irgendwo anzustoßen.
Ich werde euch gleich auffordern, verschiedene Körperhaltungen einzunehmen und euer Bewusstsein auf euren Körper zu richten.

1. Der Stand

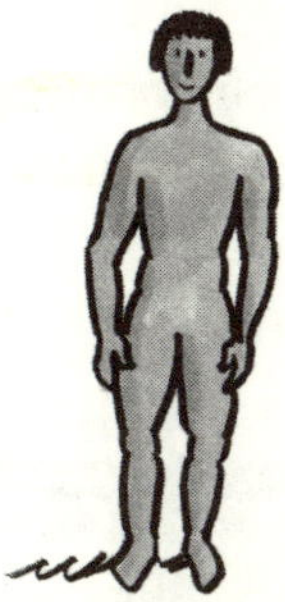

Stellt euer Gewicht gleichmäßig auf beide Füße. Nehmt wahr, wie ihr von der Erde getragen werdet. Ihr könnt euch vorstellen, dass eure Füße in der Erde verwurzelt sind. Nehmt wahr, wie ihr aufgerichtet seid, in der Längsachse, von unten nach oben, von oben nach unten. Achtet darauf, dass ihr wirklich einen festen Stand habt und dass euer Atem leicht fließend strömt. Wenn ihr möchtet, könnt ihr euren Füßen zulächeln.

2. Die Längsachse

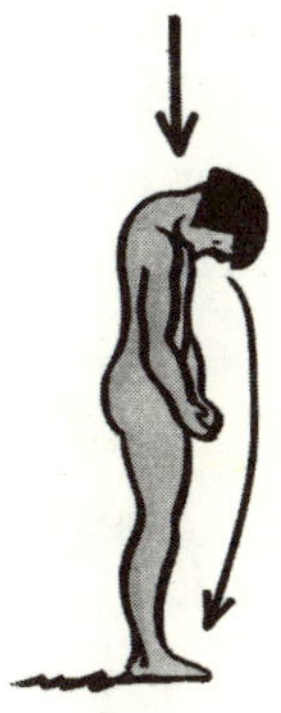

Das Becken ruht entspannt über den Hüftgelenken. Die Wirbelsäule richtet sich vom Kreuzbein (os sacrum!) her, Wirbel für Wirbel auf, entlang der Längsachse. (Lassen Sie jeden sein eigenes Kreuzbein ertasten, damit er weiß, wo es sich befindet.) Auf dem obersten Wirbel ruht der Kopf wie eine Krone.

Wir sind mit unserer Konzentration bei unserer Wirbelsäule. Verschränkt eure Arme vor der Brust. Lasst jetzt zunächst das Kinn auf die Brust sinken. Danach beugt weiter langsam Wirbel für Wirbel nach unten, bis ihr die Spannung in den Kniekehlen und im Kreuzbein spürt. Geht noch ein bisschen weiter in die Spannung. Richtet euch dann langsam, Wirbel für Wirbel, wieder auf. Wenn ihr oben angekommen seid, entschränkt die Arme.

Nehmt euch in eurer Gestalt von innen her wahr. Spürt euer Aufgerichtetsein. Lasst den Atem in euch hineinfließen und euch von seiner Kraft durchströmen.

3. Die Querachse

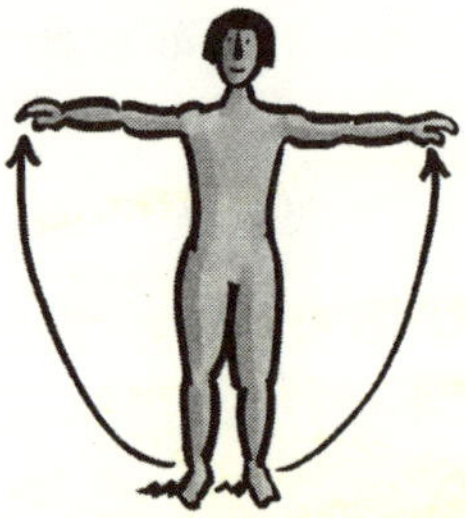

Lasst eure Arme nach unten hängen und gebt die Schultern frei. Tastet mit den Fingerkuppen zu den Außenkanten der Füße. Stellt euch vor, die Fingerkuppen wären mit leichten Gummibändern an den Außenkanten der Fußsohlen festgemacht. Erspürt das Kraftfeld zwischen den Händen und den Füßen.

Hebt ganz langsam eure Arme, Atemzug um Atemzug. Die Handinnenflächen weisen dabei nach unten. Hebt eure Arme ganz langsam bis sie horizontal ausgespannt sind.

Erspürt die Kreuzform eurer Leibgestalt. Streckt euch noch ein bisschen weiter aus. Nehmt wahr, wie ihr ausgespannt seid in eurer Polarität: links – rechts, geben – nehmen, loslassen – festhalten, männlich – weiblich, hinten – vorne, oben – unten, und welches Gegensatzpaar immer auch in euch wirkt und nach allen Seiten an euch zieht. Spürt den Gegensätzen nach. Und spürt die Achse eurer Personenmitte, die diese Gegensatzpaare aushält. Und wenn ihr möchtet, so lächelt eurer Mitte zu. Verweilt einige Atemzüge in dieser Haltung. Dreht dann eure Handinnenflächen nach oben.

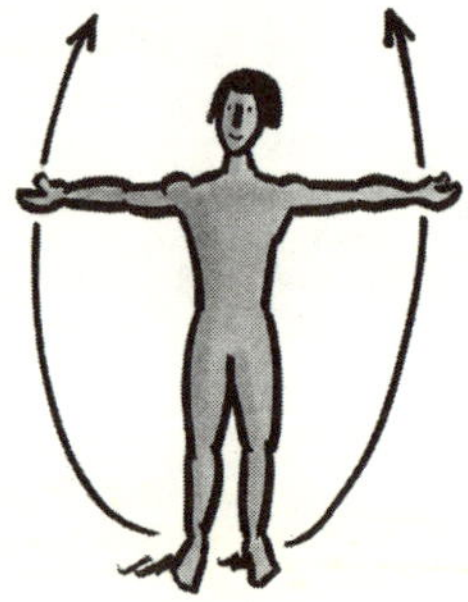

4. Die Abrundung

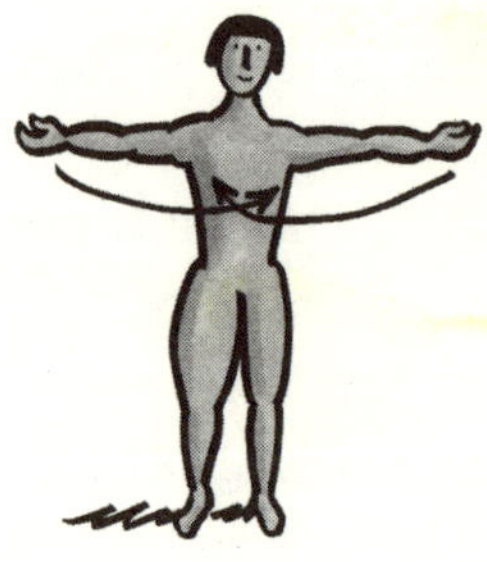

Führt eure Hände und Arme zurück in die Mitte eurer Person. Führt langsam eine Handfläche auf eure Brust und die andere leicht gekreuzt drüber. Achtet noch einmal von innen her auf eure Mitte. Konzentriert euch noch einmal auf den Schnittpunkt der beiden Achsen in euch. Bewahrt euch, was ihr wahrgenommen habt.

Legt zum Abschluss die Handflächen aufeinander, mit den Fingerspitzen nach oben und verneigt euch.

8.3 Grabinschrift

Ziele

Jesus hatte eine klare Vorstellung von seiner Lebensaufgabe. Was er zu sagen hatte, war mit kurzen Worten: «Mit mir ist das Reich Gottes nahe herbeigekommen.» In seinen Gleichnissen und in seinen Handlungen verdeutlicht er das. Sein Leben ist seine Botschaft. Seine große Aufgabe füllte ihn so aus, dass wir den Eindruck haben müssen, Jesus war ein glücklicher Mensch. Er erfüllte seine göttliche Sendung und ließ sich durch nichts davon abbringen. Der Glaube an seine Aufgabe war so stark, dass er selbst den Tod nicht fürchtete.
Wohl kaum jemand von uns ist sich seiner Lebensaufgabe so sicher. Deshalb fürchten auch fast alle Menschen den Tod. Dabei erleben sie zwei große Unsicherheiten:

- Leben wir unser Leben so, wie es für uns bestimmt ist oder halten wir uns mit Nebensächlichkeiten auf ? Kompensieren wir unbewusst die Defizite unserer Eltern?
- Fürchten wir uns davor, durch den Tod vollständig ausgelöscht werden, dass nichts mehr von uns bleibt?

In der folgenden Übung greifen wir diese beiden Motive auf. Wir können uns darauf konzentrieren, wofür wir vor allem leben. Ein klein wenig können wir dafür sorgen, dass Spuren unseres Lebens uns wenigstens eine kurze Weile überdauern. Dazu fordern wir die Teilnehmer auf, eine eigene Grabinschrift zu erfinden. (Jeder Teilnehmer braucht Papier und Bleistift.)

Anleitung

Dass wir die Gräber unserer Toten besuchen, kann uns helfen, bewusster zu leben. Wir können empfinden, wie kostbar das Leben ist. Wir können uns fragen, ob wir so leben, wie wir im Grunde unseres Herzens leben wollen. Benutzen wir unsere Talente und Stärken, um ein sinnvolles Leben zu führen? Gleichzeitig können wir an den Gräbern unserer Vorfahren darüber nachdenken, was wir ihnen verdanken, wofür sie sich eingesetzt haben, welche Vermächtnisse sie zurückgelassen haben. Wir können unseren Frieden mit ihnen machen und ihnen ihre Unzulänglichkeiten und Versäumnisse vergeben. Wir wissen auch von uns selber, dass unsere eigenen Kinder weit davon entfernt sind, ihre Eltern für vollkommen zu halten. Schließlich können wir uns immer neu mit dem Gedanken vertraut machen, dass auch wir selbst irgendwann sterben werden. Wir kennen die Stunde unseres Todes nicht; daher sollten wir jeden Tag unseres Lebens so verbringen, als sei es unser letzter.

1. Stell dir vor, du bist schon so weise geworden, dass du mit deinem eigenen Tode rechnest. Du möchtest deinen Angehörigen die Mühe abnehmen, für deinen Grabstein eine passende Inschrift zu finden. Du möchtest auch nicht, dass irgendein Klischee dort eingemeißelt wird. Stattdessen bemühst du dich selbst um eine Inschrift, die jedem, der dein Grab besucht, mitteilt, wofür du in Erinnerung bleiben möchtest. Finde mit wenigen Worten eine passende Grabinschrift für das Leben, das du geführt hast.
Wenn du willst, kannst du auch eine kleine Skizze von deinem Grabstein machen und deine Inschrift dort hineinschreiben. Du hast eine Viertelstunde Zeit dafür. (15 Minuten)

2. Nun kommt bitte in Trios zusammen und tauscht euch aus:
- Was hast du bei dieser Übung empfunden?
- Für welchen Text hast du dich entschieden?
- An welche Grabinschriften deiner Vorfahren kannst du dich erinnern? (20 Minuten)

Vorschläge für das Schlussgespräch
- Wie würde ich leben, wenn ich nur noch ein Jahr zu leben hätte?
- Welche Veränderungen würde ich vornehmen?
- Mit welchen Veränderungen kann ich schon heute beginnen?

8.4 Kokon und Schmetterling

Ziele
Der belgische Maler René Magritte (1898-1967) hat eine Pfeife gemalt und dazu geschrieben: «Das ist keine Pfeife.» – «Hätte ich geschrieben: Das ist eine Pfeife, so hätte ich gelogen», sagt er, «denn: kannst du mit meiner (gemalten) Pfeife rauchen?»
Nach der ersten Verwirrung wird dem Betrachter klar: Er sieht nur das Bild einer Pfeife, eine «Repräsentation», er sieht die «Erinnerung» an eine Pfeife.

Mit der Auferstehung ist es nicht anders. Wir sehen nur die *Bilder*, die Geschichten, die die Auferstehung abbilden. Was wir erleben, sehen, hören… sind jeweils Repräsentationen. Über tausend Jahre haben die Christen sogar gesagt: Den Auferstandenen kann man nicht malen, er ist ganz anders.
Und doch brauchen wir Bilder, um uns orientieren zu können. Jesus malt das Reich Gottes immer wieder in unterschiedlichen Bildern, die wir in uns entstehen lassen können; er malt sie mit den Farben seiner Zeit. Diese Bilder können

wir jedoch nur mit den «inneren Augen» erkennen. Auch die «Bilder der Auferstehung» können wir nur mit den «inneren Augen» schauen, sie übersteigen unsere Welt der Erfahrung, die in Raum und Zeit gefangen ist.
Eine für uns mögliche Repräsentation der Auferstehung (genauer: Auferweckung) ist die Wandlung der im Kokon eingesponnenen Raupe zum Schmetterling.
In der folgenden Übung erfahren die Teilnehmer leibhaftig, körperlich, die Verwandlung vom Kokon zum Schmetterling, von einer Lebensform in die andere.

Sie sollten dazu ein Musikstück spielen, das eine langsame Steigerung mit sich bringt, wie z. B. «Frühling» aus «Vier Jahreszeiten» von Vivaldi.
Lassen Sie die Musik einsetzen, wenn der Ausbruch aus dem Kokon beginnt.
Vorteilhaft sind Decken als Unterlage oder Hülle für die Teilnehmer und evtl. bunte Seiden- oder Baumwolltücher.

Anleitung

Was Auferstehung, genauer «Auferweckung» bedeutet, können wir nur gleichnishaft erleben. Ein einprägsames Bild dafür ist die Verwandlung einer im Kokon eingesponnenen Raupe zum Schmetterling. Das könnt ihr leibhaftig ausprobieren. Am besten ist es, wenn ihr in der folgenden Übung die Augen schließt und nicht sprecht. So können eure «inneren Augen» klarer sehen.
Im ersten Teil werde ich euch einige Anregungen dazu geben, im zweiten Teil werde ich Musik dazu spielen.

1. Sucht euch einen bequemen, geschützten Platz auf dem Fußboden, wo ihr euch sicher fühlt. Ihr könnt auch die Decken benützen. Hüllt euch ganz in euch selbst ein. Wenn ihr möchtet, nehmt die Decken (und evtl. Tücher) mit dazu. Stellt euch vor, ihr befändet euch in einem Kokon, umgeben von einer festen, sanften Schutzschicht. Atmet ein wenig vorsichtiger als üblich. Lasst euch Zeit zu entdecken, wo ihr seid... Wie ist der Kokon, in dem ihr steckt?... Wie schützt er euch?... Wie eng ist es darin?... Ertastet, wie viel Platz ihr habt. Wie weit könnt ihr euch bewegen, ohne dass der Kokon verletzt wird?...

2. Stellt euch darauf ein, den schützenden Kokon zu verlassen. Zuerst nur in Gedanken. Mit welchem Körperteil werdet ihr den Kokon zuerst verlassen?... (Einspielung der Musik)
Beginnt jetzt, euch aus eurem Kokon herauszuarbeiten, ganz behutsam, ganz vorsichtig, ganz langsam. Findet den Weg aus der schützenden Hülle... Nehmt wahr, wie ihr die Außenwelt spürt. Wagt keinen Schritt zu schnell, geht eher wieder einen zurück, wenn ihr noch genauer wahrnehmen wollt.

Streckt euch mehr und mehr aus. Und jede eurer Streckbewegungen mündet in einem kleinen zarten, kaum hörbaren Laut... Werdet mehr und mehr dieser Laut... und nehmt dazu die Musik, die ihr hört, als Unterstützung. Nehmt den Laut zurück und lasst ihn dann wieder lauter werden... Streckt euch noch mehr aus... immer stärker. Probiert unterschiedliche Streckbewegungen in alle Richtungen..., bis ihr den Boden verlasst, auf dem ihr gekauert habt. Zuerst mit einem Fuß in eine Richtung, dann in eine andere... immer weiter. Verlasst schließlich euren Platz und bewegt euch frei im Raum, so langsam und so schnell wie ihr möchtet... (Nehmt jetzt euer Seidentuch, entfaltet es und nehmt damit Kontakt zu anderen Gruppenmitgliedern auf.) Lasst euch dazu von der Musik führen. Wenn ihr möchtet, könnt ihr euch mit den anderen gemeinsam bewegen und tanzen.
Und wenn die Musik zu Ende ist, verweilt auf dem Platz, auf dem ihr gerade seid. Spürt noch einmal nach, was ihr erlebt habt... (ca. 1 Minute)

Vorschläge für das Schlussgespräch

- Was habe ich bei diesem Verwandlungsprozess erlebt?
- Wie lebendig fühle ich mich jetzt?
- Wo erlebe ich sonst ähnliche Verwandlungen?

8.5 Christ ist erstanden

Hinweise zum Lied

«Christ ist erstanden» ist wahrscheinlich das älteste deutschsprachige Kirchenlied. Es hat eine lange und bewegte Geschichte hinter sich. Das Lied wurde nicht nur in Gottesdiensten gesungen. Man sang es bei den beliebten Osterspielen, außerhalb der Kirchen bei Wallfahrten, Kreuzzügen und Schlachten. Selbst beim meist derben «Ostergelächter» sang die Menge «Christ ist erstanden.» Heute ist es immer noch das wohl bekannteste Osterlied der großen christlichen Konfessionen. (Siehe Seite 145.)
Es beginnt mit dem Ostergruß: «Christ ist erstanden.» (Luk. 24, 34) Der weitere Text entspricht in seinem Gedankengang 1. Kor. 15, 12–20: «Christ ist erstanden...» (V. 12f.) «Wär er nicht erstanden...» (V. 14–19) «Seit dass er erstanden ist...» (V. 20).
Dabei ist das Lied keine Nachdichtung des paulinischen Textes, eher eine elementare Auslegung. Die verwendeten Begriffe sind universal und existentiell zugleich. Sie finden in der historischen Kreuzigung Jesu einen Brennpunkt, öffnen sich aber weit darüber hinaus.

Christ ist erstanden von der Marter alle;
des solln wir alle froh sein,
Christ will unser Trost sein.
Kyrieleis.

Wär er nicht erstanden, so wär die Welt vergangen;
seit dass er erstanden ist,
so loben wir den Vater Jesu Christ.
Kyrieleis.

Halleluja, Halleluja, Halleluja!
Des solln wir alle froh sein,
Christ will unser Trost sein.
Kyrieleis.

(EG 99, Gotteslob 213)

Ziele

Wir greifen bewusst auf einen traditionell geprägten Text mit einer einprägsamen schlichten Melodie zurück. Mit den Worten und der Melodie wurde die Botschaft und das Verständnis von der Auferstehung seit über 800 Jahren weitergegeben. Die Menschen fanden – und finden sich in diesem Lied eher wieder als in theologischen Abhandlungen. Das Spannungsfeld, in dem wir uns befinden, zwischen Persönlichem und Universalem, zwischen erlebter Not und gelebter Hoffnung, zwischen trauriger Realität und österlicher Hoffnung, wird ausgehalten. Die Menschen finden sich wieder und werden ermutigt.

(Sie benötigen Liedblätter für die Teilnehmer. Wenn das Lied instrumental begleitet wird, fördert dies die Intensität. Außerdem brauchen Sie Wachsmalstifte und Zeichenpapier.)

Anleitung

1. Heute möchte ich euch mit einem alten Kirchenlied vertraut machen. Es ist ein uraltes Osterlied, gut 800 Jahre alt. Es kommt mit wenigen, knappen Worten aus. (Geben Sie Liedblätter zum ersten, stillen Lesen aus.)
   Im ersten Vers fällt das Wort «Marter» auf. Nicht vom Tod wird gesprochen, nicht von der Kreuzigung, sondern von «der Marter all». Wir verwenden dieses Wort heute nur noch selten, wohl aber das Verb: «Jemand wird gemartert.» Das ist ein vielschichtiges, umfassendes Wort. Was es beinhaltet, können wir gemeinsam entdecken.

(Schreiben Sie auf eine Papierbahn oder die Tafel: Marter ist für mich:... Jetzt werden unterschiedliche Assoziationen und ein paar erste Stichworte gesammelt.)

2. In Kleingruppen bekommen die Teilnehmer Gelegenheit darzustellen, was heute (für sie) «Marter» bedeutet (ca. 20 Minuten). Die Arbeitsergebnisse werden als Bild, Text, Symbol, Pantomime o. ä. in der Gesamtgruppe vorgestellt.

3. (Nun wird das Osterlied gespielt. Die Teilnehmer summen zunächst nur mit. Wachmalstifte und Zeichenpapier liegen für jeden bereit.)
   Wir wollen uns noch einmal mit dem Lied beschäftigen. Während wir es singen oder summen, sollt ihr die Stimmung des Liedes wiedergeben. Welche Stimmung bringt es zum Ausdruck? Malt abstrakt, in Farben und Linien.

4. Die Bilder zum Lied werden in die Mitte des Stuhlkreises gelegt und betrachtet, die dargestellten Stimmungen beschrieben. Dabei sollte der jeweilige «Künstler» möglichst lange schweigen und sich anhören, was die anderen in seinem Bild sehen. Erst gegen Ende werden Kommentare gegeben:

- Was steckt dahinter?
- Das wollte ich ausdrücken!

Die Schreckens- und Marterbilder stehen in einem Spannungsverhältnis zu der Hoffnung, die sich im Lied ausdrückt. Der Osterruf ist, wenn wir auf unsere Wirklichkeit sehen, gedämpft, gewiss nicht überschwänglich. Das kommt auch in der Wortwahl zum Ausdruck:

- Christus ist nicht ungefragt unser Trost, er will es sein. Es liegt bei uns, zuzustimmen oder «trostlos» zu bleiben.
- Jeder Vers endet mit einem «Kyrieleis», mit der Bitte, in das Erbarmen Gottes zurückzukehren. Auch das Halleluja des 3. Verses wirkt verhalten.

5. In einem letzten Arbeitsgang können die Teilnehmer weitere Verse, in Einzel- oder Partnerarbeit, zu dem Lied dichten. Sie sollten dabei darauf achten, dass die Spannung zwischen der Menschenliebe Gottes und der Menschenverachtung der «Marter» erhalten bleibt.
   Auch diese Verse werden gemeinsam gesungen. Die Melodie wirkt auch in den neuen Texten weiter.

8.6 Der Himmel ist weit

Ziele

Im Credo heißt es: Christus ist hinabgestiegen in das Reich des Todes, um am dritten Tage in den Himmel aufzufahren. Das ist für viele eine tröstliche Vorstellung. Der Tod behält nicht das letzte Wort. Das Leben geht weiter. Leben, Sterben und wieder Auferstehen sind geheimnisvolle Vorgänge, die uns Menschen immer schon fasziniert haben. Wir haben unsere tiefsten Ängste und unsere größten Hoffnungen damit verbunden. In unserer Phantasie malen wir uns Bilder aus, um das Unsichtbare eine Spur deutlicher zu sehen. Unsere Phantasie ist vielleicht unser wichtigstes Organ zum Glauben.

Der Kirchenvater Augustin nennt die menschliche Phantasie den «Saum des Mantels Gottes». Ohne gefühlte Bilder bleibt der Glaube eine leere Hülse. Zum Glück gibt es traditionelle Bilder, die das Wunder der Auferstehung abbilden können. Wenn in der eisigen Kälte des Januar der Hamamelis-Strauch seine goldenen Blüten dem Wind entgegenstreckt, freuen wir uns über dieses kleine Wunder und betrachten es als einen Sieg des Lebens.

In dieser Übung wenden wir uns ebenfalls der Natur zu und gehen in der Phantasie auf eine weite Reise durch den Kosmos. Die Bilder, die wir dabei sehen, mögen auf den ersten Blick fremd wirken. Bald entdecken wir aber in unserer Betrachtung Vertrautes. Unser Geist entdeckt Ähnlichkeiten und Parallelen zwischen uns selbst und der Natur, so dass wir uns in der Weite des Kosmos geborgen fühlen können.

Anleitung

Viele traditionelle Bilder vom Himmel zeigen, wie es da zugeht. Doch die meisten davon sind langweilig oder auch abschreckend. Mancher hat die Befürchtung, dass reine Harmonie eintönig sein könnte. Es gibt aber auch andere Bilder vom Himmel, die du in deiner Phantasie erzeugen kannst, wenn du neugierig und offen bist.

Setz dich bequem hin und schließ deine Augen. Gib deinem Körper die Erlaubnis, sich zu entspannen. Richte zunächst deine Wahrnehmung auf deinen Atem. Nimm wahr, wie du atmest… Vielleicht stellst du fest, dass deine Art zu atmen sich ganz von selbst etwas ändert, ohne dass du dich dabei anstrengen musst… Lass den Atem fließen…

Nun lass dir einen Augenblick Zeit, um mit deiner Aufmerksamkeit in deinem Körper herumzuwandern, um jene Stellen aufzuspüren, wo du Anspannung findest. Schenke diesen Stellen deines Körpers Entspannung, indem du deinen warmen Atem dorthin schickst… Beim Ausatmen kannst du die Anspannung aus deinem Körper hinausfließen lassen, so dass du dich immer ruhiger und gelöster fühlen kannst…

Geh mit deiner Aufmerksamkeit jetzt nach innen und finde jene Tür, durch die du gehen musst, wenn du die Kraft deiner Phantasie nutzen möchtest… Stell dir vor, du legst dir einen schmalen Gürtel aus weißem Licht um die Hüften. Er sorgt dafür, dass du dich sicher und geschützt fühlst…

Sieh mit deinen inneren Augen noch einmal diesen Raum, in dem du jetzt sitzt, und alles, was dich hier umgibt… Nimm wahr, wie du diesen Raum verlässt und nach oben schwebst, weiter und weiter empor. Sieh unter dir das Haus, in dem diese Gruppe zusammengekommen ist. Sieh, wie das Bild dieses Hauses immer kleiner wird, wenn du höher und höher in den Himmel aufsteigst…

Schau von oben auf das Panorama herab: Häuser und Straßen, Bäume, Parks und Gärten. Menschen und Autos scheinen dir schon sehr klein zu sein, fast ein wenig wie Ameisen, die sich auf den Straßen bewegen. Du erinnerst dich, dass jeder Mensch das Zentrum seiner eigenen Welt bildet, mit seinen Gedanken und Hoffnungen, seinen Schwierigkeiten und Vorhaben. Achte darauf, wie sich alle bewegen, wie jeder sein eigenes Leben lebt. Stell dir auch die Menschen in ihren Häusern vor und wie sie alle dieselben Stimmungen kennen: Zuversicht und Sorge, Trauer und Freude, Liebe und Groll. Jeder hat seine persönliche Empfindlichkeit. Alle haben sie ähnliche Wünsche: Sie hoffen vor allem, dass sie von Leid verschont werden und ein glückliches und langes Leben haben werden…

Und du setzt deinen Aufstieg fort… Immer größere Teile der Erde kannst du überblicken. Du siehst andere Städte und Dörfer, Wiesen und Felder, blinkende Seen und blaue Berge…

Höher und höher steigst du auf. Schließlich siehst du das Meer, andere Länder und große Wolkengebirge, die um die Erde kreisen…

Nun liegt der ganze Planet Erde unter dir – blau und weiß schimmernd, sich langsam im leeren Weltraum drehend. Aus dieser gewaltigen Höhe kannst du die Menschen nicht mehr sehen, aber du kannst an sie denken – beinahe sieben Milliarden Menschen. Alle leben sie auf demselben Planeten und atmen dieselbe Luft. Beinahe sieben Milliarden Herzen schlagen dort unten, in Körpern, in großen und kleinen, in hellen und dunklen. Dir wird bewusst, wie ungleichmäßig die Schätze dieser Erde verteilt sind. In einigen Gegenden ist es für die Menschen leicht, satt zu werden und ärztliche Versorgung zu finden, in anderen herrschen Hunger und Krankheiten, sie werfen dunkle Schatten auf das Leben

der Menschen. Denke über all das nach, während du die Erde betrachtest, die sich unter dir dreht…
Steig nun noch weiter auf und sieh, wie die Erde unter dir kleiner und kleiner wird. Du kannst jetzt andere Planeten erkennen: die helle Venus, den roten Mars, den großen Jupiter mit seinen Monden… Immer weiter steigst du auf in das unermessliche Sonnensystem…
Die Erde ist nun verschwunden, und die Sonne ist ein kleiner Lichtpunkt unter unzähligen Sternen. Du kannst nicht einmal mehr genau sagen, wo sich unsere Sonne befindet. Milliarden von Sternen umgeben dich. Sie sind über dir, unter dir und auf allen Seiten. Dahinter siehst du den dunklen, samtschwarzen Weltraum, und in dieser unermesslichen Weite macht es keinen Sinn mehr, in Begriffen von oben oder unten zu denken…
Und diese Milliarden von Sternen bilden nur eine der Galaxien im Universum. Dahinter träumt eine unbekannte Anzahl weiterer Milchstraßen…
Hier oben kannst du daran denken, wie unfassbar lange das Universum schon existiert. Hier oben gibt es keine Eile und keinen Stress. Hier gibt es kein Morgen und kein Gestern. Hier gibt es nur einen unvorstellbar weiten Raum, dessen Dunkelheit vom Licht der Sterne durchbrochen wird. Alles drückt hier Frieden aus und erzählt vom Wunder der Schöpfung. Du empfindest diese Gedanken auch mit deinem Herzen. Die Schönheit des Universums entsteht in der Tiefe deines Bewusstseins… Mach dir klar, dass all die Sterne und Sonnen im Universum denselben physikalischen Gesetzen folgen wie du selbst. Dein Körper besteht aus derselben Materie, die auch die Sterne zum Leuchten bringt. Und noch etwas teilst du mit Sternen und Sonnen: die Energie des Feuers, die auch die Grundlage deiner Lebensprozesse ist. So erscheint dir ein sonst ungewöhnlicher Gedanke nicht mehr fremd: Du bist ein Teil des Universums, und Sterne und Sonnen sind deine Brüder und Schwestern…
Spüre jetzt, wie ruhig du werden kannst, wenn du deine Aufmerksamkeit auf den Kosmos richtest. Bewahre dir diese Ruhe. Bring sie mit zurück, wenn du dich wieder auf die Heimreise machst. Bewahre dir, was du auf deiner Reise an Wunderbarem erlebt hast…
Und nun kehre zurück in diesen Raum… Lass deine Augen noch geschlossen. Erinnere dich, wer mit dir hier im Raum ist. Reck und streck dich und spüre deinen Körper… Atme tief aus. Zähle rückwärts von fünf bis null, und wenn du bereit bist, öffne die Augen… Behalte von deinem Empfinden der Weite so viel in dir, dass du dich in den nächsten Stunden ruhig und belebt fühlst.

8.7 Das Geheimnis des Himmels

Ziele

In dieser Übung können Sie eine Geschichte* erzählen oder vorlesen, die von dem Geheimnis der Metamorphose handelt. Wenn wir in die Welt kommen, wissen wir nicht, was uns erwartet. Verlassen wir die Welt, erwartet uns wieder ein Geheimnis. Menschliche Neugier kommt mit Geheimnissen schlecht zurecht. Wir möchten wissen, was sich hinter der Schwelle verbirgt, vor der wir stehen. Darum neigen wir zum Spekulieren. Wir malen uns aus, wie die unbekannte Welt hinter der Schwelle aussieht. Wir neigen dazu, die Leere in unserer Vorstellung mit unseren Lieblingserfahrungen auszumalen.

Aus der Geschichte entnehmen wir einige Motive und bauen daraus eine für viele Teilnehmer unvergessliche Gruppenaktivität. Die einzelnen Elemente sind:

- Angst und Zweifel angesichts einer Schwellenerfahrung,
- Sehnsucht nach der Mutter, d. h. nach Liebe,
- das Geheimnis der neuen Welt,
- die positive Überraschung nach dem Überschreiten der Schwelle.

Die laufende Sitzung dient der Vorbereitung für das «Paradies-Experiment», das die nächste Sitzung ausfüllen wird.

Diese Übung stellt gewisse Anforderungen an die Teilnehmer. Sie sollen einander gut kennen und schätzen und zu Empathie in der Lage sein.

Anleitung

Im Credo heißt es: «Am dritten Tage auferstanden von den Toten, aufgefahren in den Himmel...» Wir haben die Zusage, auch für uns steht der Himmel offen. Aber was bedeutet das? Keiner ist je vom Himmel zurückgekommen, der uns Auskunft geben könnte. Darum bleiben eine Menge Fragen und Zweifel. Trotzdem gibt es wenige Wörter in der deutschen Sprache, die so verlockend und sympathisch sind, wie die Worte «Himmel» oder «Paradies». Unsere Werbung weiß das. Ich möchte euch dazu eine Geschichte erzählen, sie heißt:

Leben «danach»

Es geschah, dass in einem Schoß Zwillingsbrüder empfangen wurden. Die Wochen vergingen, und die Knaben wuchsen heran. In dem Maß, in dem ihr Bewusstsein zunahm, stieg ihre Freude:

---

*Von der hier abgedruckten Geschichte gibt es eine Originalversion in dem Buch «Die Gabe der Vollendung. Mit dem Sterben leben» von Pater Henri J. M. Nouwen. Es ist uns nicht bekannt, wer die Version verfasst hat, die wir hier verwenden, aber es ist eine kreative Veränderung.

«Sag, ist es nicht großartig, dass wir empfangen wurden? Ist es nicht wunderbar, dass wir leben?!»
Die Zwillinge begannen ihre Welt zu entdecken. Als sie die Schnur fanden, die sie mit ihrer Mutter verband und die ihnen die Nahrung gab, da sangen sie vor Freude: «Wie groß ist die Liebe unserer Mutter, da sie ihr eigenes Leben mit uns teilt!»
Als die Wochen vergingen und zu Monaten wurden, merkten sie plötzlich, wie sehr sie sich verändert hatten. «Was soll das heißen?», fragte der eine. «Das heißt», antwortete der andere, «dass unser Aufenthalt in dieser Welt bald seinem Ende zugeht.»
«Aber ich will gar nicht gehen», erwiderte der eine. «Ich möchte für immer hier bleiben.» «Wir haben keine andere Wahl», entgegnete der andere, «aber vielleicht gibt es ein Leben nach der Geburt!»
«Wie könnte dies sein?», fragte zweifelnd der Erste. «Wir werden unsere Lebensschnur verlieren, und wie sollen wir ohne sie leben können? Und außerdem haben schon andere vor uns diesen Schoß verlassen. Niemand von ihnen ist zurückgekommen und hat uns gesagt, dass es ein Leben nach der Geburt gibt. Nein, die Geburt ist das Ende!»
Da fiel der eine von ihnen in tiefen Kummer und sagte: «Wenn die Empfängnis mit der Geburt endet, welchen Sinn hat dann das Leben im Schoß? Es ist sinnlos. Womöglich gibt es gar keine Mutter hinter allem.»
«Aber sie muss doch existieren», protestierte der andere. «Wie sollten wir sonst hierher gekommen sein? – Und wie könnten wir am Leben bleiben?»
«Hast du je unsere Mutter gesehen?», fragte der eine, «Womöglich lebt sie nur in unserer Vorstellung, weil wir dadurch unser Leben besser verstehen können.»
Und so waren die letzten Tage im Schoß der Mutter gefüllt mit vielen Fragen und großer Angst.
Schließlich kam der Moment der Geburt. Als die Zwillinge ihre Welt verlassen hatten, öffneten sie ihre Augen.
Sie schrien vor Freude. Was sie sahen, übertraf ihre kühnsten Träume.

1. Kurze Auswertung der Geschichte

- Was ist mir zu der Geschichte eingefallen?
- Welche Übergangssituationen fürchte ich?
- Wann sind meine kühnsten Träume übertroffen worden?
- Wie wäre ein Leben ohne Geheimnisse?

  (10 Minuten)

2. Von dieser Geschichte können wir uns anregen lassen, ein Geheimnis voreinander zu entwickeln und eine Überraschung vorzubereiten. Dazu soll sich die Gruppe in zwei gleich große Teile teilen... Ich werde dann mit jeder Halbgruppe besprechen, worin ihr Geheimnis besteht. Die andere Halbgruppe soll keine Ahnung davon haben.

3. (Gehen Sie nacheinander in jede Halbgruppe und enthüllen Sie Ihren Plan:) Ihr sollt darüber nachdenken, wie ihr in der nächsten Sitzung der anderen Gruppe eine liebevolle, kreative Überraschung bereiten könnt. Jeder von euch soll sich ein Mitglied der anderen Gruppe aussuchen und mit den anderen gemeinsam überlegen, auf welche Weise er diese Person positiv überraschen kann. Was könnte die positive Überraschung sein?
   – Wir versuchen etwas zu planen, womit der andere nicht rechnet. Wir versuchen seine Vorurteile zu unterlaufen.
   – Wir versuchen etwas zu planen, was erfreulich und schön ist. Die überraschte Person erfährt besonderes Glück.

   Nach einer halben Stunde werde ich kommen und schauen, wie weit ihr mit der Planung seid und wie viel Zeit ihr noch braucht. Ihr könnt gemeinsam kreativ sein. Unterhaltet euch über jedes Mitglied der anderen Gruppe und findet eine maßgeschneiderte Überraschung. Legt fest, wer diese Überraschung für die nächste Sitzung vorbereitet und durchführt. Alle diese Überraschungen sollen gleichzeitig stattfinden.

4. (Wiederholen Sie diese Instruktionen in der anderen Teilgruppe. Stellen Sie am Ende der Arbeitszeit fest, ob jede Gruppe einen Plan entwickelt hat, der alle Mitglieder der anderen Gruppe einbezieht. Vereinbaren Sie striktes Stillschweigen. Sorgen Sie dafür, dass eindeutig klar ist, zu welchem Termin die «Überraschungssitzung» stattfinden soll.)

5. Kommt noch einmal kurz im Plenum zusammen. Jeder soll in einem oder zwei Sätzen sagen, wie ihm diese Sitzung gefallen hat und in welcher Stimmung er jetzt von hier weggeht. Bitte achtet darauf, dass ihr nicht darüber redet, was ihr euch ausgedacht und besprochen habt.

6. Und jetzt möchte ich euch noch eine Hausaufgabe mitgeben: Auf der nächsten Sitzung wird das Geheimnis enthüllt. Schreibe auf einer Seite auf, was du persönlich für dich erwartest. Was wird vielleicht für dich selbst dabei abfallen? Bring diese Notizen zur nächsten Sitzung mit. (Die Notizen können nach der Überraschung vorgelesen werden.)

8.8 Hinabgestiegen in das Reich des Todes: das Labyrinth

Ziele

Wohl alle Religionen suchen eine Antwort auf die Frage: Woher kommt das Böse? Wie kann das Böse besiegt oder eingedämmt werden? Die Antworten klingen unterschiedlich. In einem aber sind sie sich gleich. Vom Bösen wird in einem Mythos erzählt, von der Hölle, vom Gegengott, vom Satan, von gefallenen Engeln. Das Böse entzieht sich unserer Logik. Die Abgründe im Menschen und in der Welt können nicht verstanden werden, sie werden erlebt.
Bekannt ist der Mythos von Theseus. Er geht als Erlöser in das Labyrinth von Knossos. Dort tötet er den Minotaurus, die Verkörperung des Menschen fressenden Bösen. Mit Hilfe des Ariadne-Fadens findet er wieder zurück ans Licht. Das Band der Liebe rettet Theseus.
Das junge Christentum hat diesen Mythos aufgegriffen. Christus wird als der wahre Theseus gesehen. Er ist der Überwinder von Tod und Teufel. Er steigt in die Welt des Todes hinab und führt die dort eingeschlossenen Menschen zu Ostern heraus.
Dieses Verständnis des Labyrinthes zeigt sich vor allem im Mittelalter. In vielen gotischen Kathedralen gibt es ein Labyrinth, das die Gläubigen als Weg der Erlösung beschreiten. Der Weg vom Tod ins Leben wird symbolisch gegangen. Das bekannteste und am besten erhaltene Monument gibt es in Chartres. In neuerer Zeit werden an verschiedenen Orten wieder Labyrinthe gebaut, so z. B. am Eingang zur Krypta des Kölner Doms.
In dieser Übung schaffen wir für die Teilnehmer die Möglichkeit, ein Labyrinth zu begehen. Sie nehmen eine existentielle Frage mit auf den Weg und verweilen dann einen Augenblick in der Mitte des Labyrinths. Dort können sie eine Antwort auf ihre Frage erhalten. Auf diese Weise soll der schwierige Satz «Hinabgestiegen in das Reich des Todes» exemplarisch verstanden werden.

Beschreibung

Sie können das Labyrinth in Ihrem Gruppenraum herstellen oder auch im Freien, z. B. auf einem gemähten Rasen. Am einfachsten ist es, wenn Sie dazu ein Seil von ca. 30 m Länge benutzen. Legen Sie es bitte spiralförmig um eine Mitte, so dass in der Mitte Wege von ca. 30–40 cm Breite entstehen, auf denen die Teilnehmer bequem gehen können. In der Mitte des Labyrinthes steht ein großer Leuchter mit einer dicken Kerze.

Die Teilnehmer gehen einzeln in das Labyrinth, wenn sie ihre existentielle Frage gefunden und sich ein Teelicht in einer Glasschale genommen haben. Das Labyrinth wird langsam beschritten, während über die Frage meditiert wird. In der Mitte des Labyrinths verweilt der Einzelne kurz. Er entzündet sein Teelicht an der großen Kerze und ist offen für eine zusätzliche Inspiration an diesem Wendepunkt. Sobald ein Teilnehmer sein Teelicht in der Mitte entzündet hat, geht er langsam den gleichen Weg zurück, und der Nächste macht sich auf den Weg.

Bei einer Gruppe von zwanzig Personen müssen Sie mit einer Wegzeit von gut dreißig Minuten rechnen, weil das Labyrinth ja langsam und bewusst beschritten werden soll. Manche Gruppenleiter begleiten diese Zeit durch Meditationsmusik, durch Kanons oder Taizé-Lieder, die von der Gruppe gesungen werden.

Anleitung

Wer im Mittelalter in eine Kirche kam, konnte nicht schnurstracks auf den Altar zugehen. Jeder musste einen Umweg machen, jeder musste erst durch ein Labyrinth gehen, dessen Umrisse auf dem Boden der Kirche sichtbar waren.

Die Gläubigen wussten, dass ihre Fragen und Probleme, die sie Gott vortragen wollten, nicht auf kurzem Weg zu lösen waren. Das Labyrinth gab ihnen Zeit und innere Ruhe, um Antworten auch auf schwierige Fragen zu finden, z. B.: «Was ist mir wirklich wichtig? Wie kann ich meine Gier aufgeben? Was kann ich tun, um die Schöpfung zu lieben?»

Manchmal klärten sich diese Fragen auf dem Weg durch das Labyrinth, in dessen Mitte sich sich die Balken des Kreuzes trafen. Hier konnte eine Erleuchtung stattfinden.

Heute möchte ich euch zu einem Experiment mit dem Labyrinth einladen. Findet bitte eine Frage, auf die ihr eine Antwort sucht. Entscheidet euch für eine Frage, die mit eurem Herzen zu tun hat und mit eurer Seele. Vielleicht möchtet ihr diese Frage auch auf ein Kärtchen schreiben. Mit dieser Frage geht ihr dann in das Labyrinth. Seid offen für die Stimmen, die euch Hinweise geben und Antworten bereitstellen. Ihr müsst eure Frage später nicht veröffentlichen, und auch wer jetzt keine Frage hat, kann durch das Labyrinth gehen und sich überraschen lassen, was er dabei erlebt.

Am Eingang zum Labyrinth steht für jeden ein Teelicht auf einem Glasteller. Nehmt es mit, wenn ihr euch auf den Weg ins Labyrinth macht. Wenn ihr in der Mitte angekommen seid, könnt ihr eure kleine Kerze an dem großen Licht entzünden und vielleicht etwas Hoffnung schöpfen, dass es auch auf eure Frage Antworten gibt.

Jeder soll langsam durch das Labyrinth gehen und erst, wenn der Vorgänger in der Mitte seine Kerze angezündet hat, geht der Nächste. Wer gehen möchte, stellt sich an den Anfang des Labyrinthes, um kundzutun, dass er sich jetzt auf den Weg machen möchte.
Während einer nach dem anderen in das Labyrinth geht, wollen wir anderen nicht reden. Wir können dabei schweigen, singen oder meditative Musik hören. Was bevorzugt ihr?...

Vorschläge für das Schlussgespräch

- Wie hat mir dieses Experiment gefallen?
- Hat das Gehen im Labyrinth meiner Selbsterforschung gut getan?
- Wie habe ich die Atmosphäre in der Gruppe empfunden?
- Was war am wichtigsten für mich?

Anmerkung

Wer sich für die spirituelle Technik des Labyrinthes stärker interessiert, der findet eine gute Zusammenfassung bei Hubertus Halbfas in «Lehrerhandbuch 4», Seite 496–510.
Wenn die Teilnehmer sich selbst ein Labyrinth bauen wollen, ist die kretische Form wegen ihrer Einfachheit besonders günstig. Gehen Sie von einem zentralen Kreuz aus. Darin werden vier Winkel und in diese vier Punkte eingezeichnet. Dann werden die Arme des Kreuzes mit den Ecken und Punkten der Reihe nach, kreisförmig miteinander verbunden. Es entsteht ein verschlungener Pfad, der einen Eingang und eine Mitte hat. (Siehe Abbildung.)

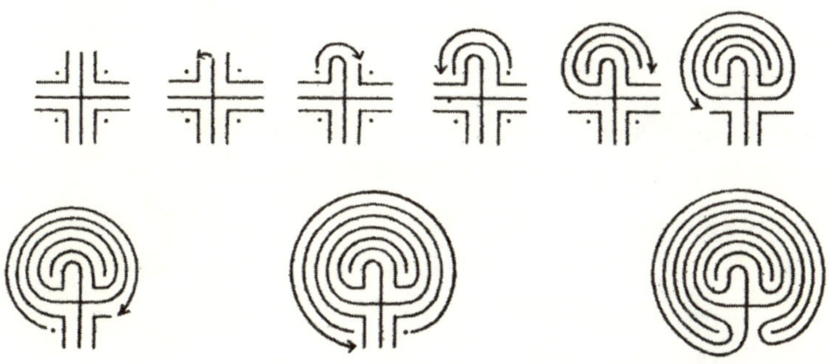

Für ein Labyrinth mit drei Umgängen brauchen wir ca. 100 Teelichter.
Für ein Labyrinth auf dem Rasen benötigen wir bei fünf Umgängen zwei Säcke mit weißen Gartensteinen (Körnung ca. 30 mm).

Je größer und vielfältiger ein Labyrinth ist, desto mehr Material benötigen wir. Dabei ist auch zu beachten, ob das Labyrinth nur für dieses eine Seminar gebaut wird oder ob es für einen längeren Zeitraum und auch für andere Gelegenheiten stehen bleiben soll. (Gut verständliche und hilfreiche Anleitungen finden Sie in G. Candolinis Buch «Labyrinthe».) Wer zum ersten Mal ein Labyrinth baut, sollte sich den Bauplan auf Papier verdeutlichen.
Falls Sie erhellende Worte für die Mitte des Labyrinthes suchen, die sich die Teilnehmer dort für den Rückweg mitnehmen können, fügen wir eine Liste solcher Worte an. Es hat sich bewährt, dass die eine Hälfte der Gruppe solche «Spruchkarten» gestaltet, während die andere Hälfte das Labyrinth baut. (Sie müssen dazu Farbstifte und Kärtchen bereitlegen.)
Eine Fundgrube für solche Sätze ist das Buch «Enneagramm der Weisheit. Spirituelle Schätze aus drei Jahrtausenden», zusammengestellt von Marion Küstenmacher.

In der Mitte des Labyrinthes

Die Lösung findest du im Gehen. (Augustin)

Die Phantasie ist der Saum vom Mantel Gottes. (Augustin)

Liebe ist der Versuch,
die eigene Person zu wandeln
und nicht die des anderen. (Tobias Brocher)

Ordnung ist das Vergnügen der Vernunft,
die Unordnung ist die Wonne der Phantasie.
(Paul Claudel)

Wer niemals außer sich geriet, wird niemals in sich gehen.
(Jakob Böhme)

Sanftmütig ist, wer den Nächsten und sich selbst erträgt.
(Apophthegmata Patrum)

Mit dir selbst habe Geduld, Gott hat sie auch.
(Edith Stein)

Das Beste bekommen wir geschenkt.

Das Wunder ist nicht, auf dem Wasser zu gehen,
sondern auf der Erde.
(Thich Nhat Hanh)

Der Mensch wird des Weges geführt, den er wählt.

Dann ermahne ich euch: Hört auf die innere Stimme.
(Bernhard von Clairvaux)

Im Licht des Glaubens bin ich stark,
standhaft und beharrlich.
(Katharina von Siena)

Wir müssen unsere Unvollkommenheiten
annehmen und lieben.
(Therese von Lisieux)

Vertrauen ist gefährlich, schwer und unumgänglich.

Wir bemühen uns um etwas, das uns schon gefunden hat.
(Jim Morrison)

Der direkte Weg auf ein Ziel wirkt oft kurz und gerade.
Aber alles, was wertvoll ist, ist weder einfach noch schnell zu erreichen.

Wenn am Anfang des Weges ein Lächeln ist,
findet man es auch am Ende wieder.

Im Gehen lernt der Mensch, seiner Seele zuzuhören.

In der Mitte bist du, und zu dir ist kein Weg zu lang.

Wer ein Labyrinth begeht, macht sich auf den Weg der Wandlung.

Solange wir leben, müssen wir sterben,
damit wir nicht sterben, wenn wir sterben.

Eile nicht. Genieße den gegenwärtigen Moment.
(Thich Nhat Hanh)

Demut ist der Mut, den eigenen Schatten anzuschauen.
(Carl Gustav Jung)

Der Geist kommt in der Demut zur Ruhe.
Geduld ist ihre Tochter.
(Bruder Ägidius)

Es ist schön zu denken, dass so viele Menschen heilig sind
in den Augen derer, die sie lieben.
(Christian Morgenstern)

Alles Schöne ist geordnet, und Ordnung kann es nur geben, wenn die Dinge im rechten Verhältnis zueinander stehen.
(Robert Henri)

Die Schönheit ist Gottes Tochter.
Wenn wir nach ihr schauen, können wir Gottes Angesicht ahnen.
(Nikos Kazantzakis)

Das Gewordene ist die andere Gestalt des Schöpfers.
(Ernst Barlach)

Die Sonne ist nicht verschwunden,
weil die Blinden sie nicht sehen.
(Birgitta von Schweden)

Im häufigen Umkreisen der Mitte ist mehr Weisheit zu finden
als am schnellen einmaligen Erfolg.

Kapitel 9
RICHTEN UND AUFRICHTEN

…er sitzt zur Rechten Gottes, des allmächtigen Vaters, von dort wird er kommen, zu richten die Lebenden und die Toten.

Mancher, der sich vor dem Gericht Gottes zu sehr gefürchtet hat,
wird sich in der Ewigkeit ein klein wenig schämen müssen,
dass er dem Herrn nicht noch mehr Gnade zugetraut hat.
(Johann Albrecht Bengel)

9.1 Meine schmerzlichste Verletzung

Ziele

Viele Menschen haben schon als kleine Kinder gelernt, dass sie irgendwann in ferner Zukunft vor Gott stehen werden, um Rechenschaft abzulegen über ihr Leben: Was habe ich damit gemacht? Bin ich gut genug gewesen, um zu den Auserwählten zu gehören, die in den Himmel dürfen? Gewiss: Wir haben ein langes Sündenregister, aber wir hoffen, unser Glaube an Jesus Christus reicht aus, um im Weltgericht begnadigt zu werden. Und wenn das doch nicht der Fall sein sollte, dann... Diese theologische Vorstellung ist potentiell traumatisierend. Sie erzeugt tiefe Angst in uns.

Wohl jeder von uns hat Verletzungen und Demütigungen erlitten. Und kaum jemand ist frei von der Furcht, nicht zu genügen. Die meisten versuchen jedoch, diese Furcht geheim zu halten. Sie sprechen nicht darüber und auch sich selbst gegenüber neigen sie dazu, solche seelischen Verletzungen zu verdrängen, zu verleugnen oder zu bagatellisieren. Diese Verleugnung führt aber leicht dazu, dass wir uns innerlich blockieren, weniger Lebensfreude empfinden, als möglich wäre und nur eingeschränkt lieben können...

In dieser Übung zeigen wir den Teilnehmern eine wirksame Möglichkeit zur spirituellen Selbstheilung.

Anleitung

1. Jesus hat uns ermutigt, liebevoll miteinander umzugehen und auf Gewalt zu verzichten, und er hat es uns vorgelebt. Wenn wir ein friedliches Leben führen wollen, müssen wir bereit sein, uns selbst zu erkennen. Mahatma Gandhi sagt: «Wenn du den Frieden liebst, dann hasse Ungerechtigkeit, hasse Tyrannei, hasse Gier – aber hasse diese Dinge in dir selbst und nicht in deinem Nächsten.» Wenn wir vergessen: Ich bin, wie alle anderen Menschen, Gottes Kind, dann neigen wir dazu, einander zu behandeln, als ob wir wertlos wären.

   In unserer privaten Theologie müssen wir uns entscheiden, an welches Gottesbild wir uns halten möchten. Wollen wir an Jesus Christus glauben, der

Liebe, Frieden und Vergebung gelebt hat, der bereit ist, unsere Verletzungen zu heilen, und uns auffordert, ebenso zu handeln. Oder wollen wir an den richtenden Gott glauben, der uns nach unseren Versäumnissen beurteilt. Das Bild des richtenden und strafenden Gottes führt unweigerlich dazu, dass wir selbst ähnliche Qualitäten in uns ausprägen. Das Bild des richtenden Gottes betont nicht Geschwisterlichkeit, es fördert hierarchisches Denken und ein Denken in den Kategorien von Schuld und Strafe. Dieses Gottesbild fördert aggressives Verhalten unter den Menschen und gegenüber der ganzen Schöpfung. Jesus weiß, wie verletzlich Menschen sind. Darum handelte er so oft wie ein Arzt, der Leidenden hilft. Er hat uns immer wieder Frieden und Liebe vorgelebt. Was tun wir selbst mit unseren Verletzungen, mit unseren Erlebnissen, wo wir uns gedemütigt, missachtet oder brutal behandelt fühlen? Eine klassische Möglichkeit besteht darin, dass wir Rache üben und es denen heimzahlen, die uns verletzt haben. Wir hoffen, auf diese Weise unsere Würde wieder herzustellen. Es ist die Frage, ob das auf diesem Wege gelingen kann.

2. Ich möchte euch einen anderen Weg zeigen, wie jeder von uns mit den Verletzungen umgehen kann, die er im Laufe seines Lebens erleiden musste. Wir benutzen dabei ein Verfahren, das ein wenig an Meditation erinnert und ein wenig an die Praxis der Beichte. Du brauchst dazu nicht mehr als Papier und Bleistift. Du kannst diese Methode immer wieder anwenden, auch für dich allein. Alles, was du aufschreibst, wird vollständig geheim bleiben. Du musst niemandem Einblick in dein Schreiben geben, es ist nur für dich selbst.

3. Schreibe fünfzehn Minuten möglichst ohne Unterbrechung über das Erlebnis deines Lebens, das für dich am schlimmsten war, am aufregendsten oder was dich am meisten verletzt hat. Kümmere dich nicht um Fragen des Stils, der Rechtschreibung, der Grammatik. Schreibe deine Gedanken und innersten Gefühle über dieses Ereignis auf. Wähle etwas aus, was dich tief betroffen hat. Es sollte etwas sein, worüber du bisher mit anderen nicht ausführlich gesprochen hast. Und öffne, während du schreibst, weit dein Herz und drücke alles aus, was dir auf der Seele liegt.
Manche Menschen schätzen es, dass sie das ganz ungestört und ohne fremde Zeugen tun können. Für andere ist es hilfreich, wenn sie sich vorstellen, dass sie bei dieser Aufgabe einen spirituellen Begleiter haben. Vielleicht möchtest du dir vorstellen, dass Jesus in deiner Nähe ist, dass dein Schutzengel am Tisch sitzt oder dass die Jungfrau Maria dir ihre Hand auf die Schulter legt.

Du kannst dir einen solchen liebevollen Begleiter wünschen, wenn du glaubst, dich dann besser öffnen zu können.
Bitte denk daran, dass es dir am besten hilft, wenn du dir gestattest, deine tiefsten Gefühle und Gedanken auszudrücken. Mit anderen Worten: schreibe darüber, was geschehen ist, wie du dich damals fühltest und wie du dich jetzt fühlst. Für welche Verletzung du dich entscheidest, das ist allein deine Sache.
Du hast fünfzehn Minuten Zeit zu schreiben, dann sollst du deine Notizen zusammenfalten, in einen Umschlag stecken und den Umschlag zukleben. Wir werden nicht darüber sprechen, was du aufgeschrieben hast. Wir werden anschließend nur ein kurzes Rundgespräch haben, bei dem jeder mitteilen kann, wie er sich nach dieser Übung fühlt. Wir können uns auch darüber unterhalten, mit welchen Auswirkungen jeder rechnen kann. (15 Minuten)

4. Nach fünfzehn Minuten sollte jeder mit dem Schreiben innehalten und seine Notizen in einen Briefumschlag stecken. Dann ist Gelegenheit, darüber zu sprechen, wie es jedem nach dem Schreiben geht. Die meisten Teilnehmer werden sich aufgewühlt, traurig oder zornig fühlen. Das ist normal und verständlich. Aber jeder kann auch damit rechnen, dass sich diese Gefühle schon bald verbessern. Man kann das Schreiben über ein Trauma vergleichen mit der Wurzelbehandlung an einem entzündeten Zahn: Die Prozedur ist schmerzhaft. Wenn die Entzündung dann geheilt ist, geht der Schmerz zurück.
Die hier angewendete Technik ist eine Art Selbstheilung ohne Therapeuten und Priester. Die Vertraulichkeit und Anonymität verringert den Widerstand. In der Folgezeit verbessert sich die Stimmung der Teilnehmer. Sie fühlen sich wertvoller und auf eine geheimnisvolle Weise geheilt. Es kann aber auch sein, dass der eine oder andere ein so schwerwiegendes Trauma mit sich herumträgt, dass er sich dafür entscheidet, diese Erlebnisse mit einem professionellen Helfer durchzuarbeiten.
(Um die Wirkung zu verstärken, kann diese Übung wiederholt werden mit demselben Trauma oder mit einer anderen Verletzung, im Rahmen der Gruppe oder auch privat in den eigenen vier Wänden.)

9.2 Wofür ist mir mein Leben geschenkt?

«Ein als Hauptmann verkleideter Mensch führte gestern eine von Tegel kommende Abteilung Soldaten nach dem Köpenicker Rathaus, ließ den Bürgermeister verhaften, raubte die Gemeindekasse und fuhr in einer Droschke davon.» (Berliner Zeitung, 17. Oktober 1906)

Dieser Mensch hieß Wilhelm Voigt, uns bekannt als der «Hauptmann von Köpenick». Der Schustergeselle war in jungen Jahren aus Not mit dem Gesetz in Konflikt gekommen. Er hatte die Reichspost um 300 Mark geschädigt, fünfzehn Jahre Zuchthaus waren die Strafe dafür. Der Teufelkreis der Bürokratie bedeutete für ihn nach seiner Entlassung: ohne ordentliche Anmeldung fand er keine Arbeit, ohne Arbeitsnachweis gab es keine Anmeldung. Voigt wird immer wieder straffällig. Mit 56 Jahren hat er mehr als 30 Jahre hinter Zuchthausmauern verbracht. In diesem Augenblick seines Lebens stößt er in einem Trödlerladen auf die Uniform, die sein Leben verändert. Carl Zuckmayer hat das «Deutsche Märchen» vom «Hauptmann von Köpenick» im Jahre 1931 geschrieben.

Der Ausschnitt daraus zeigt zwei Optionen: Anpassung oder Protest. Wilhelm Voigt ist nicht länger bereit, sich ducken und demütigen zu lassen. Er ist wach geworden. Er hört, was Gott Vater ihn fragt: «Was haste jemacht mit dein Leben?»

Sein Schwager Friedrich Hoprecht hört eine andere innere Stimme: «Reinfügen musste dich! Du bist ein Opfer und du bleibst ein Opfer.» Und er warnt ihn: «Willem – du pochst an de Weltordnung.»

Für den einen ist Gott Vater, Schöpfer und Weltenrichter, Anlass, endlich mit dem Leben zu beginnen, endlich! Willem will nicht bloß gelebt werden – als Flechter von Fußmatten im Gefängnis. Er will selbst leben.

Für den anderen ist der Weltenrichter Grund, sich zu ducken, sich selbst so klein zu halten, wie er von Menschen gemacht worden ist. Die Welt ist so schlimm, wie sie ist. Wir können uns nur ducken. «Wir sind Opfer», sagt er damit.

Anleitung

1. Nach dem ersten Lesen (das wegen des Berliner Dialektes gut vorbereitet sein sollte) klären wir gemeinsam die Situation:

- Welche Personen sind im Gespräch miteinander?
- Was haben sie bisher erlebt?
- Was haben sie vor?
- Wie kommt jeder von beiden zu seinem Entschluss?

2. Danach lese ich als Leiter den Text noch einmal.

3. Zur Erarbeitung bieten sich mehrere Möglichkeiten an:

a. Mit der zentralen Frage «Wofür ist mir mein Leben geschenkt?» wird nach dem Ziel des Lebens gefragt. Zugleich ist eindeutig, dass wir uns unser Leben nicht selbst geben können, sondern geschenkt bekommen. Die Teilnehmer können der Frage still nachgehen oder auch einige Stichwörter notieren. Ausführlicher wird die Erarbeitung, wenn jeder einen Bogen Papier bekommt. Darauf wird ein Kreis gemalt und in dessen Mitte die Frage geschrieben: «Wozu ist mir mein Leben geschenkt?» Alle schreiben und malen, was ihnen dazu einfällt. Mit Linien oder Farben können sie die Dinge verbinden, die ihrer Meinung nach zusammengehören.

Im Schlussgespräch können wir uns darauf konzentrieren, dass jeder einen Satz spricht, der mit den Worten beginnt: «Mein Leben ist mir geschenkt…»

b. In unserem Textausschnitt geht es um «innere Stimmen». Sie werden durch zwei Personen vertreten.

– Die eine Stimme sagt: «Mach was aus deinem Leben!»
– Die andere Stimme sagt: «Da kann man nichts machen, du musst dich fügen!»

Die meisten Menschen kennen beide Stimmen in sich, die «Stimme des Lebens» und die «Stimme des Duckens».

In Einzelarbeit schreiben wir einen Dialog der «Stimmen» (ca. 20 Minuten). (Lebendiger wird das Geschehen, wenn der Dialog mit einem Partner improvisiert wird. Jeder sollte ca. zehn Minuten Zeit für jede Stimme haben. Nach dem Wechsel der «inneren Stimmen» können die gemeinsamen Erfahrungen ausgetauscht werden. Dieses «Gespräch» kann gut bei einem Spaziergang erfolgen. Sprechen Sie sorgfältig die Zeit ab, zu der alle wieder im Arbeitsraum sind.)

Vorschläge für die Auswertung

- Was habe ich entdeckt?
- Wie höre ich auf meine «innere Stimme?
- Was kann ich tun, um meine «inneren Stimmen» deutlich zu hören?
- Welche Stimme ist deutlicher für mich?
- Was bedeutet die Rede vom «Weltenrichter» für mich?
- Ist mir mein Leben geschenkt?

c. Kommt bitte in Quartetten zusammen. Was würde Jesus sagen, wenn er dem Dialog zwischen Voigt und seinem Schwager zugehört hätte? Versucht gemeinsam, Jesu Reaktion in Worte zu fassen. Dabei könnt ihr Jesu Antwort in unserer heutigen Sprache ausdrücken. Ihr habt fünfzehn Minuten Zeit dafür. (Sie können für diese Aufgabe auch mehr Spielraum geben und imaginäre Antworten von anderen spirituellen Persönlichkeiten geben lassen: Welchen Kommentar würde der Dalai Lama geben? Mutter Theresa? Martin Luther King? Gandhi? Albert Schweitzer? etc.)

Der Hauptmann von Köpenick

Voigt: Und det Janze?! Det Janze, Friedrich, für wem is det? Wat steht hinter, Friedrich, 'n Gott oder 'n Teufel?! Nee, mir hamse zu lang jepufft, mir hamse nu wachjekriegt, da jibt's keen Pennen mehr, ick will det nu janz jenau wissen!!

Hoprecht: Ick sag dir zum letzten Mal: reinfügen musste dich! Nich mängeln gegen! Und wenn's dich zerrädert – denn musste det Maul halten, denn jehörste doch noch zu, denn biste 'n Opfer! Und det is 'n Opfer wert!! Mehr kann ick nich sagen, Mensch! Haste denn keine innere Stimme, Willem? Wo sitzt denn bei dir det Pflichtgefühl?!

Voigt: Vorhin – aufn Friedhof – wie de Brockn aufn Sarch runterjekullert sind – da hab ick's jehört – da war se janz laut, war se –

Hoprecht: Wer? Was haste jehört?

Voigt: De innere Stimme. Da hatse jesprochen, du, und da is alles totenstill jeworden in de Welt, und da hab ick's vernommen: Mensch, hatse jesagt – einmal kneift jeder 'n Arsch zu, du auch, hatse jesagt. Und denn, denn stehste vor Gott dem Vater, stehste, der allens jeweckt hat, vor dem stehste denn, und der fragt dir ins Jesichte: Willem Voigt, wat haste jemacht mit dein Leben? Und da muss ick sagen – Fußmatte, muss ick sagen. Die habick jeflochten im Jefängnis, und denn sind alle druff rumjetrampelt, muss ick sagen. Und zum Schluss haste jeröchelt und jewürcht, um det bisschen Luft, und denn war's aus. Det sagste vor Gott, Mensch. Aber der sagt zu dir: Jeh wech! sagt er. Ausweisung! sagt er! Dafür hab ick dir det Leben nicht jeschenkt, sagt er! Det biste mir schuldig! Wo is et? Wat haste mit jemacht?!
Ganz ruhig. Und denn, Friedrich – und denn is et wieder nischt mit de Aufenthaltserlaubnis.

Hoprecht: Willem – du pochst an de Weltordnung – dat is ne Versündigung, Willem! Det änderste nich, Willem! Det änderste doch nich!!

Voigt: Det will ick auch nich. Det will ick nich, Friedrich. Det könnt ick ja nich, da bin ich viel zu alleine für... Aber so knickerich, verstehste, möchte ick mal nich vor mein Schöpfer stehn. Ick will ihm nichts schuldig bleiben, verstehste? Ick wer noch was machen mit.

Hoprecht: Du pochst an de Weltordnung, Willem.

Voigt: Ausjeschlossen. Det wär ne Dummheit, det mach ick nich. Nee, Friedrich, da mach dir man keene Sorrjn. Ick wer mir nur mal'n bissken ranhalten, wer ick. Was die andern können, det kann ick noch lange. Lacht.

Hoprecht: Willem, wat haste denn vor? Wat willste denn anfangen, Mensch! Sprich dich doch aus, Willem – also ich hab dich gewarnt!!

(Aus: Carl Zuckmayer «Der Hauptmann von Köpenick»)

9.3 Das Weltgericht oder das große Geschenk

Ziele

Für die meisten abendländischen Christen ist der Gedanke an den Jüngsten Tag verbunden mit der Idee vom strafenden Gott. Dann findet eine endgültige Trennung der «Guten» von den «Bösen» statt. Für viele verbindet sich deshalb der Gedanke an das Jüngste Gericht mit apokalyptischen und Schrecken erregenden Bildern im Stil des holländischen Malers Breughel. Das wirkt in säkularisierter Form stark nach. Besser haben es die Gläubigen in den östlichen Kirchen. Die orthodoxen und die orientalischen Kirchen haben die Lehre von der «Allversöhnung» nie aufgegeben. Am Ende aller Tage wird «Gott sein Alles in Allem» (1. Kor. 15, 28). Was im Westen als Ketzerei galt, das hat der Osten prächtig ausgeschmückt: Jesu Barmherzigkeit wird am Ende aller Zeiten für alle sichtbar werden. Im Jüngsten Gericht wird es dann nicht um Verurteilung gehen, sondern richten heißt hier «aufrichten».

Um die Angst vor dem strafenden Gott zu mindern, greifen wir hier auf einen Text zurück, der die spirituelle Lebensbejahung der Ostkirche betont und die Liebe und Großmut Gottes. In seinem Roman «Der Brudermörder» gestaltet der griechische Schriftsteller Nikos Kazantzakis (1883–1957) – vielen bekannt durch den Film «Alexis Sorbas» – die Vorstellung von der Allversöhnung im Traum des Priesters Jannaros. Der Roman spielt zur Zeit des griechischen Bürgerkrieges nach dem zweiten Weltkrieg. Der Held Jannaros sieht die Passion Jesu mit der des griechischen Volkes verwoben ganz in der Gegenwart. In seinem lebendigen Glauben ist sich Jannaros gewiss: Jesus lebt und wirkt auf Erden, er leidet Schmerzen, Hunger und Unrecht, und er wird ans Kreuz geschlagen, mitten unter uns. Im Kommen Jesu geht es deshalb nicht um eine endgültige Scheidung in Gerechte und Ungerechte; es geht um aufrichtige

Hilfe, um Barmherzigkeit, von der niemand ausgeschlossen ist. Der griechische Dichter weist im Versöhnungswerk eine wichtige Rolle der Panagia, der Gottesmutter zu. Sie symbolisiert das weibliche Gesicht Gottes. Sie sitzt zu Füßen des Weltenrichters und ist eine liebevolle Anwältin für ihre Kinder, die Menschen.
In dieser Übung erzählen wir diese unvergessliche Geschichte und konzentrieren uns auf die Großzügigkeit Jesu Christi; statt Vergeltung zu fordern, macht der Gottessohn den Sündern das Geschenk seiner Barmherzigkeit, in das er sogar Teufel und Dämonen einbezieht.

Anleitung

(Vor dem Lesen der Geschichte sollte der oben angedeutete Hintergrund kurz skizziert werden.)
Im abendländischen Denken haben sich die Bilder von einer endgültigen Scheidung von Gut und Böse im kollektiven Unterbewussten tief eingeprägt. Sie wirken häufig durch ein unbestimmtes Gefühl der eigenen Unzulänglichkeit. Mit dieser Geschichte möchten wir wirksame Bilder dagegen setzen. Auch so spricht Gott zum Menschen…
Die Geschichte kann uns helfen, über Gott, das Weltgericht und die «letzten Dinge» neu nachzudenken, ohne geprägte Einstellungen sofort zu verändern.
Wie kann man erreichen, dass die Menschen in Frieden leben? Die klassische Antwort lautet: Wir müssen alle aggressiven Störenfriede ausschließen und bestrafen. Nur die Angst vor Strafe führt nach dieser Auffassung dazu, dass wir uns Mühe geben, uns friedlich zu verhalten. Jesus hat eine ganz andere Antwort gegeben, die nicht auf Pessimismus beruht, sondern auf grenzenloser Liebe zum Leben: Die Kraft der Liebe führt zu Frieden und Barmherzigkeit. Diese Position wird von manchen als unrealistisch bezeichnet. Aber vielleicht ist es auch ein Mangel an Phantasie, wenn wir diese Botschaft von Jesus Christus bezweifeln.

Der Traum des Jannaros

Und Jannaros hatte einen Traum: Die Posaunen des Jüngsten Gerichtes dröhnten, die Schollen der Erde hoben sich und brachen auf, und hervor kamen, wie Schnecken nach dem Regen, noch mit Lehm bedeckt, in unzähligen Scharen die Toten. Zu festen Leibern wurden sie im Sonnenlicht; stark wurden wieder die Gerippe, Fleisch legte sich darum, es füllten sich die leeren Höhlen der Augen, in die Kiefer kamen zurück die ausgefallenen Zähne, Leben schlug wieder in den Herzen. Und außer Atem noch eilten sie und stellten sich vor Christus auf, zur Rechten die einen, zur Linken die anderen; und Er saß in der Mitte: zwischen

Erde und Himmel, auf goldbesticktem, tiefblauem Kissen, zu seinen Füßen aber hatte sich niedergeworfen die Panagia, die Mutter Gottes, und sie betete.
Christus wandte sich zur Rechten und lächelte; da öffnete sich mit einem Male, ganz aus Smaragd gebildet, das Tor zum Paradiese, Engel in rosenroten Gewändern und mit blauen Flügeln umjubelten die Geretteten und führten sie auf blütengeschmückten Wegen singend zum Throne Gottes.
Dann wandte sich Christus zur Linken und zog die Brauen zusammen; sogleich erhob sich Jammergeschrei, und zahllose Teufel mit Schwänzen und Hörnern schwenkten feurig-glühende Haken, spießten die Sünder auf, so wie man Ochtapodia, den Tintenfisch harpuniert, und wollten sie in die Hölle schleudern. Da vernahm die Panagia, die Mutter Gottes, das Wehgeschrei, drehte sich danach um: ihr blutete das Herz, und sie rief: «Meine Kinder – weinet nicht, schreiet nicht! Denn nicht nur gerecht ist mein Sohn, auch voller großer Barmherzigkeit ist er – fürchtet euch nicht!»
Da lächelte Christus auch und sagte:
«Meine Kinder – das habe ich nur getan, um euch zu erschrecken. Auf nun! – Das Herz Gottes ist weit und hat Raum für Gerechte und Ungerechte. Kommt alle ins Paradies!»
Verblüfft standen die Teufel da; aus ihren Händen fielen die feurigen Haken, und nun erhoben sie ein Wehegeschrei.
«Und wir, Herr?», heulten sie. «Und wir? Was soll jetzt aus uns werden?»
Mitleidvoll blickte Christus sie an, und während er sie ansah, lösten sich ihre Schwänze und fielen ab, es fielen auch die Hörner ab, ihre Gesichter wurden freundlich, knittrige, noch ganz zarte blaue Flügel begannen, aus ihren Rücken hervorzuwachsen. «Kommet auch ihr in die Wohnung Gottes», rief Christus ihnen zu. «Jüngstes Gericht bedeutet nicht Vergeltung, sondern Barmherzigkeit.»
Während dieser Worte aber war es, als senke sich ein Regenschleier über alle, über Gerechte und Ungerechte, über Paradies und Hölle und Christus ... und alles verschwand. – Pfarrer Jannaros sprang mit einem Schrei auf.
(Aus: Nikos Kazantzakis «Brudermörder»)

1. Wie wirkt diese Geschichte auf dich?… Glaubst du, dass die Guten nur deshalb dem Bösen widerstehen, um der Strafe zu entgehen?… Aus welchen Gründen tun die Menschen deiner Meinung nach das Böse?… (Rundgespräch 10 Minuten)

2. Die Geschichte zeigt die Großzügigkeit Jesu. Er schenkt auch den Sündern zu seiner Linken den Zugang zu seinem Himmel. Aber das ist nicht das einzige Geschenk, das Jesus macht. Sein größtes Geschenk ist, dass er Mensch geworden ist und alles, was unser Menschsein ausmacht, mit uns geteilt hat. Kommt nun bitte in Quartetten zusammen und erinnert euch an die schönsten Geschenke, die ihr bis heute bekommen habt. Denkt nicht nur an Gegenstände, sondern auch an die unschätzbaren Geschenke von Liebe und Zuverlässigkeit, Freundschaft und tiefer Zuneigung. Erzählt einander, was euch einfällt. (15 Minuten)

3. Erinnert euch jetzt bitte an die wichtigsten Geschenke, die ihr selbst gemacht habt. Erinnert euch daran, wen ihr beschenkt habt und womit ihr eure Liebe und Freundschaft ausgedrückt habt. Erzählt einander, woran ihr euch erinnert. (15 Minuten)

4. Kommt nun bitte wieder zum Kreis zurück. Ich möchte euch jetzt zu einer Übung einladen, in der ihr die Praxis des Schenkens lernen und vertiefen könnt. Ihr habt euch nun schon eine ganze Zeit kennen gelernt, und ihr wisst voneinander, was eure Stärken und Schwächen sind. Ihr kennt etwas von den Ressourcen, die jeder hat und ihr habt auch eine Ahnung davon, was dem Einzelnen in seinem Leben fehlt.
Konzentriere dich nun bitte darauf, welches persönliche Geschenk du in dieser Gruppe anbieten könntest. Dieses Geschenk soll etwas sein, was man nicht sehen oder anfassen kann. Es soll ein Geschenk sein, wo du etwas von deiner Zeit gibst und von deiner Bereitschaft, mit einem Menschen dieser Gruppe zusammen zu sein. Geh davon aus, dass du nicht weißt, wer dein Geschenk bekommen wird, aber denke dir ein Geschenk aus, das zu dieser Gruppe passt. Ich will dir ein paar Beispiele geben, was du zum Geschenk machen könntest:

- Du könntest jemanden zum Essen zu dir nach Hause einladen.
- Du könntest jemanden ins Theater oder ins Kino einladen.
- Du könntest mit jemandem eine Ausstellung besuchen.
- Du könntest jemanden zu einer Wanderung einladen.
- Du könntest drei Stunden deiner Zeit verschenken, um jemandem bei einer schwierigen oder unangenehmen Arbeit zu unterstützen.
- Du könntest jemandem, der Kinder hat, anbieten, für einen Abend die Aufgabe des Babysitters zu übernehmen.

Bitte denk darüber nach, was du zu verschenken hast, welche Möglichkeiten du hast und wie viel du einsetzen willst. Wenn du das herausgefunden hast, nimm dir ein Blatt Papier und schreibe darauf: «Geschenkgutschein». Dann schreibe ganz genau, was du verschenken willst und was du versprichst. Es ist entscheidend, dass du diese Zusage einhalten wirst. (5 Minuten).

5. Jetzt werde ich alle Geschenkgutscheine in einen Umschlag tun. In diesem Umschlag steckt jetzt eine ganze Menge an Großzügigkeit, an Freundlichkeit, Nächstenliebe und Herzlichkeit. Niemand weiß, was da alles zusammen gekommen ist. Aber ich glaube, der Inhalt dieses Umschlages ist wertvoll und einmalig. Und nun kommt der schwierige Teil, den wir bisher noch nicht bedacht haben. Ihr müsst euch einigen, welches Gruppenmitglied welches Geschenk bekommen soll. Diese Aufgabe ist ungewöhnlich und wirkt auf den ersten Blick schwierig. Es steckt auch eine große Möglichkeit darin: Ihr müsst euch nämlich jetzt mit jedem Gruppenmitglied beschäftigen, um herauszufinden, für wen welches Geschenk am wertvollsten sein kann. Dazu werdet ihr einige Zeit brauchen. Indem ihr miteinander nachdenkt und miteinander sprecht, bekommt jeder sozusagen ein Zusatzgeschenk: jeder bekommt Aufmerksamkeit und Verständnis. Denkt bitte daran: für manchen von uns ist es vielleicht wichtig zu lernen, großzügig zu schenken, und für manchen von uns ist es vielleicht noch wichtiger zu lernen, sich beschenken zu lassen.

In diesem Falle möchte ich keine Zeit für die Übung vorgeben. Ich schätze, dass ihr dafür mindestens eine Stunde braucht, um gemeinsam zu einer Entscheidung zu kommen. Beachtet bitte eine Spielregel: Jede Entscheidung muss einstimmig getroffen werden. Der Beschenkte muss zustimmen können und alle anderen auch. Zu dieser Einmütigkeit kann man selten schnell kommen. Wir brauchen dazu Geduld und die Bereitschaft zu hören und zu sprechen. Im Laufe der Zeit entsteht in unserer Gruppe vielleicht etwas sehr Wertvolles. Das würde ich in diesem Falle gern Weisheit nennen.

(Wenn die Gruppe alle Entscheidungen getroffen hat, muss Gelegenheit sein, dass jeder kommentiert, wie er sich am Ende dieses anspruchsvollen und anstrengenden Prozesses fühlt. Die Realisierung der Geschenke sollte möglichst in dem Zeitraum erfolgen, in dem die Gruppe zusammen ist.)

9.4 ... Jesus heilt (Johannes 5, 1–9)

Ziele

Wir machen hier noch einen weiteren Versuch, das strenge Bild von Jesus Christus, das am Ende des zweiten Artikels gezeichnet wird, aufzulösen. Unser Ziel ist es, Freude, Gelassenheit und Liebe aufzubauen und Ängste abzubauen. Wir gehen zurück in das Leben Jesu und laden die Teilnehmer zu einer Meditation über die Erzählung Johannes 5, 1–9 ein. Hier begegnen wir Jesus nicht als den Weltenrichter. Wir treffen den heilenden Jesus, der sich um einen Kranken kümmert, der ihn um Hilfe bittet.
Wir wählen eine Form der Meditation, die den biblischen Text in eine Phantasiereise überführt. Dabei können die Teilnehmer über ihre Sorgen und Heilungswünsche mit Jesus sprechen.

Anleitung

Karl Barth wurde einmal von einer alten Frau gefragt: «Gell, Herr Professor, im Himmel sehen wir all unsere Lieben wieder?» Karl Barth antwortete trocken: «Ja, die auch.» Für viele Menschen ist es schwer, Abschied zu nehmen. Menschen mit wenig Phantasie hoffen, dass sie im Himmel alle ihre geliebten Toten genauso wiedertreffen, wie sie sie im Leben gekannt haben. Sie vergessen, dass sie auf diese Weise eine unendliche Geschichte auch aller Familienkonflikte und Fehden erleben würden.
Wir glauben, dass in einer Welt, die jenseits unserer Erfahrung ist, etwas vollständig Neues sein wird. Wir nehmen jedoch an, dass sich Jesus – jenseits von Raum und Zeit – treu bleibt und das Werk seiner Versöhnung und Heilung fortsetzt.
Darum möchte ich euch jetzt einladen, noch einmal in das Leben Jesu mitzugehen, mitten hinein in eine der berühmten Heilungsgeschichten. Wir benutzen unsere Phantasie und nehmen eine Situation aus dem Leben Jesu und erleben sie noch einmal neu, nicht nur als Beobachter von außen, sondern als Beteiligte. Wir stellen uns vor, dass dieses Ereignis heute stattfindet.

1. Bitte setz dich bequem hin und schließ die Augen. Gib deinem Körper die Erlaubnis, sich zu entspannen. Richte zunächst deine Aufmerksamkeit auf deinen Atem. Nimm wahr, wie du atmest... Vielleicht stellst du fest, dass deine Art zu atmen sich ganz von selbst etwas ändert, ohne dass du dich dabei anstrengen musst...
   Lass dir einen Augenblick Zeit, um mit deiner Aufmerksamkeit in deinem Körper herumzuwandern, um jene Stellen aufzuspüren, wo du Anspannung

findest. Schenke diesen Stellen deines Körpers Entspannung, indem du dir vorstellst, dass du deinen warmen Atem dorthin schickst… Lass beim Ausatmen die Anspannung aus deinem Körper hinausfließen, so dass du dich Schritt für Schritt ruhiger und gelöster fühlen kannst…
Geh mit deiner Aufmerksamkeit nach innen und finde in deiner Phantasie eine kleine Tür, durch die du hindurchgehen kannst, zweitausend Jahre zurück nach Jerusalem. Vor den gewaltigen Mauern der Stadt findest du in der Nähe des Schaftores einen Teich, der seit alters Bethesda genannt wird.
Es ist Frühlingszeit, die Luft ist angenehm warm. Lass dir Zeit, die Umgebung des Teiches zu sehen – Palmen, Ölbäume und Eukalyptussträucher. Achte auch auf die fünf hölzernen Hallen, in denen viele Kranke auf ihre Heilung warten, Männer und Frauen, Kinder und Alte, Blinde, Gelähmte, Aussätzige, Verwundete… Bemerke auch, dass du in derselben Art gekleidet bist wie die Menschen in deiner Umgebung. Höre die Stimmen der Wartenden und sieh, wie ab und zu ein einzelner Kranker zum Wasser geführt wird und hineinsteigt, um gesund zu werden. Wenn du willst, kannst du näher herangehen, um die Gesichter der Kranken zu betrachten.
Was sagen sie? Was geschieht mit denen, die aus dem Wasser zurückkehren? Sind sie sofort geheilt, oder ist das Bad im See der Beginn ihrer Heilung?… Finde auch eine Antwort darauf, warum du selbst zu dieser heiligen Stelle gekommen bist… Wie fühlst du dich an diesem heiligen Platz? Was tust du? Sprichst du mit jemandem? Mit wem unterhältst du dich?… Und nun siehst du mitten unter den Kranken einen alten Mann, der ganz ohne Begleitung ist. Er ist nicht in der Lage, ohne fremde Hilfe zu gehen. Kannst du sehen, wie dieser Mann gekleidet ist?… Vielleicht magst du zu ihm gehen, um mit ihm zu sprechen. Was sagst du zu ihm oder was fragst du ihn?… Was erzählt er dir?… Lass dir Zeit, um möglichst viele Einzelheiten über sein Leben herauszufinden. Kannst du verstehen, wie dieser chronisch Kranke sich fühlt? Wie viel Hoffnung kannst du bei ihm spüren? Was empfindest du selbst, wenn du dich mit diesem hoffnungslosen Fall beschäftigst… (2 Minuten)
Während du dich mit dem Kranken unterhältst, bemerkst du, dass ein einzelner Mann an diesen Platz kommt. Intuitiv weißt du, es ist Jesus, der sich seinen Weg durch die vielen Menschen bahnt. Beobachte, wie er sich bewegt und was er tut.
Wohin geht er? Wie reagiert er auf all die Menschen? Was drücken seine Bewegungen und Gesten aus? Kannst du dir vorstellen, was Jesus beim Anblick all der Kranken fühlt?…

Nun kommt er direkt auf dich und den chronisch kranken Mann zu… Was fühlst du jetzt? Du gehst einen Schritt zur Seite, weil du bemerkst, dass Jesus mit dem Kranken sprechen möchte. Wie spricht Jesus den Kranken an? Was antwortet der Kranke?… Hör dir ihr Gespräch an. Am Ende fragt Jesus ganz einfach: «Möchtest du wieder gesund werden?»… (2 Minuten)
Hör nun, wie Jesus die Unsicherheit, die Einsamkeit und Hilflosigkeit des Kranken beendet, indem er einfach sagt: «Steh auf, nimm dein Bett und geh nach Hause.»
Wie ist die erste Reaktion des Kranken? Wie verändert sich sein Gesichtsausdruck?… Du staunst über seine Bereitschaft aufzustehen… Sieh das Wunder, wie er es tatsächlich schafft, sich zu erheben. Was tut der Mann jetzt?… Wie reagiert Jesus?… Was geht in dir selbst vor?… (2 Minuten)
Und jetzt stell dir vor, Jesus wendet sich an dich. Er beginnt ein Gespräch mit dir… Sprich mit ihm über das Wunder, dessen Zeuge du gerade geworden bist… Benutze die Gelegenheit, auch von dir selbst zu sprechen. Gibt es irgendeine Krankheit, eine Schwäche, an der du leidest – physisch… emotional… spirituell?… Erzähle Jesus davon.
Was antwortet Jesus dir? Höre auch, wie Jesus dir dieselbe Frage stellt: «Möchtest du gesund werden? Möchtest du wirklich geheilt werden? Bist du bereit, mit all den Konsequenzen einer Heilung zu leben?» Dies ist ein Augenblick der Gnade. Hast du den Glauben, dass Jesus dich heilen kann und dass er bereit ist, dich zu heilen? Höre genau hin, welche heilenden Worte Jesus zu dir spricht… Vielleicht legt er seine Hände auf dich und schaut dir in die Augen. Was fühlst du dabei?… (1 Minute)
Glaubst du daran, dass die Worte Jesu eine Auswirkung auf dich haben werden? Möchtest du, dass Jesus dich noch segnet, ehe er weitergeht, um die Stadt durch das Schafstor zu betreten?…
Verabschiede dich jetzt von Jesus. Du kannst dir wünschen, dass er immer, wenn du ihn brauchst, zu dir zurückkommen wird in deine Gebete… Nun sieh, wie Jesus den Teich verlässt und in die Stadt geht…
Es ist Zeit, dass du selbst auch Abschied nimmst vom Teich Bethesda und von all den Menschen, die hier auf Heilung warten. Gehe zurück durch die Pforte der Erinnerung, zurück in deinen Körper… Reck und streck dich, atme tief aus und öffne in deinem eigenen Rhythmus die Augen. Sei wieder hier in diesem Raum, nimm wahr, wer noch mit dir im Raum ist.

2. Laden Sie nach einer kurzen Pause die Gruppenmitglieder zu einem Rundgespräch ein, um sich darüber auszutauschen, was sie während der Meditation erlebt haben:
- Was war besonders wichtig für mich?
- Welche Gefühle habe ich bemerkt?
- Habe ich meine Phantasie benutzt, um Jesus zu sehen? Wann hatte ich Schwierigkeiten?
- Welche Art der Heilung habe ich mir gewünscht?
- Bei welchen Gelegenheiten in meinem Leben hatte ich das Gefühl, dass Jesus mir nahe ist?
- Wann wurden Gebete von mir erhört?

9.5 Richten und Aufrichten: Körperübungen

Ziele

Mit Körperübungen können wir den Teilnehmern vermitteln, was es bedeutet, sich aufrichten zu lassen. Dabei können alle möglichen Assoziationen und Erfahrungen bewusst werden. Die befreiende Kraft der Liebe Gottes kann im Körper gespürt werden.
Sie können diese kleinen Wahrnehmungsübungen jederzeit im Kurs einstreuen. Sie können sie aber auch als eine «Körpereinheit» hintereinander ausprobieren. Dabei sollten die Übungen mit guten Stand, ohne Schuhe, nur in Socken ausgeführt werden. Der Kontakt zur tragenden Erde ist dann intensiver. Stellen Sie immer wieder den Bezug zum heilenden und aufrichtenden Menschensohn her.

Anleitung

Viele Dinge, die im Glauben eine Rolle spielen, können wir auch mit unserem Körper nacherleben: Vertrauen, Lebendigkeit, Heilung, Beweglichkeit, Kraft und Balance.

1. Zum Stand kommen – Manchmal brauchen wir einander, um uns gegenseitig wieder aufzurichten. Die Voraussetzung ist, dass wir Vertrauen zueinander haben und den Willen, einander zu helfen. Es ist nicht die Absicht der Schöpfung Gottes, dass wir allein sind. Jeder von uns braucht Gefährten:
Wähle dir einen Partner und stelle dich ihm gegenüber hin, im Abstand von zwei Armlängen… Stell deine Füßen in Schulterbreite auseinander… Lege deine Handflächen flach gegen die Handflächen des Partners und mach deinen Körper ganz gerade…

Nun lehnt euch beide nach vorn, so dass eure Köpfe dicht zusammenkommen. Und verabredet euch jetzt ohne Worte zu einer kleinen «Auferstehung». Schnellt wie Sprungfedern in den Stand zurück…

Wenn ihr mit diesem Abstand gut zurechtkommt, könnt ihr ein wenig weiter auseinander treten. Berücksichtigt dabei das Vertrauen, das ihr zueinander gefasst habt.

Versucht auch diesmal euch gegenseitig wieder in den Stand zu bringen. (3 Minuten)

Und nun lasst euch fünf Minuten Zeit, um miteinander zu sprechen:

- Was ist mir durch den Sinn gegangen?
- Wie sicher habe ich mich gefühlt?
- Welchen Augenblick konnte ich am meisten genießen?
- Wann kann ich jemanden besser kennen lernen: im Spiel oder bei der Arbeit?

2. **Das Kreuz stärken –** In vielen Situationen im Leben müssen wir selbständig versuchen, unsere Balance zu halten. Darum ist es ein unvergleichbarer Genuss, mit jemandem zusammen zu sein, mit dem wir einen gemeinsamen Rhythmus haben und der uns hilft, unsere Balance zu halten.

Geht nebeneinander (auf Socken!) durch den Raum. Einer von euch soll auf den Fußspitzen gehen. Der andere übernimmt die Rolle des Helfers und stützt den Partner mit der flachen Hand im «Kreuz», d. h. er legt seine Hand leicht wie eine Feder zwischen dessen Schulterblätter… Spürt nach, was ihr erlebt.

Wechselt die Rollen. Nun versucht der andere, möglichst hoch aufgerichtet auf den Zehen zu gehen. Je höher ihr euch reckt, umso wichtiger wird die Unterstützung des Partners. Spürt wieder euren Empfindungen nach. (3 Minuten)

Nun nehmt euch fünf Minuten, um diese kleine Übung auszuwerten:

- Welche Assoziationen und Gefühle hatte ich bei dieser Übung?
- Warum reicht manchmal eine federleichte Berührung, um Sicherheit zu geben?
- Warum ist massive Hilfe oft unangebracht?
- Kann ich Gott besser spüren, wenn ich mich anstrenge oder wenn ich ganz locker lasse?

3. **Ich richte mich auf –** Es gibt im Leben immer wieder Situationen, in denen wir uns deprimiert fühlen. Wenn wir Gefühle der Trauer wahrnehmen, ist es oft hilfreich herauszufinden, was wir vermissen oder was wir verloren haben. Anschließend geht es uns wieder besser. Wir können uns dann viel

leichter wieder aufrichten. Unsere Gefühle verändern sich, wenn wir ihnen unsere Aufmerksamkeit schenken. Diesen Zusammenhang kannst du gleich körperlich erleben.

Gehe im Raum umher (am besten ohne Schuhe)... Lass dich dabei hängen... Noch ein bisschen mehr... Lass Kopf und Oberkörper nach unten hängen, wirklich hängen. Gehe so «hängend» weiter.

Nun bleib bitte stehen und finde den Punkt in deinem Körper, von dem aus du dich aufrichten kannst. Achte darauf, wo der Punkt in der Mitte deines Körpers ist. Wenn du es nicht gleich spürst, so achte auf dein Kreuzbein. Komme langsam mit deinem Oberkörper nach oben und nimm wahr, wie sich dein Atem verändert und dein Blickfeld... Lass dir viel Zeit dabei... Wenn du ganz aufgerichtet bist, geh wieder im Raum umher und spüre die Kraft deines Körpers und seine wohltuende Spannung. (2 Minuten)

Nun komm mit einem Partner zusammen, damit ihr euch austauschen könnt:

- An welcher Stelle in deinem Körper war der Punkt, von dem aus du dich aufrichten konntest?
- Wie hast du geatmet, als du durchhängend herumgegangen bist?
- Welche Gedanken sind dir da durch den Sinn gegangen?
- Wie hast du dich gefühlt, als du ganz gerade aufgerichtet durch den Raum gegangen bist?
- Gibt es Unterschiede in deinem Körperempfinden jetzt und vor Beginn der Übung?

4. **Ich werde aufgerichtet –** Aus einer traurigen Stimmung können wir uns nur selbst befreien oder müssen zumindest bei unserer Befreiung mitwirken. Oft hilft es uns aber auch, wenn wir einem anderen von unserem Kummer erzählen und Verständnis finden. Es kann auch tröstlich sein, wenn wir daran denken, dass auch Gott unseren Kummer spürt und nicht von uns verlangt, ununterbrochen heiter und glücklich zu sein.

   Wähle dir einen Partner... Stellt euch bitte voreinander hin... Nun beugt sich einer von euch nach vorn und lässt Kopf und Oberkörper nach unten fallen, ganz schlaff... Vielleicht möchtest du dabei auch die Augen schließen...

   Der Partner hat nun die Aufgabe, dich so zu berühren, dass du dich von selbst wieder aufrichten möchtest... Finde heraus, welche Art der Berührung für deinen Partner am besten ist und warte geduldig ab, bis er sich wieder aufrichten möchte... Spürt nach, was ihr in euren Rollen erlebt...

   Bitte sprecht erst miteinander, wenn ihr die Rollen gewechselt habt. Dann unterhaltet euch darüber, was ihr in beiden Rollen erlebt habt, was ihr empfunden habt. (5–10 Minuten)

5. **Die Hände auflegen –** Hier ermöglichen wir eine besondere Art der Erfahrung und der Begegnung. Ohne Worte senden wir einem Teilnehmer positive Botschaften: Ich bin bei dir. Ich akzeptiere dich so, wie du bist. Ich segne dich.
Kommt bitte zu viert zusammen und verteilt euch im Raum. Immer einer aus jedem Quartett stellt sich in die Mitte und schließt die Augen. Während du mit geschlossenen Augen dastehst, konzentriere dich bitte auf jene Wünsche, die für uns alle am wichtigsten sind: Ich möchte glücklich sein… Ich möchte, dass mir zu schweres Leid erspart bleibt…
Die drei anderen Mitglieder des Quartetts reiben jetzt ihre Hände kräftig aneinander, so dass die Handflächen ganz warm werden… Legt nun eure beiden Hände auf den Körper dessen, der mit geschlossenen Augen vor euch steht. Er soll spüren, dass ihr bei ihm seid. Legt eure Hände von allen Seiten ganz leicht und achtsam auf ihn und lasst aus ihnen Liebe und Freude in seinen Körper fließen. Seid dabei ganz bei diesem Menschen und bei der achtsamen Kraft eurer Hände mit all eurem Fingerspitzengefühl.
Wenn der so «Gesegnete» spürt, dass er genug bekommen hat, öffnet er die Augen, wird euch anschauen und euch danken. Schweigt eine Weile und spürt nach.
Dann kann der Nächste von euch in die Mitte gehen, und ihr wiederholt dieses Ritual mit ihm.
Achtet darauf, dass ihr euch vor dem jeweiligen Rollenwechsel Zeit lasst zum Nachspüren und zur Konzentration auf die andere Person.
Setzt euch am Schluss zusammen und sprecht darüber, was ihr bei dieser Übung erlebt habt.

Kapitel 10
GEIST UND GEISTIN

Ich glaube an den Heiligen Geist…

So wurde der Mensch zu einem lebendigen Wesen.
(1. Mose 2,7)

10.1 Komm herab, o Heil'ge Geistin

Heiliger Geist

Gefragt, wo ich den «Heiligen Geist» gespürt oder erfahren habe, werde ich verlegen. «Heiliger Geist», das ist ein paar Nummern zu groß, wie ein Paar Schuhe, in denen ich mich nicht recht bewegen kann. Vielleicht muss die Frage ein wenig anders gestellt werden: Wo hast du den «Geist des Lebens» oder wo hast du den «Atem des Lebens» gespürt?

Auf diese Frage fallen den meisten Menschen Geschichten ein. Einer erzählt von einem langen Spazierweg am Strand: Der Wind zerzaust die Haare, und zugleich durchbläst er die chaotisch verschachtelten Gedanken. Unmerklich ordnet er das Chaos und gibt einen neuen Blick.

Jemand wird an den Geist in einer Gruppe von Menschen erinnert, in einer Nachbarschaft, einer Gemeinde, die trägt: Wir verstehen und ergänzen uns bei allen Unterschieden, die bleiben. Keiner muss sich schützen oder taktieren. Der Geist verbindet uns.

Wieder ein anderer denkt an die Inspiration, die Eingebung, die ihm geschenkt wird, wenn er schöpferisch oder künstlerisch arbeitet, die zündende Idee, ohne die alle Arbeit nur Werkelei ist.

Eine Frau erzählt von der Geburt ihrer Kinder, wie der Rhythmus des Atems die Kinder aus ihrem Leib schob.

Ein Buddhist erklärt, dass er das, was für die Christen «Heiliger Geist» sei, lieber als «Achtsamkeit» bezeichne.

Lauter Bilder, die andeuten, wie «Heiliger Geist» erlebt werden kann: Lebenskraft, Seele, Atem, heilender Geist, Inspiration… «Heiliger Geist» wirkt da, wo die Außenwelt die Innenwelt berührt. Das alles ist er und noch viel mehr. Mit Worten und Begriffen ist er nicht dingfest zu machen.

Greifbar – und doch nicht greifbar, sanft – aber unaufhaltsam, unmerklich und doch voller Kraft, tief im Innersten – und doch weit nach außen wirksam. Etwas, das ich nur festhalten kann, wenn ich's loslasse. Etwas, von dem ich lebe wie von meinem Atem, tief gründend und gelassen in den Zeiten der Ruhe, schnell und heftig, wenn ich erregt oder begeistert bin.

In der Schöpfungsgeschichte wird erzählt, dass Gott dem Menschen den Odem des Lebens in die Nase bläst (Gen. 2, 7). Ein Bild, das auf mich zunächst absto-

ßend wirkt. Mir soll niemand etwas in die Nase blasen! Doch je länger dieses Bild auf mich wirkt, desto mehr wird mir klar: Die Schöpfung ist noch längst nicht zu Ende. Mit jedem Atemzug, den ich atme, bläst mir Gott seinen Lebensodem ein. Ich nehme Atem auf, verwandle ihn und lasse ihn los. Dieser Atem gibt mir mein Leben; vom ersten Atemzug – bis zum letzten. Mit dem Atem bin ich mit der gesamten Schöpfung, mit dem ganzen Kosmos in Kontakt. Ich teile ihn mit allen Lebewesen; allumfassend und doch ganz intim.
Das erste Schöpfungsgedicht in der Bibel beginnt mit den Worten: *Am Anfang schuf Gott Himmel und Erde. Und die Erde war wüst und leer, und es war finster auf dem tiefen Wasser, und der Geist Gottes brauste über dem Wasser.*

«Gottes Geist» wird hier als Gegenüber zu Himmel und Erde, zu Wüste und Wirrnis gemalt, der Gegenpol des Chaos. «Gottes Geist» ist der Schöpfergeist, der die innerste Dynamik der Welt beseelt und zugleich entfaltet. Der formlose Grundstoff wird gestaltet: Licht, Form, Farbe, Leben, Atem. Gottes Geist ist die Urkraft, die geistige Triebkraft, die die Materie erst beseelt. Der Geburtsvorgang der Erde wird erzählt. Und darum sollte der Geist dann auch konsequenter und lebensvoller als «die Geistin» angesprochen werden.
Und noch ein Letztes: Von alters her ist die Taube das Symbol des «Heiligen Geistes». In vielen Kirchen wurde sie früher zu Pfingsten gezeigt. Doch wer weiß noch, dass die Taube ursprünglich eine Botin der Liebesgöttin war, ein Symbol der erotisch-mütterlichen Kraft? Wenn wir lernen, die Symbole wahrzunehmen und zu verstehen, entdecken wir auch den Geist, die Geistin, der/die ganz macht, heilt und tröstet. Männliches und Weibliches im Bild Gottes werden zusammengeführt.
Welche anderen Gottesbilder hätten wir, wenn wir begännen, die «Geistin» zu erkennen! Welche Bilder von Gott könnten unsere Kinder malen! Im Verlauf unserer Geschichte wurde der Geist vermännlicht und unsere Auffassung vom Geist Gottes und von Gott selbst wurden verkürzt und verfälscht. Wir brauchen einen ganzen Gott, männlich und weiblich, keinen halben. Sonst verkümmern wir.
Willigis Jäger lässt den alten Pfingsthymnus so erklingen, dass die «Geistin» gehört und gesehen werden kann.

Komm herab, o Heil'ge Geistin, die die finst're Nacht zerreißt,
strahle Licht in diese Welt.
Komm, die alle Armen liebt, komm, die gute Gaben gibt,
komm, die jedes Herz erhellt.

Höchste Trösterin im Leid, die uns Herz und Sinn erfreut,
köstlich Labsal in der Not.
In der Unrast schenkst du Ruh, hauchst in Hitze Kühlung zu,
spendest Trost in Leid und Tod.
Komm, o du glückselig Licht, fülle Herz und Angesicht,
dring bis auf der Seele Grund.
Ohne dein lebendig Wehn kann im Menschen nichts bestehen,
kann nichts heil sein noch gesund.
Was befleckt ist, wasche rein, Dürrem gieße Leben ein,
heile du, wo Krankheit quält.
Wärme du, was kalt und hart, löse, was in sich erstarrt,
lenke, was den Weg verfehlt.
Gib dem Volk, das dir vertraut, das auf deine Hilfe baut,
deine Gaben zum Geleit.
Lass es in der Zeit bestehn, deines Heils Vollendung sehn
Und der Freuden Ewigkeit. Amen Halleluja.
(Aus: Willigis Jäger «Suche nach dem Sinn des Lebens», Seite 210.)

Drei Flammen

Die libanesische Künstlerin Mireille Samir Chaker gestaltete dieses Bild für den ökumenischen Weltgebetstag Frauen 2003.
Eine weibliche Gestalt wird vom Geist Gottes angeweht, berührt und umfasst. Früchte des Geistes wachsen als kleine dreifache Flamme weiter.
Wir können in dem Bild verschiedene Symbole der Heiligen Geistin erkennen: die Taube, die Frau, den Wind, das Feuer, die Drei und, um 90 Grad gedreht, auch den heiligen Baum des Libanon, die Zeder.

10.2 Variationen über den Heiligen Geist

Ziele

In dieser Übung geht es um die Gesamtheit des dritten Artikels. Die klassische Möglichkeit, den Inhalt eines Textes zu verstehen, ist die Erklärung. Wir versuchen einen anderen Zugang, indem wir zwei Alternativtexte entwickeln lassen. In der ersten Alternative werden die Teilnehmer einen diametral entgegengesetzten Text formulieren, eine Art Credo vom Diabolos, vom «Durcheinanderbringer». In der klassischen Form der «via negationis» erkennen die Teilnehmer den eigentlichen, tieferen Inhalt des vorgegebenen Textes.
Die zweite Alternative soll die Stimme des persönlichen Glaubens sein. Die Teilnehmer beschreiben in vier bis sechs Zeilen, woran sie selbst glauben.
Diese Vorgehensweise weckt das Interesse und die spirituelle Intuition.
(Sie benötigen für jeden Teilnehmer eine Kopie von Seite 185.)

Anleitung

Von Gott Vater und Mutter bekennen wir, dass er/sie die Erde geschaffen hat in einer sichtbaren und unsichtbaren Ordnung. Von Jesus Christus bekennen wir, dass er Mensch geworden ist und gestorben ist, um ein neues Leben für uns zu beginnen. Vom Heiligen Geist wissen wir viel weniger.
Ich glaube, wir alle wissen, wie menschliche Gruppen von einem bestimmten Geist erfasst werden können. Auf einer Friedensdemonstration zum Beispiel können wir den Geist von Solidarität, Mitgefühl und Nächstenliebe spüren. Wenn wir zufällig Zeugen eines Bandenkampfes oder einer Straßenschlacht werden, erleben wir den Geist von Aggression und Hass. Vielleicht wäre der eine oder andere von uns bereit, bei der Friedensdemonstration das Wirken des Heiligen Geistes anzuerkennen und im Straßenkampf das Wirken von teuflischen, zerstörerischen Kräften. In manchen Fällen könnte man sich auch streiten, ob wir das Wirken des Heiligen Geistes spüren oder ob es sich um die egoistische Stimme einzelner Gruppen handelt. Die Unterscheidung der Geister erfordert unser Herz und unseren Verstand.
Ich möchte euch dazu einladen, euch mit dem Text des dritten Artikels zu beschäftigen, wie er in unserer Tradition überliefert ist.

1. Nimm dir bitte eine Kopie mit dem Text des dritten Artikels und formuliere zunächst einen Anti-Text dazu, indem du das genaue Gegenteil von dem, was da steht, zum Ausdruck bringst. Ein Beispiel: Das Gegenteil von «Amen» könnte sein… oder… Das Gegenteil von «Vergebung der Sünden» ist… Wie könnte der dritte Artikel lauten, wenn er aus der Feder Luzifers

käme? Schreibe deine Version auf ein Blatt. (10 Minuten)
Bei Gruppen, die sprachlich weniger gewandt sind, ist es einfacher, diese Aufgabe als Partner- oder Kleingruppenarbeit zu stellen.

2. Nun frage dich bitte, wie du selbst diesen Text verändern musst, wenn du deinen eigenen Glauben ausdrücken wolltest. Woran glaubst du selbst? Was ist für dich wichtig und wertvoll? Wandle den Text so um, dass du in vier bis sechs Zeilen nur das sagst, was für dich gültig ist. Lass dir auch dafür zehn Minuten Zeit. Schreibe deine neue Version ebenfalls auf dieses Blatt. (Auch diese Aufgabe kann als Partnerarbeit gelöst werden.)

3. Kommt jetzt bitte in Quartetten zusammen und lest einander vor, was jeder aufgeschrieben hat. Dann benutzt noch einmal eure Phantasie. Stellt euch vor, ihr seid Mitglieder einer Gemeinde, die an einer neuen zeitgemäßen Version des dritten Artikels arbeitet. Er soll künftig von der Gemeinde mit größtmöglicher Wahrhaftigkeit und Freude gesprochen und gebetet werden. Versucht euch auf einen gemeinsamen Text zu einigen und schreibt ihn auf ein Flipchart. Ihr habt für eure Arbeit eine halbe Stunde Zeit.

4. Und nun kommt bitte im Plenum zusammen. Jede Gruppe soll uns ihren neuen Text vorstellen. Sprecht den Text gemeinsam, damit wir anderen hören können, wie das klingt. Wir können herausfinden, wieweit es uns anregt, auf diese Art zu beten…

Vorschläge für das Schlussgespräch

Hier können auch einige der Anti-Texte – «Luzifer-Versionen» – vorgestellt und eigene Gedanken über den Heiligen Geist ausgetauscht werden:

- Bei welcher Gelegenheit habe ich den Heiligen Geist in meinem Leben gespürt?
- Bei welcher Gelegenheit habe ich den Geist Luzifers erlebt?
- Mit welchem «Organ» kann ich den Heiligen Geist spüren?
- Was ändert sich, wenn ich statt vom Heiligen Geist von der Heiligen Geistin spreche?
- Welches sind die wichtigsten Geschenke, die der Heilige Geist/die heilige Geistin zu machen hat?
- Kenne ich in anderen Religionen Entsprechungen für den «Heiligen Geist»?

Schließen sie diese Runde mit dem Lesen des Pfingsthymnus. (Seite 181f.)

Ich glaube an den Heiligen Geist:
die heilige christliche Kirche,
Gemeinschaft der Heiligen,
Vergebung der Sünden,
Auferstehung der Toten
und das ewige Leben. Amen

1. Formuliere einen Antitext zum dritten Artikel, indem du das genaue Gegenteil zum Ausdruck bringst. (Du kannst dir aber auch vorstellen, dass der Text von einem Atheisten, einem Kommunisten oder einem Materialisten formuliert würde. Versuche, das genaue Gegenteil des Originals zum Ausdruck zu bringen).

2. Dein eigenes Bekenntnis. Woran glaubst du selbst? Wandle den Text des dritten Artikels so um, dass du in vier bis sechs Zeilen das sagst, was für dich persönlich gültig ist. Du kannst auch ganz andere Dinge ins Spiel bringen.

10.3 Die Wiederentdeckung der Seele

Ziele

Lange Zeit schien die Seele in Vergessenheit geraten. Unser Gehirn stand und steht immer noch im Zentrum des Interesses. In den letzten Jahrzehnten haben auch unsere Gefühle große Beachtung gefunden. Aber nur zögernd gibt es eine Renaissance der Seele. Mit dem wachsenden Interesse an spirituellen Themen bekommt auch die Seele eine neue Chance. Es gibt eine weit verbreitete Sehnsucht nach innerer Stille, nach Geborgenheit, nach Gemeinschaft. Wir nehmen an, die Seele ist dafür geschaffen, die Stimme des Heiligen Geistes/der Heiligen Geistin zu hören und mit ihm/ihr zu sprechen.

Die Seele – was ist die Seele?
Ist das die Luft, die aus dem Mund herauskommt?
Oder sind das die Gedanken im Kopf?
Ist es die Seele, die im Traum zu uns spricht?
Ist die Seele ein kleiner Mensch in unserem Kopf?
Oder sitzt sie in der Brust, da, wo das Herz schlägt?
Die Menschen sagen, dass die Seele aus unserem Körper
Herausschlüpft, wenn wir sterben.
Aber keiner hat sie je gesehen.
(Walter Kempowski)

In dieser Übung schicken wir die Teilnehmer in Kleingruppen auf die Suche nach ihrer Seele. Wir haben eine Liste von Situationen zusammengestellt, auf die wir mit unserer Seele reagieren. Wir möchten die Teilnehmer zum Reden bringen, damit sie bemerken können, welche bedeutsame Rolle die Seele in jedem Leben spielt. Wir möchten betonen, dass die Seele die Mitte unseres Leben ist. Zugleich möchten wir dem Eindruck entgegenwirken, die Seele sei vor allem mit der Todesthematik verbunden.

Anleitung

Wahrscheinlich werdet ihr mir zustimmen, wenn ich behaupte, dass Gott jedem von uns einen Verstand geschenkt hat. Wir können uns wohl auch schnell einigen, dass jeder von uns auch ein Herz hat mit Gefühlen. Selbstverständlich ist, dass wir einen Körper haben, in dem wir Genuss und Schmerz, Freude und Schrecken erleben.

Aber wie steht es um unsere Seele? Wann spüren wir sie? Wie spüren wir sie? Wie können wir die Stimme der Seele hören? Wozu brauchen wir sie? In unse-

rer Alltagssprache kommt die Seele nicht so häufig vor. Aber das bedeutet nicht, dass wir unsere Seele verloren haben. Vielleicht haben wir sie vergessen oder zugeschüttet.
Wir wollen uns in dieser Übung mit der Seele beschäftigen, denn die Seele ist das «Organ», an das sich der Heilige Geist in der Regel wendet.
(Beginnen Sie das Thema mit einem Rundgespräch:)

1. Könnt ihr einen Menschen nennen, mit dessen Seele ihr in Berührung gekommen seid? Wer ist das und auf welche Weise bemerkt ihr die Seele?
2. Bei welcher Musik könnt ihr «Seele» erleben?
3. Seid ihr schon einmal in ein Haus gekommen, wo ihr sofort gespürt habt: Dieser Platz hat eine Seele?
4. Wart ihr schon einmal an einem Platz in der Natur, wo ihr ganz deutlich gespürt habt: Dieser Ort hat eine Seele?
5. Nehmt euch bitte eine Kopie der Fragen (siehe Seite 188) und kommt in Trios zusammen. Ihr findet dort zehn Fragen, die immer auf dieselbe Weise beginnen: «Was ist mit meiner Seele, wenn...?» Versucht gemeinsam Antworten auf diese Fragen zu finden. Ihr könnt der Reihe nach vorgehen. Ihr könnt aber auch eurem eigenen Interesse folgen.
   Es ist nicht nötig, dass ihr eure Antworten aufschreibt, aber wenn ihr etwas herausfindet, was euch besonders bemerkenswert erscheint, solltet ihr das auf eurem Blatt notieren. Ihr habt dafür zwanzig Minuten Zeit.
6. Kommt nun wieder im Plenum zusammen:
   - Wie hat euch die Arbeit im Trio gefallen?
   - Habt ihr irgendetwas mitgebracht, was euch besonders wichtig erscheint?

Vorschläge für das Schlussgespräch

- Welche Rolle spielt die Seele in meiner Familie?
- Wann habe ich zuerst davon gehört, dass wir Menschen eine Seele haben?
- Wann habe ich die Stimme meiner eigenen Seele zuletzt gehört?
- Kenne ich Menschen, die ihre Seele verloren haben?
- Was möchte meine Seele von mir?
- Sehe ich eine Verbindung von Geist und Seele?

Versuche Antworten auf die folgenden Fragen zu finden:

Was ist mit meiner Seele…

1. … wenn in meiner Familie gestritten wird?
2. … wenn ich Musik höre, die mich anrührt?
3. … wenn ich mich verliebe?
4. … wenn ich einen Unfall habe?
5. … wenn ich krank werde?
6. … wenn ich eine Prüfung mache?
7. … wenn ich ein Instrument spiele?
8. … wenn ich meinen Beruf auswähle?
9. … wenn ich glücklich bin?
10. … wenn ich noch nicht geboren bin?

10.4 Lied der Heilung

Ziele

Hier kombinieren wir zwei spirituelle Traditionen: das Gebet mit einer Meditation zur Heiligen Geistin. Wir gewinnen eine intensive Übung mit langer Wirkzeit.

Zunächst zum Gebet: Sobald sie die Pubertät erreicht haben, gehen auch heute noch junge Indianer oder Indianerinnen in die Wildnis, auf der Suche nach einer inspirierenden Vision für den neuen Lebensabschnitt. Wenn sie zurückkehren, bringen sie oft ein kurzes Heilungslied mit, eine Art persönliches Mantra, das sie in den schwierigen Augenblicken des Lebens singen, bei Gefahr und Krankheit z. B., aber auch wenn es ans Sterben geht. Wir fordern die Teilnehmer auf, so ein persönliches Heilungslied zu erfinden, das später verändert und der spirituellen Entwicklung angepasst werden kann. Jeder kann einen solchen kurzen Text, vielleicht auch mit einer passenden Melodie, singen oder sprechen, wenn er sich in den Stürmen des Lebens schützen will oder wenn er ein offenes Fenster braucht, um freier zu atmen.

Zur Meditation über die Heilige Geistin*: Wir glauben, dass jeder Mensch die Fähigkeit hat, die leise Stimme der Heiligen Geistin zu hören. Diese Stimme ist genauso geheimnisvoll, wie die Stimme unseres Gewissens. Das Besondere der Stimme der Heiligen Geistin liegt darin, dass sie konstruktiv, aufbauend ist. Sie teilt uns mit, dass wir von Gott geliebt werden und gibt uns Hinweise, wie wir selbst den Weg der Liebe gehen können. Sie fordert uns niemals zu Aggression, Hass oder Rache auf, sondern zu Versöhnung, Friedfertigkeit, Heilung, zum langen Atem.

Die Heilige Geistin fordert uns auf, eine persönliche Beziehung zu Gott wahrzunehmen und zu den Menschen, mit denen wir zu tun haben. Sie kommt selten auf dem Dienstweg.

In dieser Übung geht es darum, die Stimme der Heiligen Geistin zu hören und ihre Worte zu prüfen. Dabei wird nicht *über* die Geistin geredet und spekuliert. Wir treten vielmehr in den Dialog mit ihr.

Jeder übernimmt dabei in einer Partnerübung für eine begrenzte Zeit die Aufgabe, als Stimme der Geistin zu sprechen, während der andere Partner versucht, das oben erwähnte Heilungslied zu «komponieren».

Das gewählte Verfahren entspricht der alten Form der Gotteserkenntnis «via experientia». Die Geistin wird am besten auf dem Wege der Erfahrung erkannt.

---

* Wir wählen auch hier wieder die weibliche Form, um den weiblichen Charakter dieser Gestalt Gottes bewusst zu machen.

Anleitung

Ich möchte euch heute zu einem spirituellen Experiment einladen. Ihr könnt versuchen, die Stimme der Heiligen Geistin in euch zu hören und mit ihr zu sprechen. Alles, was ihr dazu braucht, habt ihr schon in euch.

1. Sucht euch zunächst einen Partner, zu dem ihr Vertrauen habt und der vielleicht eine ähnliche geistige Wellenlänge hat wie ihr selbst…
   Setzt euch zusammen hin, damit ich euch die nächsten Schritte erklären kann.

2. Entscheidet nun, wer von euch A und wer B sein soll. Ihr werdet mit eurem Partner ungefähr eine Stunde zusammen sein. Ihr könnt miteinander spazieren gehen oder euch in eine ruhige Ecke setzen und miteinander reden. Es gelten folgende Regeln:
   In der ersten Runde soll A versuchen, eine interessante Aufgabe zu lösen, für die er ein wenig Weisheit benötigt. Worum geht es? A soll für die schwierigen Situationen im Leben eine Art Kurzgebet für sich erfinden. Schwierige Situationen im Leben sind Unfälle, Krankheiten, Krisen und schließlich auch unsere Sterbestunde. In solchen Extremsituationen möchten wir Trost finden, um nicht in Panik zu geraten. Wir wünschen uns Kraft und Hoffnung. Manche Menschen sprechen dann traditionelle Gebete, wie z. B. das Vaterunser. Aber nicht jeder fühlt sich in diesen religiösen Formen am besten aufgehoben. Darum soll A versuchen, ein «maßgeschneidertes» Kurzgebet zu finden, dessen Worte Trost und Kraft spenden können. Das müssen keine besonders religiösen Worte sein. Entscheidend ist, dass diese Worte für dich eine Art «magische» Kraft haben. Ich will dir ein paar Beispiele nennen: Einige Menschen, die ein solches Gebet formuliert haben, haben sich für die Worte entschieden: Ich liebe dich, ich liebe dich, ich liebe dich… Ein anderer hat die Worte gefunden: Sonne, Sonne, Licht, Licht… Wieder ein anderer hat sich für ein paar Zeilen eines alten Kinderliedes entschieden: Guten Abend, gute Nacht, mit Rosen bedacht… Manche wählen ein kurzes Wort aus der Bibel. Wer dem Hinduismus anhängt, findet oft Trost, indem er einen der Namen Gottes spricht: Ram, Ram, Ram…
   Finde eine kurze Zeile, die du wie ein Mantra benutzen kannst. Wähle solche Worte, die dich einhüllen wie ein weiches Gewand, die dir körperlich und seelisch gut tun.
   Diese Aufgabe ist ganz sicher ungewohnt für dich. Darum sollst du auch etwas Hilfe bekommen, und an dieser Stelle muss ich über B sprechen. B ist für eine begrenzte Zeit, nämlich für zwanzig Minuten, die Stimme der Heili-

gen Geistin. Er wird in ihrem Namen sprechen, um A zu inspirieren. Er wird so sprechen und schweigen, wie die Heilige Geistin vielleicht reden und schweigen würde. Das bedeutet nicht, dass B die Arbeit von A übernimmt und eine fertige Lösung anbietet. Vielleicht ist die wichtigste Aufgabe von B, liebevoll zuzuhören, während A etwas tut, was ebenso wichtig wie schwer ist. Vielleicht entdeckst du als Geistin, dass du viel besser zuhören kannst als sonst …
Lasst euch Zeit zum Nachspüren…

3. Nach zwanzig Minuten tauscht ihr die Rollen. Wer bisher im Namen der Geistin gesprochen hat, wird jetzt wieder er selbst sein und ebenfalls versuchen, ein Kurzgebet, ein Heilungs- oder Trostlied für sich zu finden.
   Lasst euch wieder Zeit zum Nachspüren…

4. Nach der zweiten Runde könnt ihr euch noch einmal eine Viertelstunde Zeit nehmen, um diese Übung zu besprechen. Was habt ihr in beiden Rollen erlebt? Was habt ihr empfunden? Wie zufrieden seid ihr mit den Ergebnissen? Vielleicht wollt ihr für euer Kurzgebet noch eine Melodie finden?

Vorschläge für das Schlussgespräch

(Möglichst viele Teilnehmer sollten zunächst den Text ihres Heilungsliedes/Kurzgebetes vorstellen.)

- Was habe ich über die Heilige Geistin gelernt?
- Wie finde ich die Idee eines solchen Kurzgebetes?
- Wie habe ich mir bisher in Zeiten der akuten Not geholfen?
- Was war am schwierigsten für mich?
- Habe ich etwas Neues über meinen Partner herausgefunden?
- Was nehme ich aus dieser Übung mit?

Empfehlung

Wenn Ihre Gruppe experimentierfreudig ist, können Sie die Teilnehmer auffordern, den Text des Kurzgebetes auch zu singen. Regen Sie jeden an, seinen Text täglich zu sprechen oder zu singen. Dabei ist es wahrscheinlich, dass sich das Kurzgebet im Laufe der Zeit verändert. Aber die «magische» Wirkung basiert auf einer regelmäßigen, häufigen Praxis. Außerdem werden die Teilnehmer im Laufe der Zeit entdecken, dass das Geheimnis des Rezitierens oder des Singens darin besteht, dass sie ganz Ohr sein können, nämlich für jene leise innere Stimme ihrer Intuition, ihrer Spiritualität. Man könnte auch sagen, dass sie die Stimme der Heiligen Geistin immer deutlicher hören.

10.5 Engel, manchmal bemerken wir sie

Ziele

Wir glauben, dass es sinnvoll ist, in diesem Zusammenhang den Blick auch auf die Engel zu richten. Für viele Menschen ist der Heilige Geist zu abstrakt, und es fällt ihnen leichter, an Engel zu glauben. Auch die Engel haben die Gabe, uns zu schützen, uns zu helfen, uns zu trösten. Sie können uns Botschaften bringen und uns inspirieren. In den meisten Fällen begegnen uns die Engel in menschlicher Gestalt, ohne geheimnisvolle Gewänder und ohne Flügel. Sie zeigen sich in Gestalt unserer Mitmenschen.
In dieser Übung beginnen wir mit einer Lehrgeschichte und fordern die Teilnehmer auf, sich an Situationen aus ihrem Leben zu erinnern, wo ihnen göttliche Boten begegnet sind.

Anleitung

Manchmal spricht der Heilige Geist zu uns, und manchmal sind es Engel, die uns zur Seite stehen, die uns Mut machen, die uns den Weg weisen. Aber nicht immer erkennen wir einen Engel; manchmal sind wir blind, so blind wie der Mann in der Geschichte, die ich euch jetzt erzählen will. Diese Geschichte heißt:

Der Priester auf dem Dach

Endloser Regen hatte zu einer großen Überschwemmung geführt in dem Tal, wo auch das Haus eines Priesters stand. Der kleine friedliche Fluss war zu einem reißenden Strom geworden, und der Priester hatte sich auf das Dach seines Hauses geflüchtet, um dem Wasser zu entkommen, das immer höher stieg. Ein Nachbar, der ein Ruderboot hatte, kam mit seinem Boot und wollte den Priester mitnehmen, aber der Priester lehnte ab: «Nein, vielen Dank, der Herr wird mich retten.»

Einige Zeit später kam ein Motorboot vorbei, und wieder wurde dem Priester eine sichere Rettung angeboten. Aber er lehnte mit denselben Worten ab: «Der Herr allein wird mich retten.»

Dann erschien ein Hubschrauber. Jetzt war der Priester schon auf seinen Schornstein geklettert, um dem steigenden Wasser zu entkommen. Zum dritten Male lehnte er es ab, sich retten zu lassen, Gott, der Herr, würde sich um ihn kümmern.

Dann war es zu spät, und der Priester ertrank. Als er an das Himmelstor klopfte und vom Heiligen Petrus begrüßt wurde, beschwerte er sich sofort, dass der Herr ihn nicht gerettet habe. Der Heilige Petrus war verblüfft: «Guter Mann, wir haben doch alles getan für dich. Zuerst haben wir dir ein Ruderboot geschickt, dann ein Motorboot und schließlich einen Hubschrauber. Aber jedes Mal hast du abgelehnt, dich retten zu lassen. Hast du denn nie an Engel geglaubt?»

Wir gehen davon aus, dass jeder von uns schon mit Engeln zu tun hatte. Manchmal bemerken wir sie, manchmal erkennen wir sie auch nicht.

1. Bitte kommt in Quartetten zusammen und erinnert euch an Situationen, wo euch ein Engel begegnet ist, in welcher Gestalt auch immer. Nach Möglichkeit sollte jeder von euch eine solche Geschichte erzählen. Wenn ihr selbst so etwas noch nicht erlebt habt, dann könnt ihr euch vielleicht an eine Geschichte erinnern, die in eurer Familie darüber erzählt wurde, dass irgendein Familienmitglied ein Wunder erlebte und mit einem Engel zu tun hatte. (10–15 Minuten)

2. Wenn jeder von euch erzählt hat, dann einigt euch bitte auf diejenige Engelsgeschichte, die euch aus irgendeinem Grunde besonders gefällt. Schreibt sie gemeinsam so auf, dass sie aufschlussreich ist für Menschen, die nicht an Engel glauben bzw. die ungeübt sind, ihre Schutzengel zu erkennen. (15 Minuten)

3. Und nun kommt bitte wieder im Plenum zusammen. Jede Gruppe soll nun ihre Geschichte vortragen. Anschließend werden wir uns über diese Übung austauschen.

Vorschläge für das Schlussgespräch

- Was spricht dafür, an Engel zu glauben?
- Was spricht möglicherweise dagegen?
- Wann habe ich zum ersten Mal von Engeln gehört?
- Kann ich mir vorstellen, dass ich selbst schon einmal für andere die Rolle eines Engels gespielt habe?
- Was denke ich über Racheengel?
- Was weiß die Bibel von Engeln?
- Engel sind von alters her spirituelle Wesen. Bedeutet das, dass sie altmodisch oder überholt sind?

10.6 Geist ist im Zwischen (Körperübung)

Ziele

Wird im sogenannten Alten Testament, im Ersten Testament vom Geist Gottes gesprochen, ist damit der Atem Gottes gemeint: Er schafft Leben, inspiriert, er ordnet das Chaos. Unser menschlicher Atem ist ein Ebenbild zu Gottes Atem. Indem wir uns auf unseren Atem konzentrieren, können wir besser verstehen, was es mit dem Atem, mit dem Geist Gottes, auf sich hat.
Für diese Übung benötigen Sie Musik, z. B.: «Veni sancte, sancte spiritus…» (Taizé, Cantate Oversea TZ-405) oder irgendeine andere ruhige rhythmische Musik.
Wenn der Raum keinen Teppichboden hat, benötigen Sie Decken als Unterlagen.
Die Übung empfiehlt sich besonders am Ende eines längeren Seminars oder Wochenendes zum Credo oder zum dritten Artikel. Die Gruppe sollte auf Körperübungen eingestellt und schon etwas vertraut miteinander sein.

Anleitung

Sprechen wir selbst pausenlos, können wir nicht hören, auch nicht die Stimme des Heiligen Geistes. Manchmal müssen wir zur Ruhe kommen und spüren, was in uns vorgeht, was uns bewegt, was wir bewegen. Wenn wir uns Raum lassen, dann ist auch Platz für die leisen Stimmen, auch für die lautlose Stimme des Heiligen Geistes.
Ich möchte euch zu einer Übung einladen, bei der ihr euch entspannen und bewusst atmen könnt. Außerdem werde ich Musik spielen, die eure «Antennen» für die Botschaften des Geistes feiner einstellt.

1. Legt euch bitte auf den Fußboden, die Köpfe zur Mitte, so dass eure Körper einen Stern bilden. Achtet darauf, dass jeder genügend Platz hat und nirgendwo anstößt. Vielleicht möchtet ihr eure Schuhe ausziehen, eure Brillen ablegen und eure Kleidung so weit lockern, dass ihr euren Atem fließen lassen könnt.

2. Nun schließt die Augen. Bietet euren Schultern ein sanftes Kreisen an, damit sie etwas lockerer werden… Bewegt auch eure Zehen, damit sie ebenfalls locker werden…
   Sorgt nun dafür, dass eure Hände sich entspannen können. Ballt sie zu Fäusten und lasst dann los. Macht das ein paar Mal. Legt eure Hände neben euch auf den Boden…

Bleibt ganz still liegen und achtet auf euren Atem... Spürt die Atemluft in den Nasenflügeln... Spürt, wie die Luft in euch hineinströmt... Folgt dem Atem, wie er eure Brust füllt und euren Bauch... Nehmt wahr, wie der Atem anhält und wie er wieder nach außen fließt... Folgt eurem Atem beim Hereinströmen und beim Hinausfließen... Achtet besonders auf die kleine Pause, die jedes Mal entsteht, wenn die Richtung des Atems sich ändert...
Lasst euren Atem sanft fließen und nehmt wahr, wie euer Körper ganz von allein dafür sorgt, dass ihr genügend Sauerstoff bekommt. Euer Körper sorgt auch für die kurze Pause zwischen Ausatmen und Einatmen. Vielleicht wird die Pause zwischen Ausatmen und Einatmen ein wenig länger. Achtet auf den Zwischenraum zwischen aktivem Ausatmen und «eingeatmet werden», denn in diesen Pausen seid ihr besonders offen für Gefühle, für die Stimmen, die es in eurem Herzen gibt, und vielleicht für die Botschaften, die der Geist Gottes zu euch schickt... Manchmal sind diese Stimmen so leise, dass ihr sie mit eurem Bewusstsein nicht hören könnt, und trotzdem könnt ihr spüren, dass in euch etwas geschieht... (5 Minuten)
Lasst euch Zeit, achtet nur auf euren Atem. Einatmen... Ausatmen, Einatmen... Ausatmen. Und wenn Eure Gedanken abschwirren wollen, so schickt ihnen ein Lächeln und atmet weiter.

3. Und nun werdet euch bewusst, dass ihr nicht allein auf dem Boden liegt. Ihr habt Nachbarn rechts und links von euch. Vielleicht hört ihr sie atmen; vielleicht spürt ihr ihre Wärme; vielleicht nehmt ihr wahr, wie sich euer Atemrhythmus annähert... (ca. 2 Minuten)

4. Vielleicht möchtet ihr auch Kontakt aufnehmen und euch an den Händen halten, so dass ihr alle miteinander verbunden seid... Sucht behutsam und vorsichtig nach den Händen links und rechts... (1 Minute)

5. Ich werde jetzt etwas Musik spielen. Lasst die Worte und die Töne in euch hineinströmen, in eure Ohren, in euren Atem, in euren ganzen Körper. In eurem Herzen könnt ihr innerlich mitsprechen: «Veni sancte spiritus...» (Komm heiliger Geist) Vielleicht könnt ihr euch erlauben, dass euch dieses Lied berührt und Wirklichkeit für euch wird. Dazu müsst ihr nichts tun. Es ist völlig ausreichend, wenn ihr wirklich anwesend seid, wenn ihr euren Atem spürt und die Räume in euch und zwischen euch.

6. (Führen Sie die Teilnehmer, wenn die Musik zu Ende ist, bitte wieder aus dieser Meditation heraus:) Und nun stellt euch darauf ein, Abschied zu nehmen – links und rechts. Nehmt euch dazu so viel Zeit, wie ihr braucht.

Nehmt eure Hände wieder zu euch, während ihr die Augen noch geschlossen lasst. Spürt euren Körper, spürt den Boden unter euch, spürt die Geräusche in diesem Raum… Atmet tief aus, öffnet die Augen und richtet euch langsam wieder auf, stellt dabei eure Füße zuerst auf. Streckt euch noch einmal und seht, wer alles im Raum ist.

7. Kommt nun bitte in Vierergruppen zusammen und tauscht euch aus:
- Was habt ihr während dieser Musikmeditation erlebt?
- Wie viel Platz gebe ich im Alltag meinen inneren Stimmen, Gott, seinem Geist?
- In welchen Situationen nehme ich im Alltag die Gegenwart des Göttlichen wahr?
- Was löst der Satz in mir aus: «Gott ist im Zwischen»?
- Habe ich ein Gespür dafür, wie der Rhythmus des Atems und das Erleben von Gemeinschaft zusammenpassen?
- Habe ich etwas über den Heiligen Geist erfahren?
- Wie kann ich im Alltag Raum für den Geist schaffen?

(Ca. 10 Minuten)

(Schließen Sie mit einer kurzen Runde, in der jeder mitteilen kann, wie es ihm nach der Übung und dem Gespräch geht – und was er aus dieser Übung mitnimmt.)

10.7 Was soll der Stein in meiner Hand?

Ziele

Dies ist eine Übung, die zunächst vor allem zum Wach- und Lebendigwerden gedacht war. Doch sie enthält auch viele Elemente, die bei der Betrachtung des Heiligen Geistes eine Rolle spielen:
- die linke und die rechte Hand als Symbole für Schwäche und Stärke;
- Geben und Nehmen;
- gemeinschaftlich etwas schaffen;
- Hingabe an den Rhythmus des Lebens;
- Fehler machen können und neu beginnen.

Manchmal ist am Ende der Übung nicht viel zu sagen, alle sind nur froh und gelöst. Es kann jedoch auch sein, dass Sie im Anschluss daran zu noch ganz anderen und tieferen Erkenntnissen kommen.
Sie brauchen für diese Übung unterschiedlich geformte Steine, etwa in der Grö-

ße eines Hühnereies. Dabei sollten Sie immer mehr Steine anbieten können, als Sie Teilnehmer in der Gruppe haben. Die Steine sammeln Sie am besten vorher im Urlaub oder bei einem Spaziergang.

Anleitung

1. Legen Sie die Steine in der Mitte des Stuhlkreises aus – am besten schon, bevor die Gruppe in den Raum kommt.

2. (Wenn die Gruppe im Stuhlkreis sitzt:) Betrachtet die Steine in der Mitte. Es sind ganz gewöhnliche Steine, die ich bei einem Spaziergang gesammelt habe – also keine Steine der Weisen. Wählt euch mit den Augen – und noch nicht mit den Händen – einen Stein aus, der euch gefällt und den ihr gern in der Hand hättet. Wenn sich alle mit den Augen (also nur innerlich) entschieden haben, wird einer nach dem anderen in die Mitte gehen und sich seinen Stein nehmen. Achtet darauf, das nicht gleichzeitig, sondern einer nach dem anderen zu tun.
   Haben alle ihren Stein, so steht die ganze Gruppe auf. Alle stehen im Kreis.

3. Haltet den Stein in der Hand. Nehmt ihn mit euren Händen wahr, seine Größe, seine Struktur, seine Konsistenz. Nehmt ihn so genau wahr, dass ihn eure Hände später mit geschlossenen Augen wiedererkennen können.
   Nehmt nun den Stein in die linke Hand, die rechte Hand haltet geöffnet nach rechts. Jeder gibt seinen Stein nach links ab (in die geöffnete rechte Hand seines Nachbarn).
   Ist die Anweisung klar? – Jeder hat jetzt einen Stein in der rechten Hand. Nehmt ihn wahr und gebt ihn in eure linke Hand. Und von dort reicht ihn alle zur gleichen Zeit nach links weiter… Jetzt hat wieder jeder einen Stein in der rechten Hand. Nehmt ihn in die linke… und gebt ihn weiter. Ich werde euch den Rhythmus des Weitergebens jeweils angeben. Wir üben das, bis jeder wieder seinen eigenen Stein hat.

4. Jeder hat jetzt einen Stein in der rechten Hand (vergewissern Sie sich!), gebt ihn wieder in die linke und zurück in die rechte Hand. Mit der rechten Hand geben wir ihn ab an die linke Hand unseres rechten Nachbarn. Klar?
   Wir tun das alle zur gleichen Zeit mit der Anleitung:
   kurz (Wechsel nach links),
   kurz (Wechsel nach rechts),
   lang (Abgeben nach rechts).
   Also: Jeder hat jetzt einen Stein in der rechten Hand: kurz – kurz – lang.
   Achten Sie darauf, dass die Gruppe einigermaßen im Gleichklang arbeitet.

Jetzt hat jeder einen Stein in der linken Hand. Klar?
Wir wechseln noch einmal: von links nach rechts, von rechts nach links und den Stein diesmal nach links abgeben. Alle gemeinsam: kurz – kurz – lang.
Jeder hat jetzt wieder seinen Stein in der rechten Hand.
Um uns auf schwierigere Aufgaben vorzubereiten, wechseln wir noch einmal: Alle haben den Stein in der rechten Hand: kurz – kurz –lang. Bald finden wir einen gemeinsamen Rhythmus.
Und noch einmal wechseln: kurz – kurz – lang.

5. Jetzt kommt die nächste Stufe:
Damit wir den Stein nicht einfach nur hin und her geben, wechseln wir wie folgt: Alle haben ihren Stein jetzt in der rechten Hand. Wir wechseln in die Linke (kurz) und wieder zurück in die Rechte (kurz) und führen den Stein hinter unserem Rücken in die linke Hand und geben ihn nach links ab (lang).
Noch einmal: Jeder hat einen Stein in der rechten Hand, und: kurz – kurz – lang. (Der Stein wird hinter dem Rücken in die linke Hand und dann an den linken Nachbarn abgegeben.)
Zumeist gibt es hier viele «Fehlschaltungen». Die werden mit viel Gelächter aufgenommen.
Achten Sie bei jedem Neubeginn darauf: Jeder hat einen Stein in der rechten Hand!...
Nach einiger Zeit werden die Fehler weniger, und die Gruppe findet einen Rhythmus. Die Steine können so eine Runde wandern, ohne zu Boden zu fallen...
Nun können sie den Rhythmus beschleunigen: kurz, kurz, lang!

6. Jetzt können Sie variieren: ein Teilnehmer gibt den Rhythmus an...
Oder: Die Gruppe gibt die Steine ohne verbale Kommandos weiter.
Oder: Sie finden selbst noch weitere Möglichkeiten.

7. Sie können eine Gesprächsrunde anschließen, ohne dass die Übung theologisch befrachtet werden muss. Jeder hat genug Erfahrungen gesammelt, vom Ausgucken der Steine bis zum Finden des gemeinsamen Rhythmus.

Anmerkung

Die Übung wirkt schriftlich viel komplizierter, als sie wirklich ist. Wenn Sie Spaß daran haben wollen, probieren Sie sie am besten vorher im kleinen Kreis zu Hause aus. So gewinnen Sie Sicherheit für die Anweisungen.
(Zu der Übung wurden wir durch den Bildhauer Dirk Wilhelm, Bonn, angeregt.)

Kapitel 11
DIE KIRCHE

…die heilige christliche Kirche, Gemeinschaft der Heiligen…

Es ist schön zu denken, dass so viele Menschen heilig sind in den Augen derer, die sie lieben.
(Christian Morgenstern)

11.1 Ein Heiliger sieht mit anderen Augen

Von einem besonderen Heiligen ist zu erzählen, von einem, der zumeist im Hintergrund steht, von Joseph, dem Vater Jesu, einem Mann, der etwas begreift, was nicht zu begreifen ist. Es ist die Geschichte eines Mannes, der lernt, mit anderen Augen zu sehen. Er, dieser Joseph, lernt auch die andere Hälfte zu sehen, die er bisher nicht sehen konnte. Er empfängt das, was er nicht empfangen konnte, weil er es abwehren musste. Auf den Bildern, die wir kennen, steht er meist unnütz herum, fast tumb. Manchmal sind sogar Ochs und Esel wichtiger. Aber Joseph weiß, dass Gott nicht bloß Vater, sondern auch Mutter ist. Er weiß davon, dass wir als Familie Gottes zusammenleben.

Joseph wird von Matthäus gekennzeichnet als Nachkomme einer uralten, ehrwürdigen Ahnenreihe, Nachkomme Abrahams und Davids, ein Mann der Tradition, ein rechtschaffener, anständiger Mann.

Er ist aber auch ein Mann, der der Offenbarung Gottes in seinen Träumen traut. Er traut dem, was tief aus seinem Herzen in das Bewusstsein des Tages aufsteigt. Er empfängt ein Geheimnis und bewahrt es in seinem Herzen. Er handelt danach. Und – er bleibt bei Maria. Die alten Ordnungen, denen er sich bisher verpflichtet wusste, sind nur noch die eine Hälfte, nicht mehr alles. Durch das, was er durch Maria erfährt, erfährt er die ganze Wahrheit Gottes.

So erzählt Matthäus die Geschichte von der Hochzeit, die nicht stattgefunden hat. Wir wissen, dass es historisch ganz anders war und dass Matthäus diese Geschichte nur so komponiert hat: Nein, nicht *nur so*, sondern *genau so* und nicht anders.

Wir wissen aber auch, dass in seiner Geschichte vieles steckt, was sich nicht analysieren und definieren lässt. Ihre tiefere Wahrheit ist nicht intellektuell, nur spirituell zu verstehen. Aber zuerst einmal die Geschichte, wie Matthäus sie erzählt hat (Mt. 1, 18–25):

> Die Umstände, unter denen Jesus zur Welt kam, waren ungewöhnlich. Seine Mutter war einem Mann namens Joseph verlobt, und als Joseph sie heimholte, stellte sich, bevor die Ehe geschlossen war, heraus, dass sie schwanger war durch den heiligen Geist. Joseph, der ihr kein Leid zufügen wollte, mochte sie

nicht vor Gericht ziehen (wie es damals Sitte war), gedachte aber, sich in aller Stille von ihr zu trennen. Während er mit diesem Gedanken umging, erschien ihm im Traum ein Bote Gottes und sprach ihn an: Joseph, Sohn Davids, scheue dich nicht, Maria, deine Frau zu dir zu nehmen, denn um ihr Kind ist das Geheimnis Gottes und seines schöpferischen Geistes. Sie wird einen Sohn zur Welt bringen, den sollst du «Jesus» nennen, das heißt «Helfer».
Als Joseph erwachte, tat er, was ihm Gottes Bote befohlen hatte, und nahm seine Frau zu sich. Er wohnte ihr aber nicht bei bis zur Geburt ihres Sohnes, dem Joseph den Namen «Jesus» gab. (Übersetzung von Jörg Zink)

Joseph und Maria planen ihre Hochzeit. Es war selbstverständlich, dass junge Menschen heirateten oder verheiratet wurden. Und wenn sie heirateten, wurde Hochzeit gefeiert – vier, fünf, sieben Tage lang. Alle waren eingeladen.
Unsere Geschichte sagt: Maria erwartet ein Kind vom Heiligen Geist! Diese Erklärung vom Ursprung ihrer Schwangerschaft konnte nur von Maria selbst stammen.
Joseph ist angefüllt von den Vorbereitungen für diese Hochzeit. Er beginnt, die Erklärung für die öffentliche Trauung für sich selbst zu sprechen. Er übt den Segen, den er laut sprechen wird: Maria soll sein wie ein fruchtbarer Weinstock…
«Warte einen Augenblick», sagt Maria, «ich muss dir etwas sagen…» Wie lange mag Maria gebraucht haben, bis sie Joseph diese Geschichte erzählen konnte? Ich sehe den Schock in Josephs Gesicht, seine Enttäuschung. Für Joseph stürzt eine Welt zusammen. Maria ist von der geheiligten Tradition abgewichen. Und dann noch dieser überzogene Anspruch: ein Kind des Heiligen Geistes! Wirklich! Mit ganz unterschiedlichen Gedanken gehen die beiden getrennte Wege. Für Joseph ist es ein Alptraum: Die Tradition, die Ordnung und das Gesetz erfordern, dass alle Pläne für die Hochzeit sofort abgeblasen werden. Wir können uns vorstellen, wie es den Joseph nachts umtreibt. Joseph, der rechtschaffene, der angesehene Bürger ist am Ende. Zum einen denkt er: Wie kann ich den Menschen aufgeben, den ich liebe? Wie kann ich verantworten, dass Maria vor die Stadt getrieben und gesteinigt wird, wie es das Gesetz verlangt?
Aber er denkt auch: Die Linie, die mit Abraham beginnt und über David bis zu Joseph geht, ist zu Ende. Solch ein schmachvoller Bruch der Ahnenreihe! Der Sohn des Heiligen Geistes als der Sohn «in der Pflege des Joseph». Joseph wirft sich auf seinem Lager hin und her. Der Alptraum raubt ihm den Schlaf!
Und noch ein Gedanke treibt ihn um: Jetzt bin ich das Gespött in der Stadt:

Seht, das ist Joseph, der junge Mann, der seine Familiengründung mit einem Kuckucksei beginnt. Joseph wirft sich hin und her auf seinem Lager: «Ich kann es nicht ertragen. Ich muss weg! Irgendwo anders neu anfangen!»
Joseph sucht eine Lösung. Joseph der Rechtschaffene sucht eine rechtschaffene Lösung. Ich werde sie nicht vor die Stadt bringen lassen zur Verurteilung. Wir sagen die Hochzeit ab – heimlich, still und leise, aber schnell.
Nachdem er diese Entscheidung gefällt hat, fällt Joseph in bleischweren Schlaf, und im Schlaf erfährt er eine wahrhaft göttliche Lösung in dieser menschlichen Zwickmühle. Joseph sucht einen Mittelweg: Er möchte niemandem wehtun, nicht Maria, nicht dem Kind, nicht der Gemeinschaft und schon gar nicht sich selbst. Dieser Mittelweg ist gut nachzuvollziehen.
Aber Gott fordert mehr. Er fordert Hingabe. Er fordert, dass Joseph zu Maria steht, in Solidarität, in Teilnahme.
Der Engel Gottes erscheint ihm im Traum und sagt: «Joseph, du Sohn Davids, fürchte dich nicht, Maria zur Frau zu nehmen. Was in ihr lebt, das ist vom Heiligen Geist.»
Und Joseph bewahrt alle diese Worte in seinem Herzen und handelt danach. Joseph steht zu Maria. Er teilt ihre Last und ermöglicht ihr damit, Gottes Plan zu ertragen. Joseph glaubt an Marias Begegnung mit dem Heiligen Geist. Damit wird Joseph, der Sohn Davids, der Mann, der aus der Tradition kommt, selbst ein Teil des Neuen, Teil der neuen Schöpfung Gottes.
Joseph steht zu Maria bei der schweren Reise nach Bethlehem. Er hilft einen Raum zu suchen, in dem das Neue geboren werden kann. Er sorgt für die Unterstützung, die notwendig ist, damit das Neue, damit der «Helfer» in die Welt kommen kann. Joseph hat für Maria Hebamme zu sein, so wie ihn das alte schlesische Weihnachtslied besingt: «Joseph, lieber Joseph mein, hilf mir wiegen mein Kindelein.»
Um des Kindes willen wird Joseph später zum Flüchtling, zum Asylanten in Ägypten. Doch davon erzählt ein anderer Traum.
Maria versucht zur gleichen Zeit zur Ruhe zu kommen, vor der großen Aufgabe, vor der Aufregung, vor dem Wunder der Geburt des «Gott mit uns».
Maria dankt Gott, dass er ihr Joseph gegeben hat, Joseph, den Mitleidenden, Joseph, den Mitglaubenden, Joseph, der die ganze Wahrheit Gottes sehen kann.
(Die Anregung zu dieser Interpretation verdanken wir Mercy Amba Oduyoye, Ghana.)

11.2 Die Glocken der versunkenen Kirche

Vom Strand östlich des Dorfes aus kann man eine Insel sehen, auf der sich eine riesige Kirche mit unzähligen Glocken erhebt», sagte die Frau zu dem kleinen Jungen.

Er hatte sie noch nie zuvor in der Gegend gesehen; ihm fiel auf, dass sie fremdartige Kleider und über dem Haar einen Schleier trug.

«Kennst du diese Kirche?» fragte sie ihn. «Schau sie dir an, und erzähl mir dann, wie du sie findest.»

Von der Schönheit der Frau betört, machte sich der Junge sogleich auf den Weg zum Strand. Er setzte sich in den Sand, suchte den Horizont mit den Blicken ab, sah aber nichts als das, was er immer sah: den blauen Himmel und den Ozean.

Enttäuscht lief er zum nächsten Weiler und fragte die Fischer, ob sie etwas von einer Insel und einer Kirche gehört hätten.

«Ja, vor langer Zeit wohnten meine Urgroßeltern dort», antwortete ihm ein alter Fischer. «Aber dann kam ein Erdbeben, und die Insel ist versunken. Dennoch hören wir heute noch manchmal, obwohl wir sie nicht sehen können, die Glocken der Kirche, wenn das Wogen der Wellen sie unten auf dem Meeresgrund erklingen lässt.» Das Kind kehrte zum Strand zurück: Es wartete den ganzen Tag, aber da war nichts als das Tosen der Wellen und das Kreischen der Möwen.

Bei Einbruch der Dunkelheit kamen die Eltern das Kind holen. Doch schon am nächsten Morgen kehrte es wieder zum Strand zurück. Das Bild der Frau ließ ihm keine Ruhe, und es kam ihm undenkbar vor, dass ein so schöner Mensch nicht die Wahrheit sagen könnte. Wenn sie eines Tages wiederkäme, wollte es ihr sagen können, dass es die Insel zwar nicht gesehen, aber die Kirchenglocken gehört habe, die die Wellen zum Klingen brachten. So gingen die Monate ins Land: Die Frau kehrte nicht zurück, und der kleine Junge vergaß sie; aber die versunkene Kirche vergaß er nicht, denn eine Kirche birgt immer irgendwelche Reichtümer und Schätze. Wenn der Junge die Glocken hören könnte, würde er die Gewissheit haben. Und wenn er einmal groß war, würde er so viel Geld zusammen bringen, dass er eine Expedition ausrüsten und den verborgenen Schatz heben könnte.

Der Junge verlor das Interesse an der Schule, an seinen Kameraden. Er wurde zur beliebten Zielscheibe des Spottes der anderen Kinder, die ihn verhöhnten und sagten: «Er ist nicht wie wir. Er guckt lieber aufs Meer, und mit uns spielen will er auch nicht, weil er Angst hat zu verlieren.»

Und sie lachten über den kleinen Jungen, der immer am Strand saß.

Obwohl er die alten Kirchenglocken noch immer nicht hören konnte, lernte er doch jeden Morgen etwas Neues dazu. Zuerst entdeckte er, dass er sich nicht mehr von den Wellen ablenken ließ, weil ihm ihr Rollen inzwischen ganz vertraut war. Wenig später hatte er sich auch an das Geschrei der Möwen und das tiefe Summen der Bienen gewöhnt und an das Schleifen der Palmblätter im Wind.

Sechs Monate nach seiner ersten Begegnung mit der Frau ließ sich der Junge von keinem Geräusch mehr ablenken – aber die Glocken der versunkenen Kirche hörte er immer noch nicht.

Andere Fischer gesellten sich zu ihm an den Strand. «Wir, wir hören sie!» behaupteten sie steif und fest.

Aber der Junge hörte sie nicht.

Nach einiger Zeit aber sagten die Fischer zu ihm: «Du kümmerst dich zu sehr um das Läuten der Glocken, lass gut sein, und geh wieder mit deinen Kameraden spielen. Vielleicht sind wir Fischer die Einzigen, die sie hören können.»

Etwa ein Jahr später beschloss der Junge aufzugeben. «Die Männer haben wahrscheinlich recht. Am besten, ich werde ebenfalls Fischer, wenn ich groß bin. Dann kehre ich jeden Morgen hierher an den Strand zurück und höre die Glocken.» Und er dachte auch: «Vielleicht ist ja alles nur ein Märchen, und die Glocken sind beim Erdbeben kaputtgegangen und erklingen nie wieder.»

An jenem Nachmittag beschloss er nach Hause zu gehen.

Als er zum Abschied an den Ozean trat, schaute er noch einmal die Natur ringsum an, und da ihn die Glocken nicht mehr kümmerten, konnte er sich über das Rufen der Möwen, das Rauschen des Meeres und das Schleifen der Palmblätter im Wind freuen. In der Ferne hörte er die Stimmen seiner Spielkameraden, mit denen er bald wieder freudig herumtollen würde. Sie hatten ihn lange verspottet, doch das würden sie bald vergessen und ihn wieder mitspielen lassen.

Der Junge war froh und dankbar, am Leben zu sein. Er wusste nun, dass das Warten nicht umsonst gewesen war, da er gelernt hatte, die Natur zu beobachten und sich an ihr zu erfreuen.

Und da hörte er, weil er dem Meer, den Möwen, dem Schleifen der Palmblätter und den Stimmen seiner Spielkameraden lauschte, die erste Glocke.

Und noch eine. Und noch eine weitere. Bis alle Glocken der Kirche zu läuten begannen und ihn mit Freude erfüllten.

Jahre später kam er als erwachsener Mann in das Dorf seiner Kindheit zurück. Er hatte nicht vor, irgendeinen Schatz zu heben, der auf dem Meeresgrund lag, denn vermutlich war das alles nur kindliche Träumerei gewesen, und er hatte die versunkenen Glocken nie läuten hören. Trotzdem beschloss er zum Strand hinunterzugehen, um dem Rauschen des Windes und dem Rufen der Möwen zu lauschen.

Da sah zu seiner Überraschung die Frau, die ihm von der Insel und der Kirche erzählt hatte, im Sand sitzen.

«Was machst du hier?» fragte er.

«Ich habe auf dich gewartet.»

In all den Jahren hatte sie sich nicht verändert. Derselbe Schleier verbarg ihr Haar und war von der Zeit nicht zerstört worden.

Sie reichte ihm ein blaues Heft mit leeren Seiten.

«Schreib: Ein Krieger des Lichts achtet auf den Blick eines Kindes, weil die Kinder die Welt ohne Bitterkeit sehen können. Wenn er wissen möchte, ob ein Mensch sein Vertrauen verdient, schaut er ihm mit den Augen eines Kindes ins Gesicht.»

«Was ist ein Krieger des Lichts?»

«Du weißt es», entgegnete sie lächelnd. «Es ist derjenige, der das Wunder des Lebens zu begreifen weiß, der um das, woran er glaubt, bis zum Letzten kämpft und auch die Glocken hören kann, die das Meer in seinen Tiefen festhält.»

Er war nie auf den Gedanken gekommen, dass er ein Krieger des Lichts sein könnte. Die Frau schien seine Gedanken zu erraten.

«Jeder Mensch ist dazu in der Lage. Und niemand hält sich für einen Krieger des Lichts, obwohl jeder einer sein könnte.»

Er schaute auf die Seiten im Heft. Die Frau lächelte wieder.

«Schreib!» sagte sie abermals.

(Aus: Paolo Coelho «Handbuch des Kriegers des Lichts», Seite 7–13)

Anleitung

Dieses poetische Märchen wird in seiner Symbolkraft und in seiner Tiefe erschlossen, wenn es zunächst ruhig vorgelesen wird. Danach erhalten die Teilnehmer den ausgedruckten Text. Bei einem zweiten Vorlesen und einer Phase zum Nachklingen streichen sie an, was sie an der Geschichte bewegt oder berührt. Die angestrichenen Stellen werden genannt und auch sorgsam erläutert. Zum Abschluss hören die Teilnehmer die Geschichte gern noch ein drittes Mal.

11.3 Eine tragfähige Gemeinschaft

Ziele

Mit den Worten: «Liebe deinen Nächsten wie dich selbst» (3. Mose 19, 3) wird die Heiligung des täglichen Lebens im Ersten Testament zusammengefasst. Jesus nimmt diese Worte auf und bekräftigt sie: «Tue das, so wirst du leben» (Luk.10, 27f.). In einer modernen Übersetzung kann das auch heißen: «Liebe deinen Nächsten, denn er ist wie du.»

Beides gehört untrennbar zusammen, die Wertschätzung des Einzelnen, des Individuums und die Wertschätzung der Gemeinschaft, der Anderen.

Wenn im Credo von der «Gemeinschaft der Heiligen» gesprochen wird, so ist damit die Würdigung des Einzelnen und die Würdigung der Gemeinschaft angesprochen.

Die zunächst etwas abgehobene Formel «Gemeinschaft der Heiligen» möchten wir in der folgenden Übung möglichst hautnah und leibhaftig erleben lassen.

Für diese Übung darf der Gruppenraum nicht zu klein sein; er sollte mindestens fünfzehn Meter lang sein.

Anleitung

Im Zweiten Testament wird uns berichtet, dass Jesus Jünger und Jüngerinnen um sich versammelte, weil er selbst diese Gemeinschaft brauchte, um sich nicht einsam zu fühlen. Wenn er predigte und Wunder tat, bildete sich eine Gemeinde um ihn. Leben ist nur in Gemeinschaft möglich. Je mehr der Einzelne in der Gemeinschaft gewürdigt ist und der Einzelne die Gemeinschaft würdigt, desto heiler, desto «heiliger» ist die Gemeinschaft.

1. Im Credo heißt es: «Ich glaube an die Gemeinschaft der Heiligen…» Wir wollen uns heute damit beschäftigen, was Gemeinschaft für euch ist:
- Wo habt ihr Gemeinschaft erlebt?
- Wozu braucht ihr Gemeinschaft?
- Wie kommt Gemeinschaft zustande?
- Wie wird Gemeinschaft gestört?

Ich werde eure Antworten stichwortartig auf die Tafel oder auf Flipchart schreiben. (10–15 Minuten)

2. Und nun lade ich euch zu einem Test ein, damit wir überprüfen können, ob eure Gedanken tatsächlich das Wichtigste erfasst haben. Zugleich bietet der Test euch die Möglichkeit herauszufinden, wie tragfähig und belastbar die Gemeinschaft ist, die ihr in dieser Gruppe entwickelt habt.

3. Stellt euch vor, ihr sollt folgende Aufgabe lösen: Die ganze Gruppe soll über eine Entfernung von zehn Metern transportiert werden, und zwar mit möglichst wenigen Einzelaktionen.

4. Beim Transport der Gruppe sind folgende Regeln zu beachten:
- Alle Gruppenmitglieder, bis auf einen, müssen über die Entfernung von zehn Metern getragen werden.
- Jeder Träger muss zum Ausgangspunkt zurückkehren, damit er sich auch selbst tragen lassen kann.
- Das einzige Gruppenmitglied, das gehen darf, ist das letzte.
- Wenn ein getragenes Gruppenmitglied während des Transportes den Boden berührt, muss es mit seinem Träger bzw. seinen Trägern zurück an den Start.
- Die Anzahl der Gruppenmitglieder, die jeweils getragen werden bzw. selbst tragen, kann von euch frei bestimmt werden. Die Grenze ist eure körperliche Stärke und euer Einfallsreichtum.
- Ihr habt jetzt zehn Minuten Zeit, um eure Vorgehensweise zu planen. Während der Strategieplanung dürfen keine Probetransporte stattfinden. Ich werde euch zuschauen und zuhören und die Zeit kontrollieren. Vielleicht mache ich auch ein paar Notizen. Für eure Transportaktionen habt ihr weitere zehn Minuten Zeit. (10 Minuten)

5. Nach der Übung setzt sich die Gruppe im Kreis zusammen und wertet das Experiment aus:
- War unsere Gemeinschaft trotz des Zeitdrucks belastbar?
- Haben wir in Ruhe miteinander sprechen können?
- Ist jeder gehört worden?
- Wie verliefen die Transporte? Gab es gefährliche Situationen?
- Fiel es mir leicht, mich tragen zu lassen?
- Wie viel Vertrauen hatte ich zu meinen Trägern?
- War diese Phase der Übung nur «Arbeit» oder auch Vergnügen?
- Haben wir die ursprüngliche Planung verbessert?
- Konnte ich meine Fähigkeiten, meine Kraft und meine Ideen in die Gruppe einbringen?
- Wie hat die Gruppe reagiert, wenn jemand Angst zeigte oder Unzufriedenheit?
- Was sollte geändert werden, wenn die Gruppe diese Übung noch einmal macht?

6. Ganz am Ende können Sie noch einmal auf die eingangs gesammelten Stellungnahmen zurückkommen. Die dort eher theoretisch genannten Stichworte werden jetzt durch die gemeinsame Erfahrung anschaulich. Die zunächst abstrakte Formel «Gemeinschaft der Heiligen» ist jetzt anschaulicher. Jeder kann sich darauf besinnen, was er im Zusammenleben in einer Gemeinschaft nach dieser Übung besonders beachten will.

Anmerkung

Die Übung führt für die meisten Teilnehmer zu klaren Einsichten. Achten Sie bitte als Leiter darauf, nicht moralisierend oder aus einer Haltung der Überlegenheit zu sprechen. Unter Stress zeigt es sich, wie solide die «christlichen Tugenden» in uns ausgeprägt sind. Andererseits dürfen wir auch Fehler machen und sie uns gegenseitig verzeihen.

11.4 Die Gemeinschaft in der Familie

Ziele

In nahezu allen Religionen werden die Voreltern, die Ahnen, besonders gewürdigt. Wir können auch sagen: Die Ahnen werden geheiligt. Die Menschen wissen, was sie ihren Eltern und Voreltern verdanken. Ohne sie wären sie nicht, was sie sind. Und: Die Ahnen weisen damit auch den Weg des Lebens. Der Einzelne ist nichts ohne die Familie, die Sippe. Das ist im Ersten Testament so. Die Gemeinde wird in der Geschichte der Kirche lange als die «familia dei», die Familie Gottes gesehen. Das Wissen um die gemeinsame Zugehörigkeit ist bestimmend.

In den westlichen Gesellschaften haben wir uns daran gewöhnt, vor allem Fehler und Versäumnisse in unseren Familien zu suchen. Manche Menschen gehen sogar so weit, dass sie sich als Opfer schlimmer Familienverhältnisse fühlen. Wir glauben aber, dass diese Kritik den «Opfern» wenig nützt. Uns geht es hier um eine andere Haltung. Natürlich gibt es jede Menge unvollkommene Familien, aber die Familie als solche gehört zu den besten Errungenschaften der menschlichen Kultur. Wir tun uns selbst einen Gefallen, wenn wir uns auf die Stärken unserer Familien konzentrieren. In jeder Generation gab es Menschen, die viel gegeben haben, die Wärme und Unterstützung schenkten, die für die Schwächeren gesorgt haben, die manchmal große Dinge geleistet und für die kommenden Generationen vorgesorgt haben.

In dieser Übung wollen wir uns auf all das konzentrieren, was in unseren Kindheitsfamilien und in unseren aktuellen Familien wertvoll war und ist. Die Teilnehmer arbeiten in Quartetten und erforschen die Stärken ihrer Familien. Wir schließen mit einem kleinen Realexperiment: Jeder Teilnehmer schreibt zwei Karten an wichtige oder vergessene Mitglieder seiner Familie. Sorgen Sie deshalb dafür, dass für jeden Teilnehmer zwei Briefkarten (evtl. mit Umschlag und Briefmarken) bereitliegen. Für die Kleingruppen benötigen Sie Papier (DIN-A1 oder größer).

Anleitung

Gemeinschaft erleben wir zuerst in unserer Familie. In allen Familien finden wir ein kleines Bild der Welt. Wir finden Heilige und Sünder, Sieger und Verlierer, Helden und Feiglinge, großzügige Menschen und Geizhälse. Von außen betrachtet wirken die Familien oft zerbrechlich und zersplittert, aber im Innersten fühlen wir uns zugehörig und können uns nicht freimachen davon. Meine Mutter bleibt meine Mutter. Mein Bruder bleibt mein Bruder, auch wenn ich keinen Kontakt mit ihm haben will. Manchmal erleben wir die Familie als konstruktive Gemeinschaft, manchmal als destruktive Gemeinschaft, aber unabhängig davon bleibt sie wichtig für uns, ob wir wollen oder nicht..
Leider haben viele von uns die Angewohnheit, ihre Familienangehörigen vor allem zu kritisieren. In dieser Übung wollen wir uns dagegen auf die positiven Dinge in unseren Familien konzentrieren und herausfinden, welche Verdienste, welche Stärken wir bei den einzelnen Personen entdecken können.

1. Kommt bitte in Quartetten zusammen und nehmt euch einen Bogen Papier. Macht gemeinsam eine lange Liste mit all den (nicht-materiellen) Geschenken, die einzelne Familienmitglieder anderen gemacht haben. Geht so weit in der Erinnerung zurück, wie ihr könnt und notiert die wichtigsten Verdienste, die die einzelnen Mitglieder sich im Dienst der Familie erworben haben: Opfer, die sie gebracht haben, Liebe, die sie gegeben haben, Schutz, den sie gewährt haben usw. Und wir wollen die Erinnerung an diese Menschen dadurch ehren, dass wir hinter jedes Verdienst in Klammern den Namen der Person schreiben.
   In jedem Quartett gibt es acht Familien, an die ihr denken könnt – eure Kindheitsfamilien und die Familien, die ihr als Erwachsene gegründet habt. Da wird einiges zusammenkommen. Mischt alle diese positiven Dinge in eurer Liste und beschreibt für die anderen Gruppenmitglieder, auf welche Weise sich diese Stärken und Verdienste gezeigt haben und welche Auswirkungen sie hatten. Erwähnt auch, warum ihr selbst heute daran denkt. Nachher können wir sehen, was da alles zusammenkommt. (30 Minuten)

2. Nun soll jeder von euch seinen Namen auf das Flipchart schreiben und ein einzelnes Verdienst, eine einzelne Stärke eines anderen Familienmitgliedes dazu. Entscheidet euch bitte für eine solche Stärke, die ihr in eurem eigenen Leben ebenfalls für wichtig haltet und die ihr für euch weiterentwickeln und entfalten wollt. (10 Minuten)

3. Kommt nun bitte im Plenum zusammen, so dass jedes Quartett uns mitteilen kann, welche vier Stärken die Gruppenmitglieder in Zukunft kultivieren wollen. Außerdem können wir darüber sprechen, was euch bei der Arbeit bewusst geworden ist.
   - Habe ich mehr positive Dinge entdeckt, als ich gedacht habe?
   - Wie habe ich mich gefühlt, als ich mich auf die Stärken meiner Familie konzentriert habe?
   - Wofür bin ich meiner Familie am dankbarsten? (20 Minuten)

4. Gemeinschaft braucht Kommunikation. Wir freuen uns, wenn wir merken, dass andere sich für uns interessieren und wissen möchten, was wir tun und denken. Wir freuen uns, wenn wir einen Brief bekommen, einen Anruf oder Besuch.
   Bitte benutze die Zeit, die du jetzt noch hast, um zwei Karten an Mitglieder deiner Familie zu schreiben, denen du damit sagen möchtest: «Ich denke an dich, auch wenn wir uns lange nicht gesehen und gesprochen haben; du bist mir wichtig.» Und vielleicht: «Ich bin dir dankbar.» Du kannst auch eine Karte an ein schon verstorbenes Familienmitglied schreiben – und sie gut aufbewahren. Und du kannst jetzt auch eine Karte schreiben, die wir hier abschicken – und eine andere Karte zu Hause, wenn dir vielleicht noch mehr Positives aus deiner Familie eingefallen ist.
   Zu einem späteren Zeitpunkt können Sie fragen, welche Resonanz diese Aktion gefunden hat.

11.5 Großmütig sein

Ziele

Gemeinschaft entsteht durch das Gefühl von Zusammengehörigkeit. Wir kennen das aus unserer Familie, unseren Gemeinden und vom Arbeitsplatz. Aber Gemeinschaftsgefühl kann auch ad hoc entstehen durch emotionale Großmut.

Großzügigkeit ist eine diskrete Tugend; sie geschieht spontan und macht sich nichts aus Lob und Anerkennung. Sie kann sich in kleinen Gesten wie in zeit-

raubenden Aktionen äußern. Sie ist nicht abhängig von Bildung, Privilegien oder Status. Großzügigkeit inspiriert das Gemeinschaftsempfinden in Regierungen und im Kindergarten. Großzügigkeit können wir nicht messen, kaufen oder verkaufen. Sie entspringt dem Wunsch unseres Herzens. Sie beteiligt Körper, Geist und Seele. Großzügigkeit kann schüchtern sein oder mutig, auffällig oder unmerklich. Wenn wir nicht selbst fremde Großzügigkeit erlebt hätten, wüssten wir nicht um ihre Kraft.
Wir schlagen hier ein ungewöhnliches Ritual vor, das das Gemeinschaftsgefühl der Gruppe stärkt und die Wichtigkeit und auch die Schwierigkeit von Großzügigkeit erleben lässt.

Anleitung

Alles, wofür wir in irgendeiner Weise bezahlen können, mag erfreulich und genussreich sein, es stiftet jedoch keine Gemeinschaft. Gemeinschaft wird vertieft, wenn wir mehr geben, als gefordert ist. Großzügigkeit kann uns mehr Befriedigung verschaffen als alles, was wir besitzen. Wenn wir geben, bekommen wir; wenn wir verzeihen, wird uns verziehen; und wenn wir sterben, werden wir neu geboren.

1. Ich möchte euch zu einem Experiment einladen, bei dem ihr üben könnt, großzügig zu sein, großzügig im Geben und großzügig im Nehmen. Dabei soll nicht gesprochen werden. Es soll auch nichts Materielles verschenkt werden. Bitte stellt die Stühle nach hinten und setzt euch im Kreis auf den Boden. Durch diese symbolische «Erniedrigung» zeigen wir, dass wir alle bedürftig sind, dass wir die Zuwendung und Beachtung anderer brauchen. Sie symbolisiert aber auch, dass wir auf unseren Status verzichten. Und schließlich symbolisiert das Sitzen auf dem Boden, dass wir uns für die Unbequemlichkeiten des Lebens öffnen, für die eigene Verletzlichkeit.

2. Während ihr auf dem Boden sitzt, denkt über die wichtige, menschliche Tugend der Großzügigkeit nach.
   - Wann seid ihr zuletzt großzügig gewesen?
   - Wo habt ihr die eigene Großzügigkeit praktiziert? Wann zuletzt?

   Denke auch über all das nach, was du selbst zu geben hast, ohne dabei an Geld oder Güter zu denken. Lass dir deine Stärken durch den Sinn gehen: Einfühlungsvermögen, Verantwortungsgefühl, Führungsqualitäten… Und denke auch über Folgendes nach:
   - Wie oft schenken wir etwas in der Hoffnung auf eine Gegenleistung?

- Wie oft schenken wir Dinge, die aus der Sicht des Beschenkten unerwünscht oder sogar lästig sind?

  Und kehre immer wieder zur Großzügigkeit zurück. Sie beruht auf Feinfühligkeit und auf einem offenen Herzen. (5 Minuten)

3. Wenn du genug über dich selbst nachgedacht hast, kannst du die anderen in der Gruppe in deine Aufmerksamkeit einschließen. Richte deine Sensibilität auf Einzelne. Finde heraus, wer sich vielleicht einsam fühlt, sprachlos, zu wenig liebenswürdig, unbedeutend oder verletzlich. (5 Minuten)

4. Finde heraus, wem gegenüber du das Risiko eingehen möchtest, großzügig zu sein. Dann kannst du aufstehen und dich schweigend vor dieses Gruppenmitglied setzen. Das Geschenk, das du machen kannst, ist deine Präsenz und dein offenes Herz, deine Gegenwart. Du kannst, wenn du möchtest, dein Gegenüber anschauen. Spürst du auch, was in dieser Situation zwischen euch ausgetauscht wird? Was gibst du und was bekommst du zurück?

   Es ist nicht notwendig, dass du dir etwas Besonderes vornimmst. Das würde dich bei dieser Übung nur irritieren.

   Wenn du spürst, dass deine Großzügigkeit erschöpft ist, steh wieder auf, kehre an deinen Platz zurück und sinne weiter über gegebene und erhaltene Großzügigkeit nach.

   Wenn du nicht aufstehen magst, so kannst du darüber nachdenken, was dir das Aufstehen schwer macht und was es dir erleichtern könnte.

5. Vielleicht entsteht im Laufe der Zeit ein Geflecht von großzügigem Schenken und großzügigem Sich-Beschenken-Lassen und eine Vertiefung unserer Gemeinschaft. Und – nur wenn du selbst auf deinem Platz bist, gibst du anderen Gelegenheit, sich zu dir auf den Weg zu machen. (10–15 Minuten)

6. Wir wollen dieses Ritual nun beenden, indem wir aufstehen, Arme und Beine ausschütteln und uns wieder auf unseren Stuhl setzen. Jetzt können wir sprechen und uns darüber austauschen, was wir in dieser Übung erlebt haben und was wir aus dieser Übung mitnehmen.

- Was hat mich überrascht?
- Was hat mich gefreut?
- Was habe ich vermisst?
- War es schwer für mich, schweigend für mein Gegenüber präsent zu sein?
- Gibt es in dieser Gruppe Menschen, die niemanden brauchen?
- Wie bedürftig bin ich selbst?
- Wurde ich lieber aktiv oder habe ich lieber abgewartet?

11.6 Die Gemeinschaft der Unvollkommenen

Ziele

Die Übung vermittelt einen zunächst ungewohnten Umgang mit Ton. Wir bekommen Unfertiges in die Hand, arbeiten daran und geben Unfertiges weiter. Jeder hat eine Beziehung zu dem, was durch seine Hände gegangen ist. Er erfährt dabei anschaulich, dass er in begrenzter Zeit nur Unvollkommenes schaffen kann. Jeder gibt die Ideen, die er selbst gestaltet hat, wieder aus der Hand. Dabei kann er das, was er loslässt, lieb gewinnen.
An den fertigen Ergebnissen sind alle gemeinsam und doch ganz unterschiedlich beteiligt. Die Übung empfiehlt sich besonders nach anstrengender Einzel- oder Partnerarbeit. Mit der Übung wird nahezu immer eine gelöste Stimmung geschaffen. Keiner kann etwas falsch machen, und es gibt viel zu lachen.

Als Material benötigen Sie für jeden Teilnehmer ca. 700–1000 g Ton (die Packungen in den Hobbymärkten enthalten meist 10 kg), ein Schälchen Wasser pro Gruppe, Bleistifte, evtl. Bretter oder Zeitungen als Unterlagen, eine kleine Glocke oder einen Gong.

Anleitung

1. Heute werden wir uns nicht mit den Heiligen selbst, mit den Vollkommenen beschäftigen, vielmehr mit deren Kehrseite, der Gemeinschaft der Unvollkommenen. Mag sein, dass wir dabei etwas über unsere eigene Unvollkommenheit erfahren. Wir können dabei auch Gemeinschaft erleben, und wenn es gut geht, werden wir am Ende einige seltsame «Heilige» sehen.
   Teilt euch zunächst in Sechser-Gruppen auf. Holt euch dazu Tische und Stühle. Wenn alle sitzen und jeder eine Unterlage hat, erkläre ich den weiteren Fortgang.
   Jeder von euch erhält einen Klumpen Ton. Ich werde euch dann nacheinander unterschiedliche Aufträge geben. Jeder wird immer nur ein Stück weit arbeiten. Danach gebt ihr euer «Werkstück» eurem linken Nachbarn. Gleichzeitig bekommt ihr das Teil, an dem euer rechter Nachbar bisher gearbeitet hat. Für jede Teilarbeit habt ihr drei Minuten Zeit. Sprecht während der Arbeit nicht miteinander. So könnt ihr euch besser auf eure Hände und auf den Ton konzentrieren.
   Nehmt euch jedes Mal, wenn ihr ein neues Stück bekommt, Zeit, es zu betrachten. Und verabschiedet euch davon, bevor ihr es weitergebt. Ich werde immer 15 Sekunden vor dem Wechsel mit meinem Glöckchen ein Zeichen geben.

2. Ich gebe jetzt jedem von euch ein Stück Ton. (Der Ton muss vor der Übung portioniert werden.)
Die erste Aufgabe lautet: Macht den kühlen und harten Ton weich und geschmeidig…
Nach knapp drei Minuten: Haltet einen Augenblick inne… Nehmt wahr, was ihr erreicht habt, verabschiedet euch von Eurem Ton und gebt ihn dem linken Nebenmann, der linken Nebenfrau. Achtet darauf, was ihr jetzt erhaltet…
Die zweite Aufgabe: Formt aus eurem Ton ein Ei… (knapp 3 Minuten)
Dritter Arbeitsschritt: Zieht aus dem Ei zwei Füße, so dass es stehen kann…
Vierter Arbeitsschritt: Formt einen Schwanz.
Fünfter Arbeitsschritt: Formt Hals und Kopf.
Sechster Arbeitsschritt: Formt zwei Flügel oder Arme.
Siebter Arbeitsschritt: Formt Ohren.
Achter Arbeitsschritt: Formt das Gesicht aus.
Letzter Arbeitsschritt: Gebt Eurer Figur noch einen letzten Schliff mit einem Bleistift – und mit etwas Wasser. (Geben Sie den Teilnehmern für diese Phase etwas mehr Zeit.)

3. Nehmt euch jetzt Zeit, die Schöpfungen, die ihr miteinander geschaffen habt, zu betrachten. Erzählt euch, welchen Prozess ihr erlebt habt, von dem ungeformten Tonstück zum «fertigen/unfertigen» Wesen.
   - Wie ist es für mich, wenn ich etwas nicht abschließen kann?
   - Wie ist es für mich, wenn ich etwas in die Hand bekomme, das mir zunächst ganz fremd ist?
   - Was ist dein, was ist mein, was ist unser?
   - Habt ihr etwas über die «Gemeinschaft der Heiligen» erfahren?

Meist unterhalten sich die Gruppen frei. Es wird viel gelacht. Die Werke werden miteinander verglichen. Die Teilnehmer gehen zu den anderen Tischen. Es ist spürbar, wie die «Fabelwesen» den Teilnehmern ans Herz gewachsen sind.
Sie können auf eine offizielle Schlussrunde verzichten. Die Übung spricht für sich. Wenn Sie aufmerksam beobachtet haben, können Sie noch einige Wahrnehmungen anfügen.

4. Für die Teilnehmer ist jetzt wichtiger: Was wird aus meiner Schöpfung nach dieser Übung? Einige werden ihr «Wesen» mit nach Hause nehmen. Andere Fabelwesen können für einige Zeit im Gruppenraum bleiben. Manchmal haben wir auch solche «Schöpfungen» wieder der Erde zurückgegeben, indem wir sie in einen See oder einen Bach legten.

Kapitel 12
DIE HEILUNG

...Vergebung der Sünden, Auferstehung der Toten und das ewige Leben.

Wir bemühen uns um etwas,
das uns schon gefunden hat.
(Jim Morrison)

12.1 Der Wasserträger

Von einem alten Wasserträger wird folgende Geschichte erzählt: Er trug das Wasser in zwei großen Töpfen vom Strom in das Haus seines Meisters. Über den Nacken hatte er eine Stange gelegt. An jedem Ende der Stange hing ein Topf. Einer der Töpfe hatte einen Riss, der andere Topf war vollkommen. War der Wasserträger am Ende seines langen Weges vom Strom zum Haus des Meisters angelangt, so war der Topf mit dem Sprung immer nur noch halb voll. Der andere Topf war dagegen jedes Mal randvoll mit Wasser.

Zwei ganze Jahre ging dies so. Täglich brachte der Träger nur eineinhalb Töpfe Wasser zum Haus seines Meisters. Natürlich war der vollkommene Topf stolz auf seine Leistung. Er war perfekt für das, wofür er gemacht war. Der alte, gesprungene Topf aber war beschämt von seiner eigenen Unvollkommenheit. Er fühlte sich miserabel. Er war ja nur fähig, die Hälfte von dem zu leisten, was der andere Topf schaffte. Nach zwei Jahren des Misserfolges sprach der Topf endlich zum Wasserträger:

«Ich schäme mich, und ich will mich entschuldigen.»

«Wofür?», fragte der Träger. «Was beschämt dich?»

«Ich bin in den vergangenen zwei Jahren immer nur fähig gewesen, die Hälfte meiner Last zu liefern. Dieser Riss an meiner Seite verursacht, dass ich auf dem Weg ins Haus des Meisters Wasser verliere. Wegen meines Fehlers musst du Mehrarbeit machen. Du bekommst nicht den vollen Lohn für deine Anstrengung», sagte der Topf.

Der Wasserträger sah den gesprungenen Topf an. Schließlich sagte er: «Wenn wir auf dem Weg zum Haus des Meisters sind, dann achte auf die schönen Blumen am Rande des Weges!»

Der Topf konnte mit dieser Antwort nicht viel anfangen. Deshalb schwieg er. Doch als sie den Hügel hochgingen, bemerkte er die Wildblumen auf der Seite des Pfades. Die Sonne wärmte die Blumen, und sie streckten sich ihr entgegen. Ein wenig heiterte ihn das auf. Er hatte es bisher noch nie bemerkt. Aber am Ende des Pfades fühlte er sich wieder ganz schlecht. Wieder hatte er die Hälfte seiner Last verloren. Noch einmal entschuldigte er sich beim Träger für sein Unvermögen.

Da fragte der Träger den Topf: «Hast Du bemerkt, dass die Blumen nur auf der einen Seite des Pfades wachsen, nicht aber auf der andere Seite?» Und als ihn der Topf erstaunt ansah, fuhr er fort: «Ich wusste von deinem Fehler, und ich habe ihn ausgenutzt. Auf der einen Seite des Pfades habe ich Blumen gesät. Jeden Tag, während wir den Weg vom Strom zurücklegten, hast du diese Blumen bewässert. Zwei Jahre lang konnte ich aus einer Fülle der schönsten Blumen auswählen, um das Haus unseres Meisters zu schmücken. Wenn du nicht wärst, wie du bist, könnten wir das Haus nicht mit der Schönheit der Blumen schmücken. Die Gäste konnten sich daran erfreuen.»
Der alte gesprungene Topf wusste immer noch nichts zu sagen. Er schwieg. Aber es war, als ob sich die Blumen in ihm spiegelten.

Zur Verwendung

Vergebung, die verbindet, ist verborgen und still. Sie wird nicht ausgesprochen, sondern geübt. Im Grunde ist sie nichts anderes als Nachsicht. Sie übersieht einen Fehler, ein Unrecht oder eine Schuld und vergisst sie. Auf diese Weise bleiben der Fehler, das Unrecht oder die Schuld ohne schlimme Folgen für die Beziehung. Im Gegenteil. Durch eine stillschweigende Nachsicht vertieft sich die Beziehung. Das gegenseitige Vertrauen wächst, vor allem auf Seiten dessen, der Nachsicht erfahren durfte. Sie lässt auch ihn, wenn die Reihe an ihm sein sollte, bei anderen Fehler und Unrecht und Schuld übersehen und vergessen. (Bert Hellinger in «Spirituell leben» Seite 371.)

Unser Märchen beschreibt Bert Hellingers These «Vergebung ist still» in dem anschaulichen Bild vom alten Topf mit dem Riss.
Natürlich muss Wasser von hier nach da gebracht werden. Aber ich brauche auch Blumen, brauche Farben. Ich brauche das Unvollkommene, damit das Leben schön und farbig und in einem tieferen Sinn auch lebenswert bleibt. Ich brauche «Brot», und ich brauche «Rosen».

Vorschläge für das Schlussgespräch

Der alte Topf schweigt in der Geschichte an drei Stellen. Aus drei ganz verschiedenen Gründen.

- Der alte Topf vergleicht sich. Was «gewinnt» er dadurch, was «verliert» er?
- Wenn der alte Topf wieder Worte findet: Was könnte er am Ende zum Wasserträger sagen?
- Wie sehen wir Leistung? Nach welchem Maßstab wird sie gemessen?
- Wozu brauchen wir Blumen?
- Ein kluger Mann hat einmal gesagt: Das Unnötige ist lebensnotwendig.

- In der Geschichte ist vom Vergebung die Rede, ohne dass das Wort «Vergebung» gebraucht wird.
- Wirkliche Vergebung muss «still» sein.
- Jesus sagt einmal: Gehe und sündige hinfort nicht mehr. Was könnte das für den alten Topf bedeuten?

12.2 Gehe und sündige hinfort nicht mehr (Joh. 8, 1ff.)

Ziele

Die Geschichte von der Ehebrecherin zeigt: Jesus billigt das Verhalten der Frau nicht, er verdammt sie aber auch nicht. Er gibt ihr eine Chance und bewahrt sie vor der Steinigung.

Diese biblische Geschichte spricht auch Jugendliche an. Sie kennen die Kraft der Leidenschaft. Sie kennen die Macht des Verliebtseins. Sie sind sich auch der Gefahren der Liebe bewusst. Die Liebe macht verletzlich. Enttäuschte Liebe und gebrochenes Vertrauen können jeden von uns tief verletzen. Wir brauchen lange, um dem Menschen, der uns verletzt und enttäuscht hat, zu vergeben.

Jesus begegnet uns in dieser Geschichte als ein Meister des Vergebens. Er strahlt innere Ruhe aus. Wir erkennen, wie weit wir von dieser Haltung entfernt sind. Wir erkennen aber auch, dass es keine Alternative zur Vergebung gibt, wenn wir nicht länger an der barbarischen und grausamen Praxis der Rache festhalten wollen.

In dieser Übung wird die Geschichte durch den Gruppenleiter frei nacherzählt. Er teilt die Geschichte in verschiedene Szenen auf, und die beteiligten Personen werden als lebendiges Tableau aufgestellt. Diese Technik macht es leicht, sich emotional auf das Geschehen einzulassen und die Gedanken der Beteiligten zu verstehen. Gruppenleiter und Gruppenmitglieder können die aufgestellten Personen immer wieder fragen: «Wie geht es dir? Wie fühlst du dich? Was geht dir durch den Kopf?»

Die verschiedenen Bilder ermöglichen auch Erzählpausen, in denen sich die Gruppenmitglieder mit der Handlung und den einzelnen Figuren auseinander setzen können.

Die Gruppe sitzt im Halbkreis, so dass eine unsichtbare Bühne entsteht, auf der die verschiedenen Tableaus gestellt werden können.

Eine alternative Arbeitsform mit dem Tageslichtprojektor skizzieren wir am Ende dieser Übung.

Anleitung

Wenn uns jemand verletzt oder uns schadet, reagieren wir gewöhnlich mit Zorn. Wir wünschen uns, dass der Übeltäter seine gerechte Strafe findet. Wir sind überzeugt, dass die Strafe eine vernünftige Konsequenz für das Unrecht ist, das uns jemand angetan hat. All die bürgerlichen Gesetze bestätigen uns das. Wir wissen aber auch, es gibt Verletzungen im Leben, die von keinem Gericht verhandelt werden können. Wenn uns unsere Eltern lieblos behandeln, hat es keinen Sinn, zum Rechtsanwalt zu gehen. Wenn uns der Freund oder die Freundin verlässt, verbietet das kein Gesetz. Manche Verletzungen schmerzen uns so sehr, dass wir lange brauchen, um darüber hinwegzukommen. Wir ahnen, dass wir Unrecht und Verletzungen, die uns angetan wurden, nur überwinden können, wenn wir lernen zu vergeben. Vergebung und Verzicht auf Rachegefühle ist schwer. Manchmal brauchen wir lange, wirklich lange, um es zu lernen.
Jesus hat sehr deutlich gemacht, dass Vergebung zu den großen Aufgaben gehört, die jeder in seinem Leben bewältigen muss. Er hat anstelle von Strafe und Rache Vergebung und Liebe gestellt und uns aufgefordert: Tue desgleichen…

1. Ich möchte euch eine Geschichte aus dem Neuen Testament erzählen, in der es um Liebe und Betrug, um Strafe und Vergebung geht. Bitte stellt eure Stühle im Halbkreis auf. Wo der Kreis offen ist, soll die Bühne sein. Dort werden sich die Personen hinstellen, die in der Geschichte vorkommen. Die Gruppenmitglieder, die sich dort hinstellen, müssen nicht sprechen, sie müssen auch nicht schauspielern. Sie werden lediglich eine Haltung einnehmen, die zu der Situation und zu der Person passt, die sie repräsentieren. Im Laufe der Erzählung werden unterschiedliche Bilder entstehen. Die Geschichte heißt «Jesus und die Ehebrecherin».

Bild 1: Die Frau und ihr Liebhaber

Es war einmal eine verheiratete Frau. Wir wissen nicht, wie lange sie mit ihrem Ehemann zusammengelebt hatte. Wir wissen auch nicht, ob sie Kinder hatte. Aber wir wissen, dass die Frau mit ihrem Mann nicht glücklich war; ihr fehlte etwas. Sie wollte endlich wieder spüren, wie es ist, von einem anderen Menschen geliebt zu werden und selbst zu lieben. So gab sie dem Drängen eines Mannes nach, der schon länger heimlich um sie geworben hatte.

(Bitten Sie zwei Teilnehmer, sich als liebendes Paar auf die imaginäre Bühne zu stellen. Laden Sie die Gruppe dazu ein, ihre Assoziationen mitzuteilen:

- Wie erleben die beiden ihre Liebe?

- Wie halten sie sie geheim?
- Fühlen sie sich zur Liebe berechtigt?
- Was denken sie über den betrogenen Ehemann?

Sie können auch die beiden Darsteller fragen, wie sie sich fühlen und wie sie die Situation erleben.)

Bild 2: Der Mann will Rache

Der Mann erfährt, dass seine Frau sich einen Liebhaber genommen hat. Er fühlt sich verletzt, gekränkt und beleidigt. Er sagt: «Das kann ich dir nicht verzeihen. Ich werde dich zu den Pharisäern bringen. Die sollen Recht über dich sprechen. Sie kennen die gerechte Strafe, die du verdient hast.» Wir wissen nicht, was die Frau geantwortet hat. Vielleicht hat sie versucht, dem Mann die Schuld zu geben. Vielleicht hat sie nur gesagt: «Ich liebe meinen Freund, und ich habe keine Angst vor dir.» Vielleicht hat sie um Vergebung gebeten und dem Mann gesagt: «Lass es uns noch einmal versuchen.» Aber der Mann war verletzt und wütend und ließ nicht mit sich reden.

(Das lebende Bild wird verändert. Der Freund kehrt auf seinen Platz im Kreis zurück, dafür übernimmt ein anderer Teilnehmer die Rolle des Mannes. Mann und Frau stellen sich so hin, dass es zu dieser dramatischen Situation passt. Laden Sie die Teilnehmer ein, ihre Assoziationen mitzuteilen und befragen Sie auch die beiden Darsteller, was in ihnen vorgeht.
Außerdem können Sie die Gruppe zu einem Exkurs einladen: Kenne ich solche Konfliktsituationen? Welche Möglichkeiten kenne ich, einen so schweren Streit zu entschärfen?)

Bild 3: Das Ehepaar bei den Pharisäern

Der Mann verhält sich nicht ungewöhnlich. Schon zu alten Zeiten war es so, dass die Menschen glaubten: Man muss die gerechte Strafe finden, dann wird alles wieder in Ordnung kommen. Zur Zeit Jesu gab es Menschen, denen nichts wichtiger war, als sich den Gesetzen gemäß zu verhalten, die Mose einst von Gott empfangen hatte. Sie kannten die Gebote und alle Vorschriften genau und lebten selbst danach. Diese «frommen» Menschen heißen in der Bibel Pharisäer und Schriftgelehrte; sie werden als Gegenüber zu Jesus stilisiert. Sie sagen: «Die Gesetze, nach denen wir leben, sind Gottes Wille. Es ist notwendig, dass sich jeder danach richtet.» Zu diesen Leuten brachte der zornige Ehemann seine Frau. Die Pharisäer begannen sogleich, der Frau Vorwürfe zu machen: «Kennst du das Gesetz nicht? Du hast Schande über deinen Mann gebracht. Du bist eine Hure. Du hast den Tod verdient.» Einige der Pharisäer sprechen den Ehemann an: «Du hast deine Frau nicht im Griff gehabt. Diese Schande muss von dir abgewaschen werden. Hast du gar nichts bemerkt? Deine Frau hat keinen Respekt vor dir gehabt. Wir werden deine Ehre wiederherstellen.»

(Das lebende Bild wird wieder verändert. Zu dem Ehepaar kommen einige Pharisäer hinzu, die eine überlegene und aggressive Haltung einnehmen. Die Teilnehmer teilen wieder ihre Assoziationen mit und die Darsteller sprechen darüber, was sie in dieser Situation empfinden:

- Wie geht es der Frau?
- Hat sie Angst?
- Was denkt sie über die Pharisäer?
- Was denkt sie über ihren Ehemann?
- Wie geht es dem Mann? Ist er noch voll Zorn?
- Bemerkt er, welche Kettenreaktion er in Gang gesetzt hat?
- Was geht in den Pharisäern vor? Empfindet vielleicht einer von ihnen Mitleid und wagt nicht, es auszudrücken? Wie steht es um ihre eigenen Ehen? etc.)

Bild 4: Die Pharisäer provozieren Jesus

Allmählich legt sich die Aufregung der Pharisäer. Einige von ihnen reiben sich schon die Hände. Sie wittern die Gelegenheit, diesen Fall von Ehebruch zu benutzen, um Jesus eine Falle zu stellen. Sie wussten, dass Jesus gerade im Tempel war und dort predigte. Es gab es immer einige Pharisäer, die überprüfen wollten, ob Jesu Worte mit den Gesetzen übereinstimmten. Es war ihnen verdächtig, sogar bedrohlich, dass Jesus so viele Menschen anzog und dass seine Worte so großen Einfluss auf die Zuhörer hatten. Oft hatte Jesus mit den Pharisäern gestritten. Die Pharisäer spürten, dass Jesus ganz andere Überzeugungen hatte als sie selbst. Für sie stand die Befolgung der Gesetze im Mittelpunkt. Für Jesus war jeder einzelne Mensch, jeder Mann und jede Frau, wichtig. Jesus schüchterte die Menschen nicht ein, er ermutigte sie. Der Kern seiner Botschaft war die Liebe: Wenn die Menschen die Liebe zum Maßstab ihrer Handlungen machten, so war das ein Schritt, um das Reich Gottes zu verwirklichen.

Darum beschlossen die Pharisäer, mit der Ehebrecherin in den Tempel zu gehen. Sie witterten eine Chance, dass Jesus von seiner Botschaft der Liebe abrücken und sich der von ihnen verhängten Strafe anschlösse. Sie schicken den Ehemann nach Hause und sagen zu Jesus: «Diese Frau ist beim Ehebruch ertappt worden. Jesus, du kennst die Gesetze Gottes. Mose hat uns geboten, dass Ehebruch mit dem Tode bestraft wird. Diese Frau muss also gesteinigt werden. Was meinst du dazu?»

In dieser Situation gibt es einen untergründigen Machtkampf zwischen den Vertretern der religiösen Elite und ihrem Herausforderer Jesus Christus, der eine neue Botschaft predigt. Die Frau steht gar nicht im Mittelpunkt des Interesses. Die Pharisäer missbrauchen sie als Mittel zum Zweck; sie wird zum Spielball religiöser Machtpolitik.

(Das lebende Bild wird wieder verändert. Der Mann verlässt die Bühne und kehrt auf seinen Platz im Kreis zurück. Jesus kommt hinzu und wählt eine Position, die für ihn stimmig ist. Die Gruppe teilt ihre Assoziationen mit, und die Darsteller äußern jetzt die Dinge, die nicht offen ausgesprochen werden:

- Was geht in den Pharisäern vor?
- Was geht in der Frau vor?
- Was geht in Jesus vor?)

Bild 5: Jesus macht eine Pause

Jesus ist empört über die Art und Weise, wie die Pharisäer die Frau vorführen, die voller Todesangst ist. Sie weiß, dass es in dieser Situation um ihr Leben geht. Wie wird sich Jesus verhalten? Ihm ist bewusst, dass die Pharisäer die Frau missbrauchen, um seine Gesetzestreue zu testen. Aber wir wissen von Jesus, dass er seinem Zorn nur selten freie Bahn ließ.
Jesus antwortet nicht spontan. Er gönnt sich eine Pause. Er bückt sich und schreibt etwas mit dem Finger auf die Erde. Und er denkt darüber nach, wie er in dieser Situation vorgehen will. Er möchte vermeiden, etwas gegen die Gesetze zu sagen. Wenn eine Frau ihren Mann betrügt, dann muss sie gesteinigt werden. Das verlangt das gültige Gesetz. Aber gefühlsmäßig steht Jesus auf der Seite der Frau. Sein Entschluss steht fest. Aber er lässt sich Zeit. So steigt die dramatische Spannung und die Worte, die er dann sprechen wird, bekommen ein zusätzliches Gewicht.

(Das lebende Bild kann wieder verändert werden. Jesus wendet sich ab, kauert sich hin und schreibt etwas mit dem Finger auf den Boden, vielleicht ein Wort, vielleicht ein Bild. Die Anspannung der Frau steigert sich. Vielleicht tritt sie näher an Jesus heran. Die Pharisäer sind begierig, Jesu Antwort zu hören. Vielleicht machen auch sie ein paar Schritte auf ihn zu; in ihrer Haltung drücken sie Feindseligkeit und auch Verachtung aus.
Die Teilnehmer können wieder Assoziationen äußern, und die Darsteller können wieder die Dinge mitteilen, die nicht ausgesprochen werden.

- Was geht in den Pharisäern vor?

- Wie fühlt sich die Frau?
- Was denkt und was empfindet Jesus?)

Bild 6: Jesus trifft seine Entscheidung

Jesus weiß, was er sagen will. Er sagt nur einen einzigen Satz, der die Zuhörer von damals sprachlos macht und der die Menschen bis heute immer wieder beeindruckt. Jesus stellt sich zwischen die Pharisäer und die Frau und spricht: «Wer unter euch ohne Sünde ist, der werfe den ersten Stein auf sie.» Alle, die diesen Satz hören, sind betroffen. Jesus hat nicht das Gesetz kritisiert; er hat nicht gesagt, dass Ehebruch gestattet ist. Aber er hat die Automatik durchbrochen, dass auf Schuld die Todesstrafe folgen muss.

So ist niemand berechtigt, die Strafe zu vollziehen. Wer ist ohne Schuld, wer ist ohne Sünde? Wer braucht es nicht, dass ihm vergeben wird? Die Pharisäer sind perplex, weil ihnen die Berechtigung abgesprochen wird, die Strafe zu vollziehen. Jeder von ihnen ist sich darüber klar, dass er selbst Teile des Gesetzes gebrochen hat. Wenn ein so strenger Maßstab angelegt wird, müssen auch die Vollkommenen erkennen, dass ihnen die Qualifikation zum Richten fehlt. Schweigend gehen die Pharisäer weg, einer nach dem anderen. Sie sind verwirrt, weil Jesus noch strengere Maßstäbe anlegt als sie selbst. Aber vermutlich verstehen sie den Kern der Botschaft Jesu nicht. Wenn wir Jesu Botschaft positiv ausdrücken, dann könnten wir sagen: «Nur wer vollständig aus Liebe handelt, ist gerecht.»

Für die Frau bedeuten Jesu Worte eine Erlösung. Ihre Anspannung löst sich... Wie reagiert sie? Sie darf weiterleben und einen neuen Anfang machen.

(Das Bild wird wieder verändert. Jesus richtet sich auf und tritt den Pharisäern entgegen, so dass er zwischen ihnen und der Frau steht. Seine Körperhaltung soll innere Ruhe ausdrücken. Er möchte nicht über die Pharisäer triumphieren. Er spricht nur eine einfache, tiefe Wahrheit aus.

Dann verwandelt sich das Bild – ein Pharisäer nach dem anderen verlässt die Szene, und die Frau bleibt allein mit Jesus zurück...)

Bild 7: Jesus vergibt der Frau

Jetzt ist Jesus mit der Frau allein. Alle anderen sind weggegangen. Jesus weiß, dass noch etwas fehlt. Das Drama ist noch nicht abgeschlossen, denn bisher hat es noch keinen Dialog zwischen ihm und der Frau gegeben. Es genügt nicht, dass das Leben der Frau gerettet ist. Wenn die Frau ohne anschließendes Gespräch mit Jesus nach Hause ginge, würde sie ihre Schuld wie eine schwere Last mit sich herumtragen. Damit sich ihre Schuld auflösen kann, braucht sie

das Gespräch mit Jesus, und sie braucht seine Vergebung. Zu Beginn des Dialogs hilft Jesus der Frau, ihre Fassung wiederzugewinnen. Er fragt sie schlicht: «Hat dich jemand verurteilt?» Sie antwortet: «Nein Herr, niemand.» Nun bezieht Jesus ganz persönlich Stellung und sagt: «Ich will dich auch nicht verurteilen. Geh hin und sündige hinfort nicht mehr.» Mit seinen Worten drückt Jesus aus, dass er der Frau vergeben hat. Nun hat sie Kraft für die Aufgabe, die ihr noch bevorsteht: «Gehe und sündige hinfort nicht mehr!» Wir wissen nicht, wie sich die Beziehung zwischen der Frau und dem Mann weiter entwickelt, ob es ihnen gelingt, aufeinander zuzugehen. Wir wissen nicht, wo die Frau hingeht. Jesus sagt ihr nicht, was sie tun soll. Das ist mit den Geschichten, die von Jesus erzählt werden, meistens so. Wenn's spannend wird, fangen sie erst richtig an. Die Zuhörer und Leser müssen sich selbst Gedanken machen.
Wir erfahren aus dem biblischen Text nicht, mit welchen Worten sich die Frau von Jesus verabschiedet. Aber wir können annehmen, dass sie ihm dankt. Und wir können annehmen, dass sie sich herzlich verabschieden.

(Das vorletzte Bild zeigt Jesus allein mit der Frau. Vermutlich stehen sie einander gegenüber. Die Frau hat sich wieder gefasst, und Jesus drückt durch seine Körpersprache Liebe und Verständnis aus.
Die Teilnehmer können wieder ihre Assoziationen mitteilen, und die Darsteller werden befragt, was ihnen bei diesem Dialog durch den Sinn geht, was sie dabei empfinden.)
Hier könnte die Geschichte enden. Wir können uns aber auch ein achtes Bild vorstellen:

Bild 8: Jesus bleibt allein zurück

Am Ende steht Jesus allein da. Im Hintergrund geht das religiöse Leben im Tempel weiter. Jesus ist erleichtert, dass er der Frau helfen konnte. Denkt er an seine Zukunft? Er weiß, dass der Konflikt mit den Pharisäern weitergehen wird. Die religiöse Elite muss ihn für einen Revolutionär halten, der die Tradition des Gesetzes missachtet. Seine Botschaft der Liebe und der Vergebung wird nur von denen verstanden, die sich von ihm helfen lassen. Vielleicht mischt sich das Gefühl der Erleichterung mit dem Gefühl der Einsamkeit. Jesus liebt die Menschen, und er muss sich damit abfinden, dass viele dieses Geschenk nicht annehmen können. Vielleicht ahnt er bereits, dass diese unerwiderte Liebe ihn schließlich ans Kreuz bringen wird.

(Im letzten Bild steht Jesus allein auf der Bühne. Vielleicht setzt er sich auf eine Tempelstufe, oder er lehnt sich an eine Säule; vielleicht ist er etwas

erschöpft. Vielleicht seufzt er erleichtert, vielleicht lächelt er.
Die Teilnehmer können ihre Assoziationen zu dem einsamen Jesus mitteilen. Der letzte Darsteller kann sagen, was ihn am Ende dieser Szene bewegt. Entlassen Sie zum Schluss alle Teilnehmer und Teilnehmerinnen aus den Rollen, die sie übernommen haben.)

2. Kommt nun in Quartetten zusammen und unterhaltet euch darüber, wie die Geschichte für den Mann und die Frau weitergehen könnte. Wann könnte eine Versöhnung gelingen? Wie lange würde es bis dahin dauern? (10 Minuten)

Vorschläge für das Schlussgespräch

- Habe ich schon Vergebung am eigenen Leib erfahren?
- Wie leicht fällt es mir, anderen zu verzeihen?
- Warum ist Vergebung so schwer?
- Warum ist Vergebung so wichtig?

Variation

Sie können auch einen Tageslichtprojektor benutzen, um die einzelnen Bilder an die Wand zu werfen. Diese Technik ermöglicht weit mehr Distanz, aber schafft ebenfalls Erzählpausen und die Beteiligung der Gruppe. Schneiden Sie für die vorkommenden Personen einfache geometrische Figuren aus, z. B. für den Ehemann ein Rechteck, für die Frau ein Dreieck, für Jesus einen Kreis, für die Pharisäer Säulen, für den Freund ein halbiertes gleichseitiges Dreieck. Die Papierfiguren können auf der beleuchteten Glasplatte des Tageslichtprojektors leicht hin und her geschoben werden. Auch bei dieser didaktischen Form sitzt die Gruppe im Halbkreis vor der Projektionsfläche. Der Gruppenleiter sitzt am Projektor. Synchron zu seiner Erzählung lässt der Gruppenleiter das Bild entstehen und verändert jeweils die Positionen der handelnden Personen. Die Teilnehmer können die Position der Figuren am Projektor verändern und damit die Geschichte gestalten. Vor allem die Schlussdiskussion wird nicht nur verbal, sondern mit den an die Wand projizierten Figuren ausgetragen. Dabei können durchaus noch neue, in der Geschichte nicht vorgesehene Figuren entworfen werden.

Figuren für die Erzählung am Tageslicht-Projektor

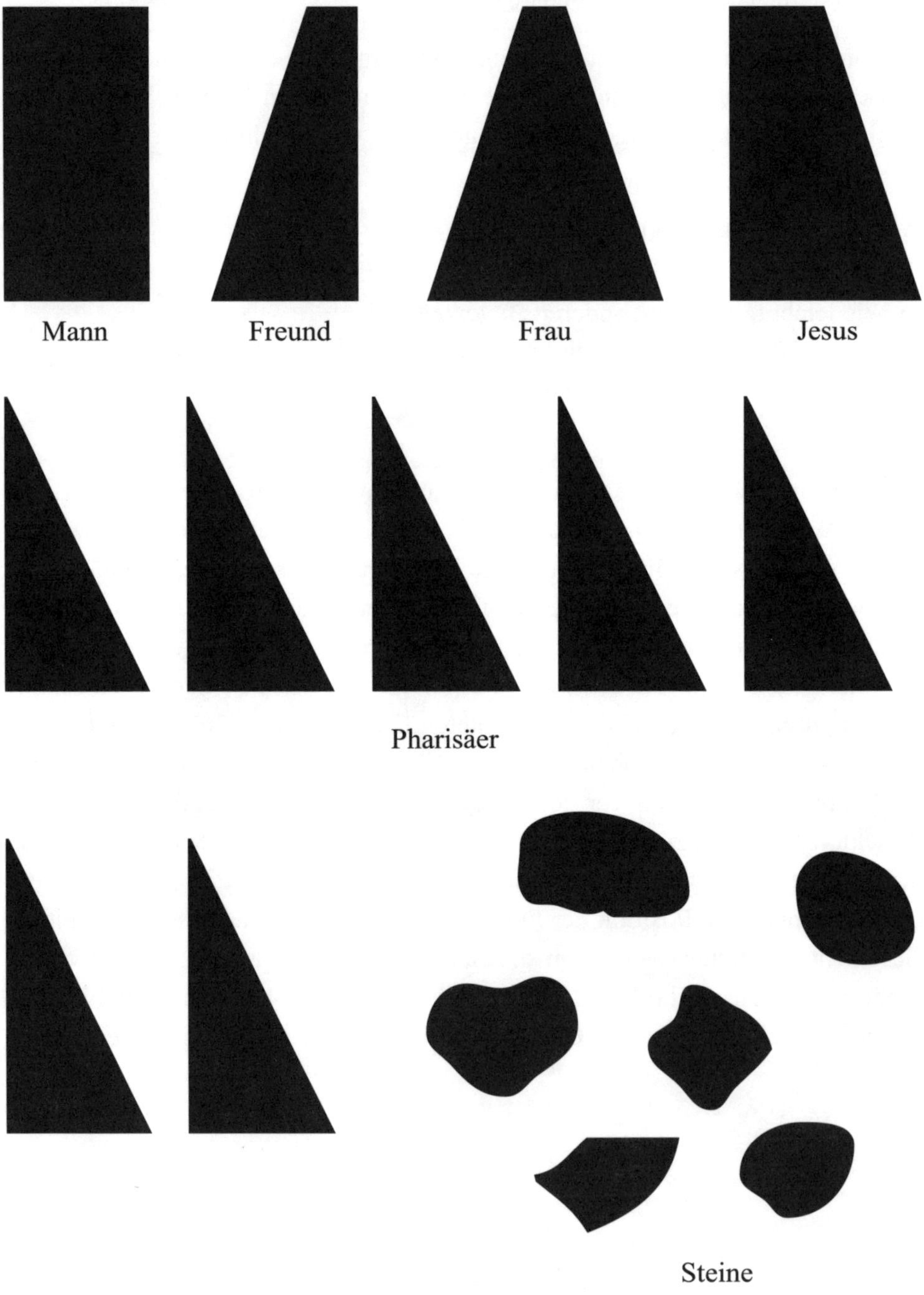

12.3 Der Kieselstein in der Tasche

Ziele

In Joh. 8, 7 bremst Jesus die gesetzestreuen Pharisäer mit dem unvergesslichen Wort: «Wer unter euch ohne Sünde ist, der werfe den ersten Stein.»
Wir knüpfen an die biblische Geschichte der Ehebrecherin an und benutzen einen Kieselstein als Symbol für innere Mäßigung und Vergebung. Wir können einen solchen Stein immer bei uns tragen. Wir können uns von ihm auffordern lassen, bei Ärger und Zorn nicht impulsiv zu reagieren, sondern unsere Bereitschaft zur Vergebung zu üben.
Wir stellen hier ein Ritual vor, das sozusagen eine persönliche Beziehung zu einem Kieselstein stiftet. Gleichzeitig erhalten die Gruppenmitglieder Gelegenheit, Vergebung (in einem «leichten» Fall) zu praktizieren. Wir empfehlen, diesen Kieselstein immer in der Tasche zu tragen. Jedes Mal, wenn wir die Hand in die Tasche stecken, können wir ihn berühren. Wir können dann tief durchatmen. Und jedes Mal, wenn wir uns ärgern, wird der Kieselstein zu unserem spirituellen Lehrer. Er erinnert uns an das Wort Jesu «Wer unter euch ohne Sünde ist, der werfe den ersten Stein» (Joh. 8, 7). Wenn wir den Kieselstein in der Hand halten, können wir uns auf unseren Atem konzentrieren und uns zulächeln. Vielleicht hört sich das kindlich an, aber der Kieselstein kann uns sehr unterstützen. Er erlaubt uns, eine Pause zu machen, so wie Jesus in der Geschichte ebenfalls eine Pause macht. In vielen Religionen gibt es solche und ähnliche Hilfsmittel.
Sie brauchen für jedes Gruppenmitglied einen Kieselstein von ca. 2 cm Durchmesser. Diese Kieselsteine können Sie bei Spaziergängen am Meer, am Fluss oder im Gebirge sammeln. Sie können auch in einem Mineraliengeschäft kleine, polierte Halbedelsteine erwerben. Die Gruppenmitglieder wissen dann, dass diese Steine ein persönliches Geschenk von Ihnen sind. Dadurch werden sie noch wertvoller und wirksamer.

Anleitung

Viele von uns neigen dazu – mehr als sie selbst glauben – zu beurteilen und zu verurteilen. Besonders scharf fallen unsere Urteile aus, wenn uns jemand persönlich zu nahe tritt und uns angreift, uns nicht genug liebt, uns enttäuscht, betrügt oder sonst irgendwie verletzt. Das gekränkte Ego ruft nach Rache oder Rückzug. Wir brechen dann oft die emotionale Beziehung ab. Zu vergeben fällt schwer, wenn jemand gekränkt wird. Vergebung gehört zu den wirklich schwierigen Aufgaben im Leben. Jesus wusste das, deshalb hat er immer wieder Ver-

gebung geübt. Für Jesus war Vergebung die Zwillingsschwester der Liebe. Ohne Vergebung stirbt die Liebe, die Liebe zu anderen und auch die Liebe, die wir uns selbst schulden.
Ich möchte euch jetzt zu einem Ritual einladen, das es euch helfen kann, euren Ärger und euren Hang zum Bewerten und Beurteilen im Zaum zu halten und häufiger Vergebung zu üben.

1. Auf diesem Tisch seht ihr eine Sammlung von Kieselsteinen, eine Schale mit Wasser und einige Tücher. Versammelt euch nun um diesen Tisch und schaut euch die Steine an. Finde den Stein, der dich anspricht … Hast du deinen Stein entdeckt, so tritt einen Schritt zurück, bis auch alle anderen ihren Stein gefunden haben. Jetzt kann sich jeder seinen Stein nehmen, einer nach dem anderen. Wenn dein Stein von einem anderen gewählt wurde, so kannst du dich neu entscheiden. Nimm dann deinen Stein, wasche ihn in der Schüssel und trockne ihn mit einem Tuch ab. Mit dieser Geste bestätigst du, dass das jetzt dein Stein ist. Halte ihn in deiner Hand – erst in der rechten, dann in der linken – und sei dir bewusst, dass dieser Stein sehr, sehr alt ist, dass er entstanden ist, lange bevor es die ersten Menschen gab. Vielleicht kannst du dich an den Gedanken gewöhnen, dass dieser Stein eine gewisse Weisheit hat.

2. Nun stellt bitte die Stühle zurück und beginnt, im Raum herumzugehen.
   Dein Stein ist ein Geschenk der Natur, und jetzt ist er auch ein Geschenk von mir. Der Stein kann dir vieles geben. Zunächst einmal kann er dir innere Ruhe und Konzentration schenken. Steine sind Symbole für Stille und Geduld. Wenn du den Stein jetzt berührst, beginne, bewusst zu atmen. Nimm wahr, wie dein Atem fließt. Spüre, wie dein Atem dir hilft, dich entspannt und gleichzeitig stärker zu fühlen…
   Das ist das erste Geschenk, das der Stein dir geben kann, eine Pause. Er dient dir sozusagen als Meditationshelfer… (2 Minuten)

3. Der Stein kann dir noch ein weiteres Geschenk machen. Nimm ihn in deine andere Hand und fühle seine Zurückhaltung und seine Bescheidenheit. Der Stein liegt in deiner Hand. Er verlangt nichts von dir. Du kannst ihn drehen und wenden, ohne dass er sich beklagt. Betrachte den Stein jetzt als eine Art spirituellen Lehrer. Wie oft beklagen wir uns darüber, dass das Leben uns nicht gibt, was wir haben möchten. Versuche nun, während du langsam weitergehst, dich mit dem Gedanken anzufreunden: «Wir sind zu nichts berechtigt.» Du kannst deine Lebenserfahrung benutzen, um die Wahrheit

dieses Satzes zu testen. Wir haben keinen Rechtsanspruch auf perfekte Eltern; wir haben keinen Rechtsanspruch auf immer währende Gesundheit; wir haben keinen Rechtsanspruch auf Schönheit oder überragende Intelligenz. Wir haben auch keinen Anspruch auf ständiges Glück. Wir wissen, dass wir immer wieder leiden und Fehler machen; wir vergessen oft, dass es nur die Liebe ist, die uns mit anderen verbindet… Während du weitergehst, kannst du diese Ansicht mit deinem Herzen prüfen… (2 Minuten)

4. Nimm nun deinen Stein in die andere Hand und mach dich bereit, ein weiteres Geschenk zu empfangen. Betrachte den Stein diesmal als eine Art theologischen Berater. Wenn du den Stein mit deiner Hand fest drückst, spürst du, wie fest und unnachgiebig er ist. Lass dich von ihm an deine eigene Unnachgiebigkeit erinnern. Deine Unnachgiebigkeit zeigst du besonders dann, wenn du lieblos handelst und vor allem deine eigenen Interessen siehst, wenn du vom Weg der Liebe abweichst. Von Zeit zu Zeit hat jeder von uns ein hartes und verschlossenes Herz. Das meint Jesus, wenn er davon spricht, dass keiner ohne Sünde ist. Wir bleiben unseren Mitmenschen manchmal das Beste schuldig, was wir zu geben haben. Während du weiter herumgehst, kannst du dir vorstellen, wie du selbst manchmal Eigenschaften zeigst, die du an anderen leicht und schnell kritisierst – Lieblosigkeit, Hochmut, Habgier, Geiz. Wenn du dir das klarmachst, werden dir deine Feinde und Schuldiger etwas vertrauter vorkommen… (2 Minuten)

5. Denke daran, dass dein Stein noch ein viertes Geschenk für dich bereit hält. Er kann dir auch als psychologischer Berater dienen. Nimm wahr, wie der Stein sich ganz von deiner Hand umschließen lässt. Du kannst ihn spüren, du kannst deutlich sein Gewicht bemerken und seine Form. In diesem Augenblick «hast» du diesen Stein, er gehört dir. Genauso gibt es viele Dinge in deinem Leben, die du ebenfalls hast, die dir geschenkt wurden oder die du dir erarbeitet hast. Du hast deinen Körper, du hast deinen Geist und deine Seele, du hast deine Familie und diese Gruppe und vieles mehr. Es ist nicht alles perfekt. Aber wenn du dazu bereit bist, kannst du dich über vieles freuen. Dankbarkeit für das, was wir haben, ist weiser als Klagen über die Dinge, die uns fehlen. Gehe eine Weile weiter und versuche, das Gefühl der Dankbarkeit in dir zu verstärken. Wenn du dir ein kleines Lächeln erlaubst, wird dir das sehr viel leichter fallen… (2 Minuten)

6. Kehre wieder an deinen Platz im Kreis zurück. Wir sind jetzt auf den entscheidenden Punkt dieser Übung vorbereitet, auf ein kleines Ritual. Schaue

deinen Stein an und erinnere dich an die Geschichte, in der Jesus die Ehebrecherin vor der Steinigung rettet und ihr vergibt. Jesus stoppt die Aggression der Pharisäer, indem er die paradoxe Aufforderung ausspricht: «Wer ohne Sünde ist, werfe den ersten Stein.» Lass dich von deinem Stein daran erinnern, dass es besser ist zu vergeben als zu bestrafen. Denke an einen Menschen, der dir etwas angetan hat, was du ihm noch nicht vergeben hast, was du ihm vorwirfst, worüber du dich beklagst. Wähle etwas aus, was deine Großzügigkeit jetzt nicht überfordert.
Schließe jetzt deine Augen und sieh diesen Menschen vor dir... Sag ihm mit ein paar Worten, was du bisher in dieser Übung gelernt hast. Erzähle ihm, dass du das Experiment wagen möchtest, ihm zu verzeihen. Bitte ihn, auf deine Worte nicht zu reagieren. Bitte ihn, nur aufmerksam zuzuhören... Lass diesen Menschen nun wieder in den Hintergrund treten. Lege all deinen Groll, deinen Ärger, deine Vorwürfe in den Stein in deiner Hand... (2 Minuten)

7. Öffne jetzt die Augen. Wir wollen gleich mit unserem Ritual der Vergebung beginnen.
(Stellen Sie einen kleinen Tisch oder einen Hocker, den Sie zuvor mit einem Tuch bedeckt haben, in die Mitte des Kreises und darauf eine Schale mit Wasser.)
Einer von uns soll nun in die Mitte gehen und sich dabei auf die Person konzentrieren, der er vergeben möchte. Sage innerlich, ohne dass wir es hören können, was du dieser Person zu sagen hast und was du ihr vergeben willst. Und wenn du gesagt hast, was zu sagen ist, sprich laut nur die drei Worte «Ich vergebe dir.» Dann nimm deinen Stein und wasche ihn in dem Wasser ab zum Zeichen, dass du deinen Groll, deinen Ärger und deine Enttäuschung aufgeben willst. Dann kehre still an deinen Platz zurück...
Ein anderes Mitglied unserer Gruppe kann dann in die Mitte gehen, sich auf einen Schuldiger konzentrieren, um ihm schweigend zu vergeben und am Ende laut die Formel zu sprechen: «Ich vergebe dir.» Danach wird auch er seinen Stein symbolisch abwaschen usw.

8. Kommt jetzt bitte in Trios zusammen und tauscht euch aus:
- Wie fühlst du dich jetzt?
- Hast du an einer Stelle gemischte Gefühle gehabt?
- Was war am wichtigsten für dich?

(10 Minuten)

Vorschläge für das Schlussgespräch

- Jesus hat Vergebung und Liebe zum Zentrum seiner Botschaft gemacht.
- Was muss ich beachten, damit die Vergebung «still» geschieht?
- Wie leicht fällt es mir zu vergeben?
- Wenn ich noch nicht vollkommen vergeben kann: Welche Zwischenschritte fallen mir ein?
- Wofür brauche ich selbst Vergebung?

Anmerkung

Die «Kraft» der Steine wird nach einiger Zeit verblassen. Wenn Sie die Gelegenheit dazu haben, so fragen Sie nach drei bis vier Wochen in einer Gesprächsrunde, wie es den Teilnehmern bisher mit den Steinen ergangen ist. Halten Sie eventuell für eine eventuelle «Reinigung» der Steine noch einmal die Wasserschale bereit.

12.4 Knoten in der Schnur

Ziele

«Vergebung der Sünden» ist ein großes Wort. Für manchen hört es sich altmodisch an. In der Werbung wird die Sünde bagatellisiert. Wir sprechen heute eher von Schuld und meinen damit einen weiten, komplexen Begriff, der auch die persönliche Verantwortung mit umfasst. Es ist einem Menschen wohl kaum möglich, ohne Schuld zu leben. Nur sehr naive Menschen können sich vorstellen, dass sie ohne Schuld sind. Wenn wir uns bewusst werden, wie wir die Menschen behandeln, mit denen wir es zu tun haben, dann können wir auch die Verantwortung für unser Verhalten übernehmen.

In dieser Übung erhalten die Teilnehmer auf schonende Weise Gelegenheit, sich auf ihre Schuld zu besinnen. Sie erinnern sich an das, was sie selbst erlitten haben, und auch an das, was sie anderen angetan haben. Dabei kommt der Zusammenhang von Schuld und Vergebung in den Vordergrund:

- Ich bekenne vor mir selbst meine Schuld.
- Ich entdecke, dass meine Schuld zu einem «Knoten» in meiner Existenz führt.
- Ich nehme wahr, wie sehr ich Vergebung brauche.
- Ich werde mir bewusst, wie meine eigene Schuld eine Mischung von Gefühlen bei mir bewirkt.

Für diese Übung benötigen Sie eine Schere, eine Rolle Bindfaden, am besten farbige, weiche Naturfaser. Jeder Teilnehmer wird sich davon ein Stück in der Länge seines eigenen Körpers abschneiden.

Anleitung

Wir wollen uns heute Zeit nehmen, um über Schuld und Vergebung nachzudenken. Das wird für jeden Einzelnen recht unterschiedlich aussehen. Jeder weiß nur für sich allein, welche Schuld er trägt. Oft scheint uns auch unsere eigene Schuld nicht so bedeutend. Schuld entsteht aber auch dann, wenn wir anderen vorenthalten, was wir ihnen eigentlich geben könnten. Schuld entsteht durch unseren Mangel an Liebe. Doch die meisten von uns sind viel empfindlicher, wenn es um die Schuld der anderen geht, wenn wir selbst lieblos, ungerecht oder brutal behandelt werden. Und unsere eigenen Verletzungen erscheinen uns oft schwerwiegender als die Verletzungen, die wir anderen zugefügt haben.
In dieser Übung wollen wir beide Seiten beachten, die Schmerzen, die wir durch andere erlitten haben, und die Schmerzen, die wir anderen bereitet haben.

1. Ich habe euch Schnur mitgebracht. Jeder kann sich davon so viel abschneiden, wie er braucht, am besten ein Stück, das so lang ist, wie er selbst. In die Schnur werdet ihr nachher Knoten machen. Die Knoten sollen fremde Schuld an uns und auch unsere eigene Schuld symbolisieren. Diese Übung gibt Gelegenheit, solche Knoten in uns zu entdecken und dafür zu sorgen, dass sich der eine oder andere Knoten lösen kann.

2. Wenn du dein Stück Schnur abgeschnitten hast, gehe damit an einen ruhigen Platz, wo du für dich sein kannst. Überlege, welche Schmerzen dir zugefügt wurden und welche Verletzungen du anderen bereitet hast. Für jeden Schmerz und für jede Verletzung kannst du einen Knoten in die Schnur machen. Wahrscheinlich hilft es dir, wenn du die Knoten für dein eigenes Leid auf der einen Seite der Schnur anordnest und die Knoten für fremdes Leid auf der anderen Seite. Lass dir Zeit. Natürlich kannst du nicht für jede Schuld und für jede Verletzung einen Knoten machen. Warte in Ruhe ab, was dir einfällt. Vielleicht willst du dich zuerst auf deine Schuld konzentrieren, die dir auf der Seele liegt und dich belastet, und danach auf die Verletzungen, die dir von anderen zugefügt wurden. Und jeder Knoten, den du machst, wird dein Geheimnis bleiben, niemand außer dir weiß, wofür der jeweilige Knoten steht. Du hast jetzt eine halbe Stunde Zeit, in der du ganz allein bist mit deinem Gewissen und den Menschen, die dir in diesem Zusammenhang einfallen. (30 Minuten)

3. Kommt nun bitte mit einem Partner zusammen und tauscht euch aus:
   - Wie war diese Selbsterforschung für dich?
   - Hast du mehr Knoten für deine eigenen Verletzungen gemacht als für deine Schuld gegenüber anderen?
   - Mit wem unterhältst du dich über solche Fragen von Schuld und Vergebung?

   Lasst euch zehn Minuten Zeit für euer Gespräch.

4. Und nun kommt der schwierige Teil dieser Übung. Prüft bitte, ob ihr einen Knoten lösen könnt. Das kann bedeuten, dass du bereit bist, einem Menschen zu verzeihen, dass er dich verletzt hat. Aber es kann auch bedeuten, du entschließt dich, jemanden um Vergebung zu bitten. Achte darauf, dass du wirklich nur einen oder höchsten zwei Knoten löst. Du behältst die Schnur ja auch später bei dir.

   In diesem Abschnitt der Übung kannst du deinen Partner um Rat bitten und ihn fragen, was er von deiner Absicht hält. (20 Minuten)

Vorschläge für das Schlussgespräch

- Wie habe ich mich gefühlt, als ich meine Knoten knüpfte?
- Habe ich für meine Verletzungen und für meine Schuld gleich viele Knoten geknüpft?
- Bitte ich Gott manchmal um Vergebung?
- Fällt es mir leicht, andere Menschen um Vergebung zu bitten?
- Warum ist es wichtig, dass ich mir auch selbst vergeben kann?
- Könnte man die Arbeit in dieser Übung ein indirektes Gebet nennen?
- Was will ich mit der Schnur und den verbleibenden Knoten machen?

Hinweise

Als Gruppenleiter sollten Sie sich an der Übung nicht beteiligen, damit Sie für die Teilnehmer verfügbar bleiben.

Im ersten Teil der Übung kann eine gedrückte Stimmung entstehen. Die Partnerarbeit löst diese ein wenig. Zur Lösung sollte niemand mit sich allein bleiben. Wollen wir uns versöhnen, so brauchen wir den Dialog mit unseren Freunden, mit Gott, mit der Gemeinde, auch mit unseren Gegnern. Überlassen Sie den Teilnehmern die Schüre danach für ihre eigenen Zwecke. Die Aufforderung, höchsten zwei Knoten zu lösen, legt nahe, die Lösung weiterer Knoten auf später zu verschieben oder zu prüfen, welche Knoten sich im Augenblick (noch) nicht lösen lassen.

Sie sollten für diese Übung mindestens anderthalb Stunden ansetzen, besser einen ganzen Nachmittag oder Abend.

12.5 Lerne deine Eltern lieben

Ziele

Die Beziehung zu den Eltern war und ist ein wichtiges Thema für jeden von uns. In nahezu allen Religionen gibt es dazu Anweisungen. Mose hat die Beziehung der Kinder zu ihren Eltern in ein Gebot gefasst: Du sollst Vater und Mutter ehren. Für viele von uns ist die Beziehung zu den Eltern spannungsreich. Nicht immer sind wir uns darüber klar, was wir unseren Eltern verdanken: unser Leben. Oft konzentrieren wir uns so sehr auf die Schwächen und Fehler unserer Eltern, dass wir kaum etwas anders sehen können.

Aber auch erwachsene Kinder möchten ihre Eltern lieben können. Wir frustrieren uns selbst, solange wir uns wünschen, die Eltern möchten anders sein, als sie es sind. Unsere eigene Liebesfähigkeit wird intensiver, wenn wir lernen, unsere Eltern bedingungslos zu lieben, mit ihren Schwächen und Unvollkommenheiten, mit ihren Fehlern und Defiziten.

Wenn wir unseren Eltern großzügiger, ohne direkte oder indirekte Kritik begegnen können, erleben wir manchmal, wie der alte Vater oder die alte Mutter von einer unsichtbaren Last befreit und in der Lage sind, ihre liebevolle, lebensvolle Seite zu zeigen.

In dieser Übung gehen wir noch einmal von der Geschichte vom Wasserträger aus (12.1). Sie kann uns helfen, das Unvollkommene zu lieben. Denn wo finden wir schon Vollkommenheit, außer in illusionären Vorstellungen von der Welt?

In der Geschichte «Der Wasserträger» geht es um das Akzeptieren der eigenen Unvollkommenheit. Wir hoffen, dass diese Stimmung die Teilnehmer beflügelt, die Liebe zu ihren Eltern zu erneuern. Wir schlagen vor, dass jeder Teilnehmer seinem Vater oder seiner Mutter ein Geschenk macht, das man nicht kaufen kann. Das kann ein Gedicht sein, in dem sich die Liebe zu Vater oder Mutter ausdrückt oder ein Gutschein für irgendein immaterielles Geschenk. Wir hoffen, dass so die alte und manchmal schadhafte Beziehung ein wenig neu belebt wird.

Anleitung

Immer wieder lassen wir uns von der Vollkommenheit faszinieren. Wir könnten uns nicht verlieben, wenn wir nicht eine gewisse Zeit von dieser Illusion gefangen wären. Und wir sind auch bereit, unseren Vorbildern im Leben eine gewisse Vollkommenheit zuzugestehen; nur dadurch haben sie die Kraft, uns zu inspirieren. Das große Problem der Vollkommenheit liegt darin, dass wir enttäuscht werden können. Irgendwann entdecken wir die Schattenseiten der Menschen, die wir lieben und verehren. Und nicht selten schlägt unsere Liebe dann in bittere, herbe Kritik um. Warum fällt es uns oft so schwer, das Unvollkommene zu lieben? In dieser Übung können wir einen Schritt in diese Richtung tun.

1. Ich möchte euch eine Geschichte vorlesen (noch besser: erzählen). Die Geschichte heißt «Der Wasserträger». (Siehe Seite 216f.)

2. Lass die Geschichte noch ein wenig in dir nachklingen und prüfe, ob du dich in diesem Augenblick eher mit dem vollkommenen Topf oder mit dem gesprungenen Topf identifizierst…
   Wende den Blick von dir selbst ab, hin zu deinem Vater oder deiner Mutter, die schon so viel länger auf dieser Erde sind als du selbst, und die den Gesetzen des Lebens länger ausgesetzt waren als du. Kannst du dir vorstellen, dass sich deine Eltern, auch wenn sie nicht darüber sprechen, oft wie dieser gesprungene Topf fühlen und dass sie zumindest in ihrem Herzen ein Empfinden haben für ihre Schäden, Verletzungen, Unvollkommenheiten, für die Risse in ihren Beziehungen und auch in der Beziehung zu dir?
   Wahrscheinlich würden sie sich freuen, wenn sie eine Stimme hören könnten, wie die des alten Wasserträgers, die sie von Schuldgefühlen und dem Urteil befreit, versagt zu haben. Du kannst diese Stimme sein und ihnen Worte der Versöhnung und Wertschätzung sagen.
   Es mag sein, dass du jetzt recht gemischte Gefühle hast und kein vollkommenes Ja zu meinem Vorschlag empfindest. Auch damit hast du eine gute Voraussetzung für den nächsten Schritt in dieser Übung.

3. Du sollst nun etwas Ungewöhnliches tun. Lass dir ein Gedicht einfallen für deinen Vater oder für deine Mutter. Lass es ein Gedicht werden, das das Herz dieses Elternteils erreicht. Vielleicht möchtest du eine gemeinsame schöne Erinnerung wieder beleben oder Dank ausdrücken, eine Hoffnung oder einen Wunsch. Du musst kein perfektes Gedicht schreiben. Es genügt, wenn es etwas Freude macht und wenn es für dich stimmig ist. Dein Gedicht muss sich nicht reimen, es kann jede beliebige Form haben. Es kann aus wenigen Zeilen bestehen oder eine ganze Seite füllen.
   Nun nimm dir ein Blatt Papier und schreibe «dein» Gedicht. Du brauchst dieses Gedicht nachher nicht vorzulesen. Und du kannst selbst entscheiden, wann und wie du dieses Gedicht seinem Empfänger zukommen lassen willst.
   Als Alternative kannst du einen Gutschein schreiben für ein immaterielles Geschenk, das du Vater oder Mutter machen willst. Das kann ein Besuch «außer der Reihe» sein, eine gemeinsame Unternehmung oder einfach ein

wenig von deiner Zeit, ein kleiner Dienst, den du Vater oder Mutter erweist. Du hast für deine Zeilen zwanzig Minuten Zeit.

4. Und nun kommt bitte in Trios zusammen und teilt einander mit wie es euch nach dem Schreiben geht. (10 Minuten)

Vorschläge für das Schlussgespräch

- Wie häufig denke ich im Alltag über die Beziehungen zu meinen Eltern nach?
- Auf welche Weise bin ich ihnen ähnlich?
- Wie sieht das Band aus, das mich mit ihnen verbindet?
- Möchte ich mein Gedicht, meinen Gutschein in der Gruppe vorlesen?
- Würde ich mich über ein persönliches Gedicht/einen Gutschein meiner Kinder freuen?

12.6 Leben und Tod

Ziele

Wir wissen, dass wir sterben müssen, doch wir denken selten darüber nach. Manchmal haben wir die Illusion, wir hätten noch unendlich viel Zeit. Das alles ändert sich, wenn der Mensch altert und welkt. Und es ändert sich natürlich, wenn jemand z. B. erfährt, dass er eine lebensbedrohliche Krankheit hat. Dann geschieht oft eine tief greifende Veränderung. Der Mensch entdeckt, was wirklich für ihn wichtig ist. Viele Dinge, die noch vor kurzem bedeutsam waren, erscheinen plötzlich unwichtig. Dinge, die vorher für nebensächlich gehalten wurden, gewinnen höchsten Wert. Das bisherige Lebenskonzept wird infrage gestellt. Es tauchen ganz neue Fragen auf:

- Was bedeutet mein Leben?
- Habe ich mein Leben richtig gelebt?
- Gibt es unerledigte Aufgaben?
- Ist es jetzt zu spät?

Unter dem Schock der lebensbedrohlichen Situation verstummt unser rationales Ego. Mit diesem Problem kann es nicht fertig werden. Dafür beginnt unsere Seele zu sprechen, unser persönliches Unbewusstes, in dem unsere Träume und unsere Intuition wohnen, in dem unsere Spiritualität beheimatet ist.

Wenn unsere Seele spricht, sehen wir die Welt neu. Wir können entdecken, was wirklich zählt. Oberflächliche Sorgen treten zurück.

Inzwischen empfehlen viele Ärzte ihren Patienten, ihrer Krankheit auch geistig/geistlich zu begegnen. Sie raten, eine neue Haltung zum Leben einzunehmen, das eigene Leben konkret und grundlegend zu verändern. Manchmal kommt es zu einer Gesundung, die Menschen erholen sich. Die Frage liegt nahe, ob wir erkranken, weil wir unser Leben falsch leben. Rächt sich das ungelebte Leben an uns, so dass wir erkranken? Können wir uns heilen, indem wir unser Leben so führen, wie es uns «in die Wiege gelegt» war? Können wir uns heilen, wenn wir so leben, wie Gott uns eigentlich «gemeint» hat?

Niemand von uns wird als «tabula rasa», als weißes, unbeschriebenes Blatt geboren, um allein von der Welt geprägt und beschrieben zu werden. Wir kommen auf die Erde mit einer weit entwickelten und individuellen Seele. Wir sind ausgestattet mit einem persönlichen Temperament, mit eigenem, noch schlummernden Charakter, mit einer persönlichen Bestimmung. Wir haben im Leben keine unbegrenzten Wahlmöglichkeiten. Unsere Aufgabe ist es, unsere persönliche Bestimmung zu entdecken. Häufig ignorieren wir unsere Bestimmung. Wir neigen dazu, fremde Ziele zu übernehmen. Unser Ego strebt Ziele an, denen unsere Seele nicht zustimmen kann.

Zu den großen Geheimnissen des Lebens gehört die Freiheit, sich gegen die eigene Bestimmung entscheiden zu können. In unserem persönlichen Leben drückt sich das dadurch aus, dass wir uns gegen unsere Entwicklung sperren und am Status quo festhalten. Nur selten hören wir die Stimme des Engels, der uns zuflüstert: «Verwirkliche deine Träume.»

In dieser Übung versuchen wir den Gruppenmitgliedern die Chance zu geben, die Stimme ihrer Seele zu hören und darüber nachzusinnen, welche Veränderungen ihre Seele sich wünscht. Um diese Gedanken zu vertiefen, greifen wir auf das Leben Jesu zurück, der ein Beispiel gegeben hat, indem er seiner inneren Bestimmung folgte.

Sie benötigen für je vier Teilnehmer eine massive Kerze auf einem Kerzenhalter und für jeden Einzelnen zusätzlich eine kleine Puppenkerze auf einem Untersatz. Die kleinen Kerzen haben eine Brenndauer von etwa dreißig Minuten.

Anleitung

Am Ende des dritten Artikel heißt es: «Ich glaube an die Auferstehung der Toten und das ewige Leben.» Diese Worte stehen am Ende, an hervorgehobener Stelle. Wie können wir sie verstehen?

In diesen beiden Sätzen ist etwas versteckt, was wir entdecken können, wenn wir uns mit dem Leben Jesu und seiner Botschaft beschäftigen. Für uns übersetzen wir: Ewiges Leben, das meint wirkliches Leben, ein Leben mit einer göttlichen Bestimmung – «Ich glaube daran, dass ich eine Bestimmung habe.» Genau das hat Jesus beispielhaft getan. Die Sterne über dem Stall von Bethle-

hem sind ein Symbol dafür, dass das Kind in der Krippe eine bedeutende Aufgabe hat.
Jesus hat Schritt für Schritt seine Bestimmung entdeckt und ist ihr gefolgt. Jesus hatte die Aufgabe, den Urgrund des Lebens, die göttliche Liebe zu entfalten. Die alten Theologien wurden damit relativiert. Er lebte eine Liebe, die Menschen physisch und spirituell heilen konnte. So entwickelte er eine neue Ethik. Die Theologie, die Jesus in die Welt brachte, war revolutionär. Die Vertreter der alten Ordnung mussten Jesus den Kampf ansagen und ihn beseitigen. Jesus wusste früh von der Gefahr, in die er sich brachte. Die schreckte ihn nicht. Er blieb seiner Bestimmung und seiner Wirklichkeit treu. Dabei lebte er in der festen Überzeugung, dass der Tod nicht das letzte Wort hat. Er wusste um ein Leben jenseits von Raum und Zeit. Er wusste, um in einem Bild zu sprechen – beim Sterben des Menschen nimmt Gott ihn von seiner rechten Hand in seine linke Hand.
Wenn wir das Leben Jesu so betrachten, erkennen wir: Es ist lebenswichtig, dass wir uns ebenfalls mit unserer Bestimmung beschäftigen. Sie ist selten schnell zu erkennen. Und keine Institution lehrt uns, wie man das macht. Und doch müssen wir üben, auf unsere Seele zu hören und ihr zu vertrauen.

1. Ich möchte euch heute zu einem Ritual mit zwei Teilen einladen. Im ersten Teil denken wir über Leben und Tod nach. Im zweiten Teil nehmen wir uns die Zeit, über unsere Bestimmung, über unsere Lebensträume nachzusinnen.
Kommt in Quartetten zusammen und nehmt euch eine dicke Kerze für jedes Quartett und eine Puppenkerze für jeden. Setzt euch um die dicke Kerze herum und zündet sie an.
Schau in die Flamme der Kerze und lass dir von ihrem Licht und ihrer Wärme Entspannung schenken… Die Kerze kann dir noch mehr schenken, nämlich Klarheit und Weisheit, wenn du gleich beginnst, über deinen Verstand und über deine Seele nachzudenken… Mit beidem hat dich Gott ausgestattet. Und du brauchst sie beide. Zunächst kannst du über deinen Verstand nachdenken: Der Verstand hat vor allem die Aufgabe, dein Leben im Alltag zu regeln. Ohne ihn könntest du keinen Tag überstehen. Doch es gibt neben der alltäglichen Welt noch andere Welten, von denen verstehen der Verstand und seine rationale Logik wenig.
Erinnere dich nun daran, was der Verstand weiß und sagt:

– Der Verstand sagt, dass der Tod endgültig ist, weil er annimmt, dass unser physischer Körper unsere Existenz begründet. Es gibt kein Leben jenseits des Todes.

- Der Verstand sagt: Der wichtigste Impuls in unserem Leben ist die Selbsterhaltung. Weil wir in unserem Körper leben, sind wir auf vielfältige Weise verletzlich, darum leben und handeln wir aus Furcht, um Schaden von uns abzuwenden.
- Schließlich glaubt der Verstand nicht an Gott, auch wenn er es möchte. Er vertraut auf das naturwissenschaftliche Denken und auf die Gesetze, die in der materiellen Welt gelten.

Wenn du auf dein Leben zurückblickst, wirst du unzählige Gelegenheiten finden, wo dir das Wirken deines Verstandes geholfen hat. Du brauchst den Verstand bei deiner Berufsausübung, wenn du eine Reise planst oder wenn du deine Rechnungen bezahlen willst. Du hast keinen Grund, auf deinen Verstand herabzusehen. Aber du hast auch eine Seele, und die Seele weiß und sagt etwas ganz anderes. Und es sind lebenswichtige Dinge, an die die Seele glaubt:

- Der Tod ist eine Illusion. Die Seele lebt weiter. Sie ist nicht auf die Natur mit Werden und Vergehen, nicht auf Raum und Zeit angewiesen.
- Alle Menschen sind miteinander verbunden. Wenn ich dich verletze, verletze ich mich selbst.
- Das Entscheidende ist die Liebe. Wir alle gehören zusammen, sind eingebunden in das Netzwerk des Lebens.

Die Seele weiß und sagt:

- Gott ist der Urgrund des Lebens. In allen Dingen begegnen wir Gott. Gott hat die Welt geschaffen – die Welt, die wir kennen, und viele andere Welten, die wir nur ahnen können. Der Geist Gottes lebt in allen sichtbaren und unsichtbaren Welten. Alle Geschöpfe sind nur die andere Seite des Schöpfers.

Lass dir jetzt Zeit, um über Leben und Tod und die entscheidenden Impulse in deinem Leben nachzudenken.

- Wieweit wird dein Leben von Furcht geprägt?
- Wieweit hast du dein Herz für die Liebe geöffnet?
- Wie oft gibt es einen Konflikt zwischen deiner Vernunft und deiner Seele?
- Kannst du auf deinen Verstand zugehen und seine Befürchtungen lindern?
  (10 Minuten)

2. Wende deine Aufmerksamkeit jetzt den drei anderen in deinem Quartett zu. Teilt einander mit, was ihr in diesem Augenblick empfindet und wieweit es euch gelungen ist, Vernunft und Seele friedlich miteinander reden zu lassen. (5 Minuten)

3. Komm mit deiner Aufmerksamkeit zu dir selbst zurück und entzünde deine kleine Kerze an der Flamme in eurer Mitte. Diese kleine Kerze wird in etwa dreißig Minuten ausgebrannt sein. Sie erinnert dich daran, dass dein Körper nur eine begrenzte Zeit zum Leben hat…
In diesem Teil der Übung kannst du deiner Seele etwas Extrazeit einräumen. Im Alltag findet sie meist weniger Beachtung als dein Verstand. Deine Träume kommen aus der Seele. Neue Ideen kommen aus der Seele. Wenn du meditierst, berührst du deine Seele. Wenn du fastet, betest oder eine Nacht durchtanzt, suchst du deine Seele und deine Seele sucht dich. Deine Seele entwickelt sich und verändert sich; sie spricht für die Zukunft. Wenn du dich fragst, wozu du auf der Erde bist, was du mit deinem Leben anfangen willst, wenn du dich fragst, was du verändern willst, dann können die Antworten allein aus deiner Seele kommen. Deine Seele versteht die Sprache des Heiligen Geistes. Manchmal hat sie eine prophetische und visionäre Kraft. Solange deine Kerze brennt, hast du Zeit, dein Leben anzuschauen und dich zu fragen:

- Wie spät ist es in meinem Leben?
- Wofür ist es noch zu früh, wofür ist es schon zu spät?
- Wofür ist gerade die rechte Zeit?
- Wofür möchte ich mir mehr Zeit nehmen?
- Was kann ich noch verändern?
- Gibt es unerledigte Aufgaben?
- Gibt es Träume und Bestimmungen, über die ich weiter nachdenken möchte?

Bewege diese Fragen in deinem Herzen und höre die leise Stimme deiner Seele, die im Alltag zu oft übertönt wird.
Und wenn das Licht deiner Kerze ausgegangen ist, warte ab, bis auch die anderen kleinen Kerzen verloschen sind, damit ihr euch austauschen könnt. Und jedes Quartett, in dem nur noch die große Kerze brennt, kann beginnen, über diese Meditation zu sprechen. (15 Minuten)

3. Die Übung sollte mit einem kurzen Plenum abgeschlossen werden. Wir empfehlen, sofern es möglich ist, auf diese intensive Übung nach einiger Zeit noch einmal zurückzukommen und dabei nach der Wirkung und nach Veränderungen zu fragen. Die Übung kann viel in Bewegung setzen. Und diese Bewegung braucht zumeist Begleitung.

Kapitel 13
DAS AMEN

Amen

Hier ist Amen zu sagen, diese Krönung der Worte,
Die ins Verborgene zieht, und Frieden,
Du großes Augenlid, das alle Unruhe umschließt
Mit deinem himmlischen Wimpernkranz.
Du leiseste aller Geburten.
(Nelly Sachs)

13.1 Der Konvent der grauen Mönche

Der Konvent der grauen Mönche von Altenberg war der Gnade gewürdigt worden, dass niemand von ihnen sterben solle, ohne dass er drei Tage zuvor eine weiße Rose auf seinem Platz im Chorgestühl fände; doch war die Rose nur sichtbar für den, auf dessen Stuhl sie lag. Nicht jeder Mönch hatte in der Vergangenheit die Kraft gefunden, den Mitbrüdern zu sagen, dass ihm das Zeichen gegeben war, aber alle verstanden es, die letzte, genau bemessene Frist, die ihnen Gottes Güte einräumte, zur Läuterung zu nutzen. Sie glaubten in Altenberg, dass sich der Tod ihnen auf eine schönere Weise nähere als anderen Menschen, doch es geschah auch, dass bei einigen die Aussicht, vor einem unerwarteten Tod sicher zu sein, dazu führte, dass sie ihr Leben nicht mehr in Erwartung des Todes verbrachten. Vielmehr gewann bei manchem Mönch Sorglosigkeit Raum.

Nun geschah es, dass in der Morgenfrühe eines Maitages der junge Mönch Ansgar die hohe Kirchenhalle betrat und auf seinem Platz eine weiße Rose fand. Aufs erste wollte er an einen Gruß aus der Welt draußen denken, doch als er die Rose in die Hand nahm und ihren Duft einsog, fühlte er – bis ins Herz erbebend –, dass diese Rose in keinem irdischen Garten gewachsen war und dass sie ihm sein Lebensende ankündigte. Zugleich befiel ihn das Grauen vor der Nähe der Ewigkeit, für die er sich noch nicht bereit wusste. Ohne sich weiter zu besinnen, legte er die Rose auf den benachbarten Sitz des Bruders Wilhelm, eines gebeugten Mönches, von dem alle gefürchtet hatten, er könne den letzten harten Winter nicht überstehen. Dann vergrub er das Gesicht in seine Hände, während die Mitbrüder den Chor füllten und ihre Plätze einnahmen.

Als Wilhelm kam, der seinen Sitz neben ihm hatte, wagte Ansgar nicht aufzuschauen, doch fühlte er, dass die Gemeinschaft ihn hinfort nicht mehr tragen würde. Auch während des Tages schien ihm, dass alle ihn anblickten, weil die Veränderung, die in ihm geschehen war, ihn brandmarkte. Was hatte er getan, als er die Rose von sich wies und an den Mitbruder weitergab? Noch ehe er sich selber Antwort wusste, hatte Bruder Wilhelm seinen nahen Tod dem Konvent angezeigt und zugleich mitgeteilt, dass Unrechtes damit vor sich ginge, denn die Rose, die er auf seinem Platz fand, habe sich langsam rot gefärbt. Nicht für ihn sei sie bestimmt gewesen, doch er habe sie angenommen in seinem Herzen. Nun müssten alle die Schuld des einen tragen, sonst sei sie vielleicht zu schwer für diesen und verderbe auch die Gemeinschaft der Mönche.

Vor der Vesper betrat Bruder Ansgar erneut allein den Chor der Kirche, wie er es auch am Morgen getan hatte, doch fand er dort den greisen Wilhelm, die blutrote Rose in den Händen und in den Anblick des goldenen Westfensters versunken, dessen Stunde mit der untergehenden Sonne gekommen war. Er zögerte, dann warf er sich ihm zu Füßen, um die Rose zurückzuerbitten. Der Greis sah ihn an und verstand, doch schweigend verwehrte er dem jungen Mönch sein Begehren. Sie knieten zum letzten Mal im Chorgestühl nebeneinander. In der Nacht wurde Wilhelm aus diesem Leben abberufen – und Ansgar folgte ihm in der Frist, die ihm die abgegebene und dann wieder angenommene Rose angezeigt hatte.

Danach aber erschien die Rose niemandem wieder. Die grauen Mönche von Altenberg mussten fortan für ihr Ende bereit sein, ohne noch andere Mahnungen zu empfangen, als die alltäglich sich hinter dem goldenen Westfenster neigende Sonne.

(Verfasser unbekannt)

Diese Geschichte eignet sich eher für Erwachsene und etwas ältere Menschen. Das Thema und die Sprachbilder setzen eine gewisse Reife voraus. Um die Geschichte in ihrem emotionalen Gehalt aufnehmen zu können, ist es wohl nötig, schon mehrere Abschiede bewusst bewältigt zu haben. Alle kleinen Abschiede finden ihren Brennpunkt in dem einen großen Abschied, im Tod.

Diese Erzählung habe ich oft ohne jede weitere Besprechung am Ende eines Seminars vorgelesen. Die emotionale Stärke der Geschichte spricht für sich. Die Teilnehmer und Teilnehmerinnen identifizieren sich meist mit Ansgar, der seinen Tod zuerst nicht annehmen will.

Die Gnade «der weißen Rose» wird uns nicht mehr geschenkt. Die Abendsonne ist uns geblieben. Wenn wir uns in sie versenken, können wir erspüren, wie wir Abschied nehmen können.

13.2 Abschiedsritual

Ziele

Das Ende einer Gruppe löst fast immer gemischte Gefühle aus. Scheiden tut weh. Wir erkennen unsere eigene Vergänglichkeit, wir denken an andere Abschiede, die wir nehmen mussten. Andererseits freuen wir uns auch über das Ende der Gruppe, weil wir jetzt etwas Neues beginnen können. Wir sind neugierig, wie wir das, was wir in der Gruppe gelernt haben, in unserem alltäglichen Leben umsetzen werden.

Dieses Abschiedsritual betont noch einmal die Gemeinschaft. Jeder bekommt für den Nachhauseweg einen Reisesegen. Sie benötigen eine große Kerze und für jedes Gruppenmitglied ein Teelicht mit Untersatz.

Anleitung

In unserem Leben müssen wir immer wieder Abschied nehmen. Diese Gruppe geht mit dieser Sitzung zu Ende. Wir haben einander kennen gelernt; wir haben uns zusammengerauft und voneinander gelernt. Wir haben erlebt, wie wohltuend es ist, in Ruhe von uns selbst zu sprechen, und wie tröstlich es ist, dass unsere Stimme gehört wird. Wir können manches mit nach Hause nehmen. Wir haben nicht nur neue und ungewöhnliche Blicke auf das Credo geworfen, wir haben auch unseren Glauben an Gott den Vater, an seinen Sohn Jesus Christus und an den Heiligen Geist aufgefrischt.

Ich möchte euch jetzt zu einem Abschiedsritual einladen, das jedem von uns die Gelegenheit bietet, ganz persönlich Adieu (mit Gott) zu sagen.

1. Ich werde jetzt diese große Kerze anzünden… Die Flamme kann uns ein doppeltes Symbol sein: Das Licht, das von ihr ausgeht, soll uns an Jesus Christus erinnern, der sagt: «Ich bin das Licht der Welt; wer mir nachfolgt, der wird nicht wandeln in der Finsternis, sondern wird das Licht des Lebens haben» (Joh. 8, 12).
   Die Wärme der Flamme erinnert uns noch einmal an die Geborgenheit und Zuwendung, die wir uns in dieser Gruppe gegeben haben. Ich wünsche jedem von euch, dass ihr auch nach Ende dieser Gruppe ein Netzwerk von Beziehungen pflegen könnt, wo ihr euch zugehörig und gut aufgehoben fühlt.

2. Nehmt euch jetzt ein Teelicht. Einer wird den Anfang machen und sein Teelicht an der großen Kerze entzünden. Dann geht der Betreffende zu einem anderen Gruppenmitglied, um seine Flamme weiterzugeben. Und wer immer

ein brennendes Teelicht in der Hand hält, geht zu den Gruppenmitgliedern, die darauf warten, dass sie Licht bekommen. Während wir das Licht, das wir selbst bekommen haben, weitergeben, können wir daran denken, dass wir alle auf die Freundlichkeit anderer Menschen angewiesen sind. Und jeder von uns hat auch selbst etwas zu geben...

3. Ihr habt jetzt Zeit, euch auf das Licht zu konzentrieren, das ihr in der Hand haltet. Ihr könnt langsam im Raum herumgehen oder euch einen passenden Platz suchen, wo ihr euch hinsetzen oder hinstellen könnt, um ein stilles Gespräch mit der Flamme zu führen. Welche Botschaft hat die Flamme für euch? Was möchte sie euch mit auf den Weg geben, jetzt am Ende dieser Gruppe?... (5 Minuten)

4. Nun wird es Zeit, voneinander Abschied zu nehmen. Stellt euch bitte im Kreis zusammen. Einer von uns wird den Anfang machen; er wird zu einem anderen Gruppenmitglied gehen und behutsam seine Kerze auslöschen. Das ist das Zeichen des Abschieds; diese Geste sagt: «Unsere Gruppe geht zu Ende; du wirst alleine nach Hause gehen, aber du kannst in deiner Erinnerung das Licht mitnehmen.» Dann bekommt derjenige, dessen Licht ausgelöscht wurde, noch einen Reisesegen mit auf den Weg. Das kann z. B. ein Wort aus der Bibel sein:

(Name) Leben wir, so leben wir dem Herrn,
Sterben wir, so sterben wir dem Herrn,
Darum wir leben oder sterben, so sind wir des Herrn.

Aber wir können den Reisesegen auch persönlich formulieren und z. B. sagen:

(Name) Ich wünsche dir einen Schutzengel, der dich überallhin begleitet...

Wir werden diesen Abschied langsam und bewusst vollziehen. Immer nur einer wird ein Licht auslöschen, und die anderen begleiten diesen Vorgang aufmerksam.

Entscheidet selbst, wann ihr an der Reihe sein wollt und von wem ihr euch auf diese Weise verabschieden möchtet. Diejenigen, deren Licht verloschen ist, bleiben bitte an ihrem Platz und nehmen innerlich teil...

5. Nun sind alle Lichter ausgelöscht. Es sind die letzten Augenblicke gekommen, die wir zusammen sind. Spürst du, dass du bei diesem Abschied etwas die Luft angehalten und flach geatmet hast? Nimmst du wahr, dass du dich etwas angespannt hast? Du kannst dir den Abschied leichter machen, indem du deinen Atem bewusst wahrnimmst. Du kannst auch deine Hand auf deine

Körpermitte legen, um das Auf und Ab des Atems zu spüren... Dein Atem begleitet dich überall hin, und ebenso möge dich überallhin auch der Heilige Geist begleiten.

13.3 Abschiedsgeschenk

Ziele

Wenn wir Abschied nehmen, sind wir in einer Grenzsituation. Wir geben das Alte auf und gehen auf das Neue zu. Trauer und Neugier mischen sich, und wir fühlen uns unsicher. In dieser Situation können die meisten Menschen etwas Trost gebrauchen.
Wir schlagen deshalb eine Übung vor, die dafür sorgt, dass jeder ein symbolisches Abschiedsgeschenk bekommt. Dieses symbolische Geschenk kann jeden begleiten. Es ist eine Brücke zwischen dem Erlebnis der Gruppe und dem Alltag, der wieder neu betreten wird. Oft ist es eine Botschaft des eigenen Unbewussten, die den einzelnen Teilnehmer auf innere Quellen aufmerksam macht oder an Aufgaben erinnert, die vor ihm liegen.

Anleitung

Beim Abschied machen wir einander manchmal Geschenke. Die Geschenke sind ein Zeichen der Freundschaft. Sie sollen uns begleiten und uns an denjenigen erinnern, der das Geschenk gemacht hat.
Ich möchte an diese Sitte anknüpfen. Jeder soll am Schluss dieser Gruppe noch ein Geschenk bekommen. Es handelt sich um ein besonderes Geschenk. Man kann es nicht anfassen, aber man kann es sehen. Es hat kein Gewicht und trotzdem kann es sehr gewichtig sein. Man kann es nicht verlieren, aber man kann es überallhin mitnehmen. Und es hat noch eine andere Besonderheit: Wir wissen nicht, von wem wir dieses Geschenk bekommen haben.

1. Bitte setz dich bequem hin und schließe deine Augen. Gib deinem Körper die Erlaubnis, sich zu entspannen, und richte deine Aufmerksamkeit zunächst auf deinen Atem. Spüre wie du atmest... Vielleicht nimmst du wahr, dass deine Art zu atmen sich ganz von selbst etwas ändert, ohne dass du dich dabei anstrengen musst...
   Nun lass dir einen Augenblick Zeit, um mit deiner Aufmerksamkeit in deinem Körper herumzuwandern, um Stellen aufzuspüren, wo du Anspannung findest. Schenke diesen Stellen deines Körpers Entspannung, indem du dir vorstellst, dass du deinen warmen Atem dorthin schickst... Beim Ausatmen

kannst du die Anspannung aus deinem Körper hinausfließen lassen, so dass du dich immer ruhiger und gelöster fühlen kannst...

2. Stell dir nun vor, du schaust auf die Tür unseres Gruppenraumes. Du weißt, dass du nachher, wenn die Gruppe zu Ende ist, durch diese Tür gehen wirst. Doch vorher wirst du noch etwas bekommen. Die Tür öffnet sich lautlos und ein altmodischer Wagen rollt in den Raum. Du kannst nicht sehen, wer diesen Wagen hereinschiebt, und doch glaubst du jemanden zu erkennen. Vielleicht hast du auch das Gefühl, es ist ein guter Engel, der für jeden von uns eine Überraschung bringt. Auf dem Wagen kannst du lauter Pakete und Päckchen entdecken – manche in Geschenkpapier, andere in einfachem Packpapier. Für jeden von uns liegt ein Päckchen auf dem Wagen. Geh in der Phantasie zu dem Wagen und suche dir das Päckchen aus, das für dich bestimmt ist... Kehre dann mit dem Päckchen zu deinem Platz zurück und öffne es. Was findest du darin? Schaue dir dein Geschenk in aller Ruhe an. Nimm es in die Hand und betrachte es von allen Seiten... Nimm dir Zeit, dein persönliches Geschenk gut kennen zu lernen... (2 Minuten)

3. Du kannst dieses Geschenk behalten und in deinem Herzen aufbewahren. Vielleicht hast du die Botschaft schon verstanden, die mit dem Geschenk verbunden ist, vielleicht musst du auch noch etwas warten, um sie zu verstehen. Manche Geschenke sind wie Träume, die wir mit dem Herzen verstehen müssen...

4. Du kannst jetzt langsam mit deiner Aufmerksamkeit hierher zurückkehren. Strecke dich ein wenig und atme tief aus. Wenn du bereit bist, öffne deine Augen und sei wieder hier. Nimm wahr, wer mit dir im Raum ist.

Vorschläge für das Schlussgespräch

- Was habe ich geschenkt bekommen?
- Was habe ich sonst noch in dieser Gruppe bekommen?
- Mit welchen Gefühlen beende ich diese Gruppe?
- Bietet mir mein Phantasiegeschenk einen Trost?
- Ist es eine Brücke für die Zeit nach dieser Gruppe?
- Wie leicht fällt es mir, die Geschenke des Heiligen Geistes zu entdecken?

13.4 Die Rose

Ziele

Am Ende einer Gruppe fragen wir uns häufig, was wir mit nach Hause nehmen können. Wir ziehen Bilanz. Dieses Bedürfnis greifen wir mit dem folgenden Abschiedsritual auf. Wir haben das Ritual so strukturiert, dass die Antworten nicht so sehr von unserer Ratio kommen, sondern mehr von unserem Herzen. Wir lassen uns dabei von einem «fühlbaren» Symbol inspirieren: einer lebendigen Rose.
(Sie brauchen für jeden Teilnehmer eine Rose. Besorgen Sie Rosen, die duften und mit Dornen ausgestattet sind.)

Anleitung

Dies ist unsere letzte Sitzung. Wir haben viel Zeit zusammen verbracht, wir haben zusammen gearbeitet, gelacht und getrauert. Wir haben einander kennen gelernt und über unser Leben nachgedacht und über die Dinge, auf die es im Leben ankommt.

1. Für unsere letzte Sitzung habe ich einen Strauß Rosen mitgebracht. Jeder bekommt als Abschiedsgeschenk von mir eine Rose. Versammelt euch nun um den Rosenstrauß und entdeckt die Rose, die euch persönlich anspricht, dann nehmt sie vorsichtig aus der Vase. Diese Rosen haben Dornen. Vielleicht wollt ihr einige entfernen, damit ihr die Rose halten könnt, ohne dass ihr euch verletzt.

2. Fang an, mit deiner Rose im Raum herumzugehen. Betrachte sie aufmerksam und erinnere dich daran, dass die Rose für uns ein Symbol der Liebe ist, der Freude und des Glücks... Die Rose ist auch ein Symbol für Heilung und Vergebung, die Gott uns geschenkt hat...
   Versuche nun, den Duft der Rose wahrzunehmen. Der Duft kann dich daran erinnern, dass du in der Lage bist, dein Leben so zu ändern, dass sich deine Talente entfalten können. Der Duft kann dich auch daran erinnern, dass du einen Weg finden kannst, durch den dein Leben auch ein Segen für andere wird... (ca. 1 Minute)

3. Und während du weiter mit deiner Rose herumgehst, achte bitte auf ihre Dornen. Woran erinnern dich diese Dornen? An welchen Stellen unserer Zusammenarbeit hast du symbolische Dornen gespürt? Was in deinem Leben ist dornig für dich?... (1 Minute)

Geh schließlich mit deiner Aufmerksamkeit zu den grünen Blättern der Rose, die für Nahrung und Kraft sorgen und die es der Rose ermöglicht haben, ihre Blüte zu bilden. Denke daran, was in dieser Gruppe für dich «nahrhaft» war und was dir Kraft gegeben hat. (1 Minute)
Gehe jetzt mit deiner Aufmerksamkeit zur Blüte der Rose. Wie weit ist deine Rose schon aufgeblüht? Wie weit kannst du in sie hineinschauen?... Mache dich mit dem Gedanken vertraut, dass jede Blüte ein Geheimnis umschließt. In der Blüte kannst du das Herz der Rose ahnen, das so geheimnisvoll ist wie dein eigenes Herz...
Wann bist du in dieser Gruppe auf Geheimnisse gestoßen? Was hast du dabei empfunden? Warum ist es wichtig, dass wir Geheimnissen begegnen, die wir nur mit dem Herzen verstehen können?... (1 Minute)

4. Nun kannst du beginnen, dich von den anderen Gruppenmitgliedern zu verabschieden. Lass dich dabei von deiner Rose inspirieren. Wenn du von jemandem Abschied nimmst, bleibe kurz bei dem Betreffenden stehen und teile ihm mit, auf welche Gedanken dich die Rose gebracht hat. Du kannst dich bedanken für alles, was du bekommen hast, und du kannst dem anderen auch einen Reisesegen zum Abschied schenken.
Bitte vermeide eine Unterhaltung, damit du Zeit hast, dich von jedem zu verabschieden. Und versuche bei deinem Abschied eine gute Balance zu halten. Die Dornen der Rose können dir Mut machen, Trauer über den Abschied auszudrücken. Die Blüte der Rose kann dir bewusst machen, worüber du dich freust...
Wir können uns für diesen Abschied eine Viertelstunde Zeit nehmen.

5. Bleib nun da stehen, wo du gerade bist. Dies ist das Ende unserer Gruppe. Vielleicht hast du dich nicht von allen verabschieden können. Es kann sein, du hättest noch mehr Zeit für deinen Abschied gebraucht. Es kann auch sein, du bist froh, dass es jetzt ein klares Ende gibt...
Ich möchte euch allen danken, dass ihr an dieser Gruppe mitgewirkt habt. Jeder war für uns wichtig; jeder hat dazu beigetragen, dass wir für diese Zeit eine lebendige Gemeinschaft gebildet haben.
Ich wünsche euch eine gute Rückkehr nach Hause. Und noch eine Bitte: Denkt auf dem Nachhauseweg darüber nach, was ihr den Menschen, zu denen ihr zurückkehrt, mitbringen wollt. Jedem Einzelnen von euch wünsche ich einen spürbaren Segen Gottes.

13.5 Drei Atemzüge zum Abschied

Von dem ehemaligen amerikanischen Vietnamkämpfer und jetzigen buddhistischen Mönch Claude Anshin Thomas habe ich die folgende Geschichte gehört:

> Während des Krieges in Vietnam trafen sich die beiden profiliertesten Friedenskämpfer, der baptistische Prediger Martin Luther King aus den USA und der buddhistische Mönch Thich Nhat Hanh aus Vietnam. Ihre Begegnung war freundschaftlich, ja herzlich. Am Ende ihres Treffens sagte Martin Luther King: «Ich weiß, für deine Tradition geziemt es sich nicht, aber ich möchte dich zum Abschied einmal umarmen.» Thich Nhat Hanh blieb bei seiner Einstellung: «Ich möchte das nicht tun. Die Zeit mit dir war für mich beglückend, aber ich will unsere Tradition nicht verletzen.»
> Kurze Zeit später wurde Martin Luther King erschossen. Thich Nhat Hanh war bestürzt darüber und betroffen, weil er eine Gelegenheit versäumt hatte, die Grenzen seiner Tradition zu verlassen, um einem Menschen einen Freundschaftsdienst zu erweisen und ihn zu umarmen.
> Bei einem der vielen Retraites, die er seitdem in der ganzen Welt, vor allem in den USA und in Frankreich gehalten hat, erzählte er Claude Anshin Thomas davon. Und er bat die Teilnehmer und Teilnehmerinnen zum Abschied zu einer Umarmungsmeditation (Hugging-meditation).
>
> Die Menschen der Gruppe, die einige Tage spirituell zusammen gearbeitet hatten, waren eingeladen, sich zum Abschied zu umarmen. Sie taten weiter nichts als aufeinander zuzugehen und sich zu umarmen, jeweils drei Atemzüge lang.
> Claude Anshin Thomas erzählt weiter: «Als ich das hörte und wusste, dass ich jetzt alle hier umarmen sollten, verkroch ich mich in eine Ecke. Aber da kam Thich Nhat Hanh auf mich zu...

Heute schließt auch Claude Anshin Thomas seine Friedensseminare, die in einem guten und herzlichen Geist enden, mit einer Hugging-Meditation. «Steht auf», sagt er, «geht aufeinander zu und umarmt euch drei Atemzüge lang. Die Reihenfolge wird sich finden.»
Als ich das in einem Seminar bei Claude hörte, wurde mir unwohl und eng. Wie soll das gehen...? Inzwischen habe ich es oft erlebt. Und es ist ganz anders, als ich es mir in meiner Phantasie vorstellte. Ich gehe auf jemanden zu, oder jemand auf mich. Wir schauen uns an. Wir umarmen uns, spüren unseren Atem drei Züge lang, dann lassen wir uns los. Eine kleine Weile brauche ich, um nachzuspüren, dann treffe ich den nächsten Menschen. Bei manchen fällt es mir leicht und bei manchen muss ich mir selbst ein wenig Mut machen. Aber es

ist jedes Mal ein gutes Ritual, einen Menschen zu spüren, wirklich zu spüren drei Atemzüge lang– und dann wieder loszulassen. Ich erlebe an meinem eigenen Körper, was das heißt: Das ist wahr! Amen!

Verwendete und weiterführende Literatur

Balthasar, Hans Urs von: Theologie der drei Tage. Einsiedeln, 1969

Betz, Otto: Das Geheimnis der Zahlen. Stuttgart, 1989

Candolini, Gernot: Labyrinthe. Ein Praxisbuch zum Malen, Bauen, Tanzen, Spielen, Meditieren und Feiern. Augsburg, 1999

Coelho, Paulo: Handbuch des Kriegers des Lichts. Aus dem Brasilianischen von Maralde Meyer-Minnemann, Copyright © 2001 Diogenes Verlag AG Zürich

Dürckheim, Karlfried Graf: Hara. Die Erdemitte des Menschen. Bern, 9. Aufl. 1981

Endres Franz Carl, Schimmel, Annemarie: Das Mysterium der Zahl. Köln, 3. Aufl. 1986

Fermor, Gotthard, Schmidt-Rost, Reinhard (Hg.): Glaube gefragt. Ein Credo-Projekt. Rheinbach, 2002

Forstner, Dorothea: Die Welt der Christlichen Symbole. Innsbruck, 3. Aufl. 1977

Görg, Manfred: Mythos, Glaube und Geschichte. Die Bilder des christlichen Credo und ihre Wurzeln im alten Ägypten. Düsseldorf, 1992

Hahn, Friedrich: Glaube und moderne Literatur. Das Glaubensbekenntnis im Spiegel der Gegenwartsliteratur. Stuttgart, 1980

Halbfas, Hubertus: Religionsunterricht. Lehrerhandbücher 1–10. Düsseldorf, 1983–1997

Halbfas, Hubertus: Religionsbuch für das 9./10. Schuljahr. Düsseldorf, 7. Aufl. 1999

Hartlieb, Gabriele/Quarch, Christoph/Schellenberger, Bernardin: Spirituell leben. Freiburg, 2002

Hense, Elisabeth (Hg.): Im Spiegel der Seele. Freiburg, 1997

Heschel, Abraham J.: Gott sucht den Menschen. Eine Philosophie des Judentums. Berlin, 5. Aufl. 2000

Hofacker, Peter/Wolf, Mathias: Labyrinthe. Ursymbole des Lebens. Freiburg, 2002

Hofmeister, Klaus/Bauerochse, Lothar (Hg.): Bekenntnis und Zeitgeist. Das christliche Glaubensbekenntnis neu befragt. Würzburg, 1997

Jäger, Willigis: Aufbruch in ein neues Land. Freiburg, 2003

Jäger, Willigis: Die Welle ist das Meer. Freiburg, 2000

Jäger, Willigis: Suche nach dem Sinn des Lebens. Petersberg, 4. Aufl. 1997

Jäger, Willigis/Grimm, Beatrice: Der Himmel ist in dir. München, 3. Aufl. 2003

Janke, J. (Hg.): Von armen Schnorrern und weisen Rabbis, Berlin o. J.

Jans, Franz-Xaver: Das Tor zur Rückseite des Herzens. Münsterschwarzach, 1994

Kazantzakis, Nikos: Brudermörder. © by F. A. Herbig Verlagsbuchhandlung GmbH, München. Aus dem Neugriechischen übertragen von Chlodwig Pehn.

Kern, Hermann: Labyrinthe. München, 4. Aufl. 1999

Ku-Praxis 22. Für die Arbeit mit Konfirmanden. Modelle 5. Gütersloh, 1986

Ku-Praxis 38. Für die Arbeit mit Konfirmanden. Kaum zu glauben. Gütersloh, 1998

Küng, Hans: Credo. Das Apostolische Glaubensbekenntnis – Zeitgenossen erklärt. München/Zürich, 3. Aufl. 2001

Küstenmacher, Marion (Hg.): Das Enneagramm der Weisheit. Spirituelle Schätze aus drei Jahrtausenden. München, 1996

Lander, Hilda-Maria/Zohner, Maria-Regina: Meditatives Tanzen. Stuttgart, 1987

Levi, Giuseppe: Parabeln, Legenden und Gedanken aus Talmud und Midrasch. Leipzig, 3. Aufl. o. J.

Loccumer Arbeitskreis für Meditation (Hg.): Loccumer Brevier. München, 3. erweiterte Auflage 1993

Materialdienst 4/76, Mit Jesus leben, PTI Bonn

Mello, Anthony de: Warum der Vogel singt, © Verlag Herder, Freiburg, 16. Auflage 2003

Mendt, Dietrich (Hg.): Mache dich auf – werde Licht! Stuttgart, 1994 (darin: S. 267ff: Christie, Agatha. Die Versuchung)

Mistral, Gabriela: Gedichte. Zürich, o. J. (Nobelpreis für Literatur 1945)

Ohlig, Karl Heinz: Ein Gott in drei Personen. Mainz, 2. Aufl. 2000

Riedel, Ingrid: Formen. Kreis, Kreuz, Dreieck, Quadrat, Spirale. Stuttgart, 1985

Rosenberg, Alfons: Wandlung des Kreuzes. Wiederentdeckung eines Ursymbols. München, 1985

Rosenberg, Alfons: Jesus der Mensch. München, 1986

Rosenberg, Alfons (Hg.): Leben nach dem Sterben. München, 1974

Saint-Exupéry, Antoine de: Die Stadt in der Wüste», © der deutschen Übersetzung 1956 und 2002 Karl Rauch Verlag Düsseldorf

Scholl, Norbert: Das Glaubensbekenntnis - Satz für Satz erklärt. München, 2000

Sölle, Dorothee: Phantasie und Gehorsam. Stuttgart, 1968, © F. Steffensky, Hamburg.

Spichtig, Alois und Margrit (Hg.): Nikolaus Flüe. Erleuchtete Nacht. Freiburg, 1986

Stevens, John O.: Die Kunst der Wahrnehmung. München, 2. Aufl. 1976

Thich Nhat Hanh: Lebendiger Buddha, lebendiger Christus. Augsburg, 1. Aufl. 1996

Thich Nhat Hanh: Das Herz von Buddhas Lehre. Freiburg, 1999

Watzlawick, Paul: Anleitung zum Unglücklichsein. München, 1983

Werkbuch «Weihnachten», Jugenddienst-Verlag, Wuppertal 1972

Wieseltier, Leon: Kaddisch. München, 2000

Wosien, Maria-Gabriele: Tanzsymbole in Bewegung. Linz, 1994

Zuckmayer, Carl: Der Hauptmann von Köpenick, © S.Fischer Verlag GmbH, Frankfurt am Main, 1995

Zu den Quellen: Einige der verwendeten Texte sind von den Autoren über lange Jahre gesammelt und in Seminaren verwendet worden. Genaue Quellenangaben können deswegen in einigen Fällen nicht mehr gemacht werden. Wir sind für Hinweise und Ergänzungen dankbar.
Die Zitate aus der Bibel stammen aus verschiedenen Übertragungen.

iskopress

Glaube, Werte und Natur

Bernhard O. Wilde/Klaus W. Vopel

49 Wege ins Vaterunser

Ein Kurs für lebendiges Lernen im kirchlichen Unterricht

207 Seiten, Paperback

ISBN 3-89403-117-4

Klaus W. Vopel

Nicht vom Brot allein

Werteklärung für Jugendliche

220 Seiten, Paperback

ISBN 3-89403-206-5

Klaus W. Vopel

Unser Haus ist die Erde

Phantasiereisen durch die Natur

174 Seiten, Paperback

ISBN 3-89403-086-0

Klaus W. Vopel

Zwischen Himmel und Erde

Phantasiereisen für Sucher

213 Seiten, Paperback

ISBN 3-89403-076-3

Mehr für GruppenleiterInnen

iskopress

Klaus W. Vopel

Kompass der Gefühle

Übungen und Experimente für Gruppenarbeit und Therapie

200 Seiten, Paperback

ISBN 3-89403-075-5

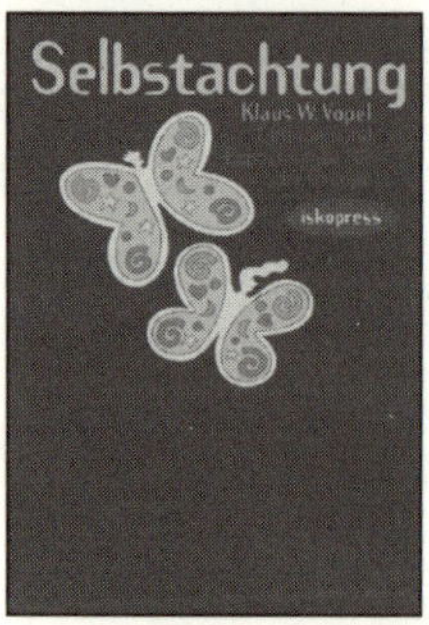

Klaus W. Vopel

Selbstachtung

Übungen und Experimente für die Gruppe

238 Seiten, Paperback

ISBN 3-89403-072-0

Klaus W. Vopel

Gruppenrituale

Die Kunst, mit dem Herzen zu sehen

116 Seiten, Paperback

ISBN 3-89403-097-6

Für nähere Informationen fordern Sie bitte unser Gesamtverzeichnis an:

iskopress
Postfach 1263
21373 Salzhausen
Tel.: 04172/7653
Fax.: 04172/6355
E-Mail: iskopress@iskopress.de
Internet: www.iskopress.de